STÉPHANE BARBÉ

HIGHLIGHTS DER FORMEL 1

Zum Gedenken an alle Protagonisten der großen Geschichte der Formel 1, die nicht mehr sind oder von denen man noch mehr hätte erzählen können, wären sie nicht so früh von uns gegangen … Jules Bianchi, Henry Surtees, Anthoine Hubert.

Übersetzung: Anna Fleiter

INHALT

4	Brief von Jacky Ickx
6	Ein Stück Geschichte
9	Menschen und Orte
10	Weltkarte aller Grands Prix seit 1950
12	70 Jahre Formel 1 rund um die Welt
14	Die Entwicklung der Weltmeisterschaft
17	Die zehn schönsten Rennstrecken der Welt
18	Spa-Francorchamps
20	Suzuka
22	Monza
24	Silverstone
26	Monaco
28	Singapur
30	Austin
32	Le Castellet
34	Red Bull Ring
36	Nürburgring-Nordschleife
38	Der Zeitstrahl der 1.000 Grands Prix
44	Die Saisons in Kilometern
	Die meisten Siege pro Grand Prix
45	Alle Grand-Prix-Strecken auf einen Blick
47	Die zehn legendärsten Grands Prix der Geschichte
48	Großer Preis von Frankreich 2004
50	Großer Preis von Deutschland 1957
52	Großer Preis von Italien 1971
54	Großer Preis von Deutschland 1968
56	Großer Preis von Brasilien 1991
58	Großer Preis von Spanien 1996
60	Großer Preis von Frankreich 1979
62	Großer Preis von Europa 1993
64	Großer Preis von Australien 1986
66	Großer Preis von Brasilien 2008
68	Die exotischsten Rennstrecken
72	Die gefährlichsten Rennstrecken
76	Die 33 Weltmeister der F1 (1950–2018)
78	Alle Polepositions
79	Das »Gesamtpodium«
80	38 Nationalitäten
82	Das große Konzert der Nationen
85	Die zehn größten Fahrer
86	Juan Manuel Fangio
88	Ayrton Senna
90	Michael Schumacher
92	Lewis Hamilton
94	Alain Prost
96	Niki Lauda
98	Graham Hill
100	Jim Clark
102	Jackie Stewart
104	Max Verstappen
106	Noch mehr große Fahrer der F1-Geschichte
108	Ungewöhnliche Statistiken zu den 1.000 Grands Prix seit 1950
112	Top 50 der Grand-Prix-Sieger
113	Top 20 der Grand-Prix-Teilnehmer
114	Am Steuer gestorben
119	Die 15 Konstrukteursweltmeister 1950–2018
120	Weltkarte der Teams
122	Zwischen Ferrari und Mercedes
124	1.000 Rennen: Die erfolgreichsten Rennställe
127	Die zehn berühmtesten Rennställe der F1
128	Ferrari
130	McLaren
132	Brabham
134	Lotus
136	Williams
138	Tyrrell
140	Ligier
142	Alfa Romeo
144	Renault
146	Red Bull
148	Die schönsten Formel-1-Autos seit 1950
152	Die extravagantesten Modelle
154	Ergebnisse: Die Podiumsplätze der 1.000 Grands Prix
167	Ergebnisse: Anzahl der Grands Prix pro Rennstall

Lieber Stéphane,

eine Berufung entsteht wie Sterne am Himmel. Die Stoppuhr immer im Auge, Stéphane, verlief deine bisherige Karriere je nach Saison in Kurven und Geraden und zeichnet fein säuberlich die Konturen der Autorennstrecken der ganzen Welt nach. Deine bereits in der Jugend entflammte Leidenschaft für den Journalismus ist die Frucht einer seltenen Mischung aus Magie und Tragödie, die nur Motorsportanhänger nachempfinden können. Die Magie in den weit aufgerissenen Augen eines kleinen neunjährigen Kerls, der sein erstes Fernseherlebnis hat: die unvergessliche letzte Runde von Le Mans 1969. Das berührt mich sehr.

Vier Jahre später macht ein entsetzlich tragisches Ereignis einen tiefen Einschnitt in das Leben dieses Heranwachsenden, der nun die andere Seite des Hochgeschwindigkeitssports kennenlernt: der tödliche Unfall von François Cevert 1973 auf der Rennstrecke von Watkins Glen. Auch das berührt mich.

Nichtsdestotrotz wirst du deiner Berufung folgen und 1976 mit nicht mal 20 Jahren deinen ersten Text als Journalist zum 24-Stunden-Rennen von Le Mans schreiben. Und dies ist erst der Anfang eines sehr, sehr langen Kapitels. Nun stehen wir am Vorabend des 70-jährigen Jubiläums der Formel-1-Weltmeisterschaft 2020. Im Vorfeld lädtst du uns mit diesem Werk ein, einen Blick in den Rückspiegel zu werfen. Grands Prix, Ausnahmepiloten, Rennställe, Teams, Punkte, Statistiken, Rekorde. Daran werden Anhänger des Motorsports und vor allem der F1 große Freude haben.

Danke für diese Vollgasfahrt durch die fantastische Geschichte der Formel 1.

Jacky Ickx

7. Juli 1968, Großer Preis von Frankreich, Jacky Ickx siegt auf Ferrari. Der erste seiner acht GP-Siege in der F1 (Vizeweltmeister 1969 und 1970).

Vorwort
EIN STÜCK GESCHICHTE

Der 1.000 Grand Prix der Formel 1 – ein wichtiger Meilenstein für den Automobilsport. Während die Formel-1-WM in diesem Jahr ihr 70-jähriges Jubiläum feiert, sollten wir einen Moment lang auf diesem geschichtsträchtigen Weg innehalten. Auf dem Weg zu neuen Abenteuern, neuen Höchstleistungen, einer immer länger werdenden Liste der Großen Preise und einer neuen Generation immer jüngerer Champions.
Dieses Buch ist eine Auslese: die zehn bekanntesten der 1.000 Grands Prix, die zehn herausragendsten Champions der insgesamt 750 Piloten, die in der Formel 1 ihr Glück versuchten, und einige andere, die zehn berühmtesten der insgesamt 70 Rennstrecken. Zehn ruhmreiche Teams aus über 200 Rennställen, die jemals ein Chassis und einen F1-Motor zusammengebaut haben, sei es in einer kleinen Werkstattecke oder einer ultramodernen Anlage. Lauter Bindeglieder in den 70 Formel-1-Saisons seit 1950.

Doch da die Formel 1 auch ein Sport der Stoppuhr ist, der Zahlen und Rekorde, beinhaltet dieses Buch ebenfalls eine wiederum möglichst vollständige Sammlung an Statistiken. Abgesehen von den großen historischen Ereignissen sind sie ein Indikator, ein Bild dessen, was genau die Formel 1 am Abend des 1.000. Grand Prix in China ausmacht. Eine kurze Zusammenfassung. Denn beim genaueren Hinschauen realisiert man völlig unerwartet, dass ein Land wie Italien, das einen regelrechten Kult um den Automobilsport und seine Champions betreibt, seit Alberto Ascari 1953 nicht mehr die Aufregung um einen Fahrerweltmeistertitel erleben durfte! Dass Spanien all seine Siege und Weltmeistertitel einem einzigen Mann verdankt, nämlich Fernando Alonso. Dass alle errungenen Erfolge Kanadas nur auf ein Vater-Sohn-Gespann zurückgehen, Gilles und Jacques Villeneuve. Dass Frankreich zwar Dutzende siegreiche Piloten feiern konnte, die es mehr als 300-mal aufs Podium schafften (hinter Großbritannien und Deutschland), aber bisher nur einen einzigen Weltmeister, Alain Prost. Und der holt dann gleich vier Titel! Dass ein kleines Land wie Finnland, das von vornherein mehr auf Rallyes und Straßenrennen setzt, gleich drei Weltmeister verbucht, genauso viele wie Deutschland und Brasilien. Wert und Geist einer Weltmeisterschaft ist es, der ganzen Welt, von Amerika bis nach Neuseeland, offenzustehen. Und doch ist die Formel 1 statistisch gesehen in allen Bereichen von den Briten dominiert.

Wenn nicht anders angegeben, beziehen sich die Statistiken in diesem Buch nicht auf die Ergebnisse des Indianapolis 500, wovon elf Rennen zwischen 1950 und 1960 ebenfalls Bestandteil des Formel-1-Kalenders sind. Die regelmäßig antretenden F1-Rivalen nehmen zu jener Zeit auch gar nicht daran teil, und ihr Ergebnis geht nicht in die Saisonwertung ein.

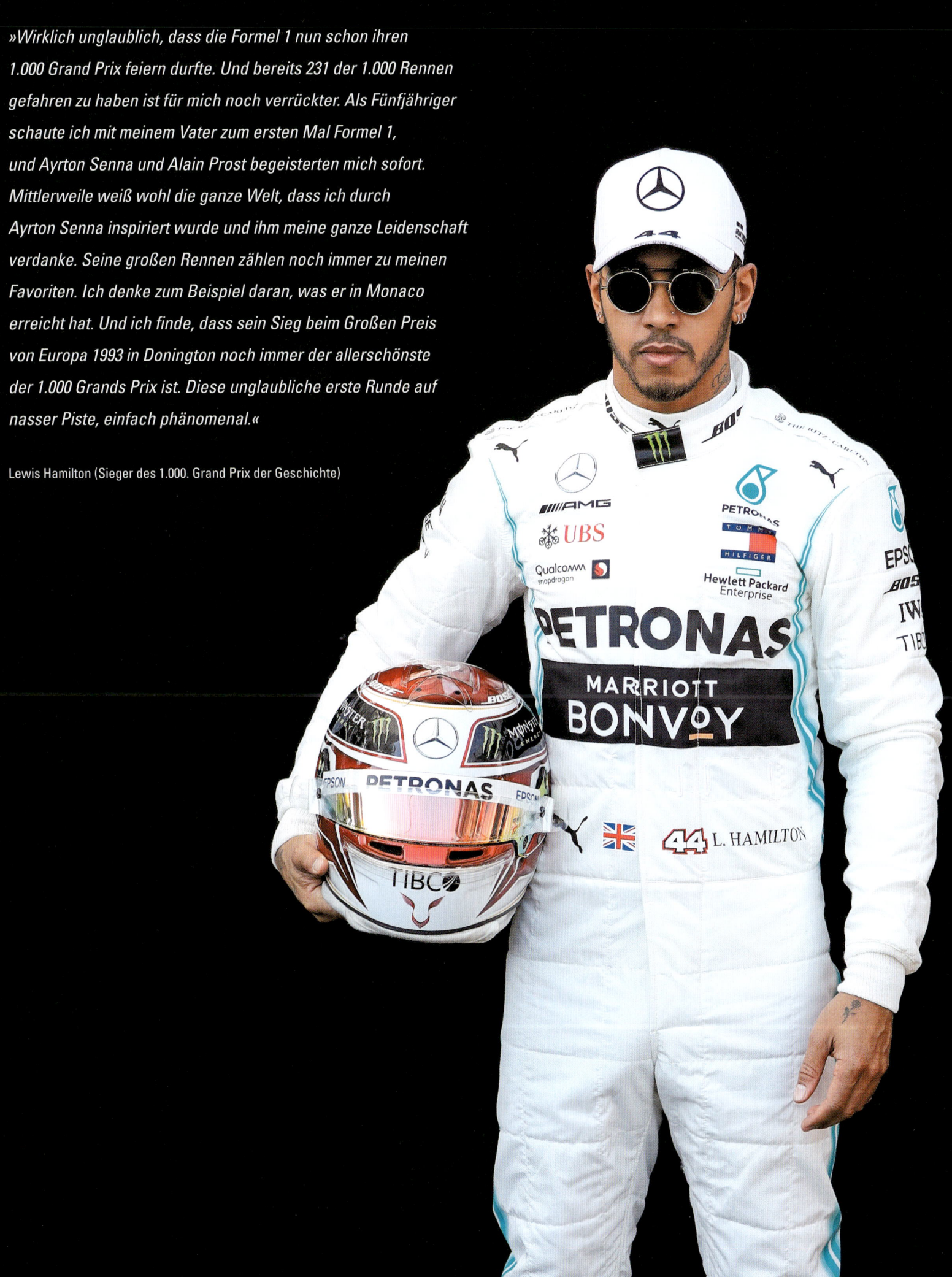

»Wirklich unglaublich, dass die Formel 1 nun schon ihren 1.000 Grand Prix feiern durfte. Und bereits 231 der 1.000 Rennen gefahren zu haben ist für mich noch verrückter. Als Fünfjähriger schaute ich mit meinem Vater zum ersten Mal Formel 1, und Ayrton Senna und Alain Prost begeisterten mich sofort. Mittlerweile weiß wohl die ganze Welt, dass ich durch Ayrton Senna inspiriert wurde und ihm meine ganze Leidenschaft verdanke. Seine großen Rennen zählen noch immer zu meinen Favoriten. Ich denke zum Beispiel daran, was er in Monaco erreicht hat. Und ich finde, dass sein Sieg beim Großen Preis von Europa 1993 in Donington noch immer der allerschönste der 1.000 Grands Prix ist. Diese unglaubliche erste Runde auf nasser Piste, einfach phänomenal.«

Lewis Hamilton (Sieger des 1.000. Grand Prix der Geschichte)

2. Oktober 2016, Start des GP von Malaysia, Sepang

MENSCHEN UND ORTE

Piloten, Rennställe, Strecken, Grands Prix …
Alles, was auf der großen Schaubühne der Formel 1 mitgewirkt hat.

1018 GRANDS PRIX
40 NAMEN
32 LÄNDER

Von England beim ersten Großen Preis der Formel 1 im Jahre 1950 bis Abu Dhabi beim Finale der Weltmeisterschaft 2019. Die geografische Verteilung der bestrittenen Wettkämpfe in 70 Jahren Formel 1.

64 BELGIEN
1950 > 2019

2 LUXEMBURG
1997 > 1998 (Nürburgring)

50 KANADA
1967 > 2019

60 FRANKREICH
1950 > 2019

6 SCHWEIZ
1950 > 1982

70 USA
1950 > 2019
USA: 59 Auflagen (zwischen 1959 und 2019). Einschl. USA-West (8), USA-Ost (8) und Las Vegas (2). (+ Indianapolis 500: elf Auflagen 1950–1960).

16 PORTUGAL
1958 > 1996

1 MAROKKO
1958

20 MEXIKO
1963 > 2019

47 BRASILIEN
1973 > 2019

20 ARGENTINIEN
1953 > 1998

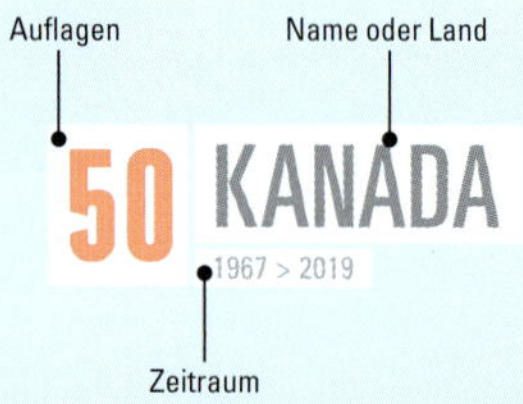

Auflagen — Name oder Land
50 KANADA
1967 > 2019
Zeitraum

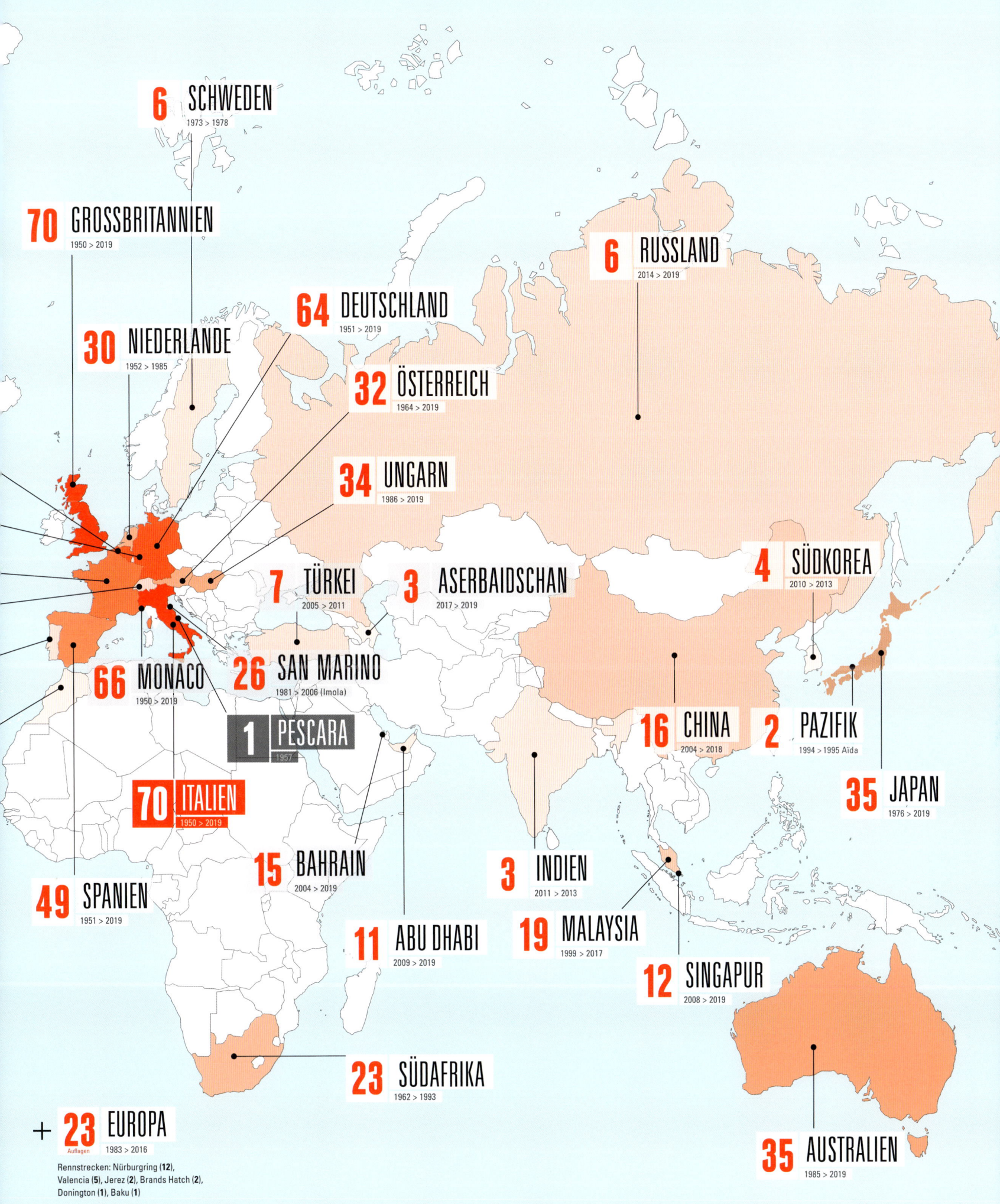

70 JAHRE FORMEL 1 RUND UM DIE WELT

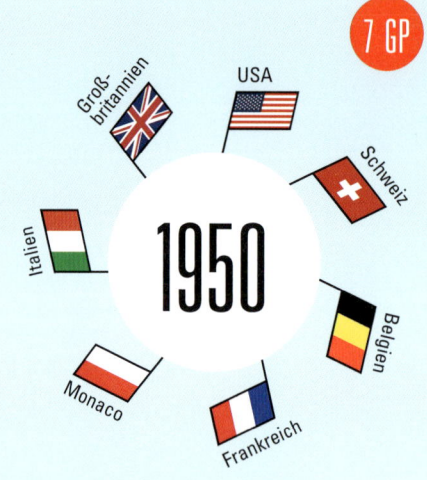

Eine europäische Angelegenheit
Mit Ausnahme des Indianapolis 500 finden die Rennen der ersten Saison der Formel-1-Weltmeisterschaft ausschließlich in Europa statt.

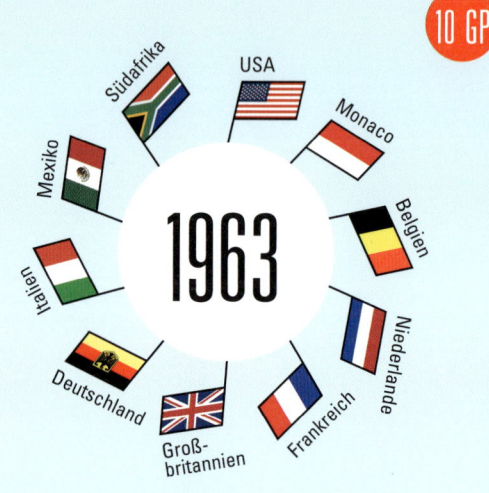

Nach Amerika: Afrika
In den 60er-Jahren erfolgt die Ausbreitung auf den südamerikanischen und afrikanischen Kontinent.

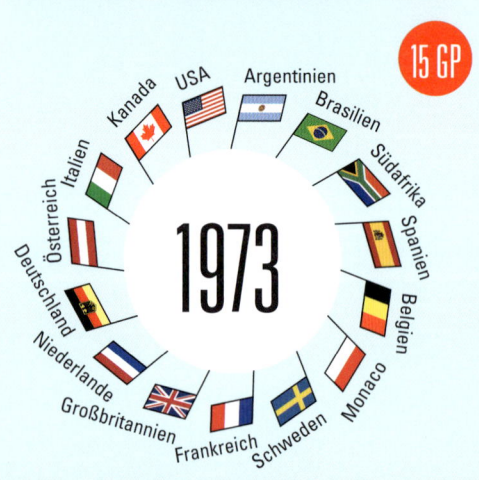

Die europäische Erweiterung
Anfang der 70er-Jahre wird die Saison voller (15 Grands Prix). In Europa ist sie mit immer mehr Gastgeberländern voll im Gange.

Expansion Richtung Osten
Ende der 80er-Jahre werden die Grands Prix von Japan und Australien Bestandteil des Rennkalenders und verlängern somit die Saison.

Eine neue Streckengeneration
Mehrere Jahre lang gibt es für gewöhnlich 16 bis 17 Grands Prix pro Saison. Mit neuen europäischen Rennstrecken und dem Einstieg von Malaysia 1999: Sepang.

Exotische Ziele
Die Erweiterung des Grand Prix auf exotischere Länder (Bahrain, Türkei, China seit 2004) erhöht die Anzahl der Rennen pro Saison.

Weitere Veränderungen
Mehr und mehr Länder drängen sich in die Formel 1, auf Kosten anderer. Nur die großen europäischen Termine bleiben bestehen. Einige neue Ziele integrieren sich voll (Singapur, Abu Dhabi), andere sind nur kurzlebig (Südkorea, Indien).

Die Integration von Mitteleuropa
Seit 2016 setzt sich das Wachstum mit 21 Grands Prix fort. In den 2010er-Jahren treten erst Russland (Sotschi) und dann Aserbaidschan (Baku) bei, während Frankreich (Le Castellet) erst 2018 nach zehn Jahren Abwesenheit zurückkehrt.

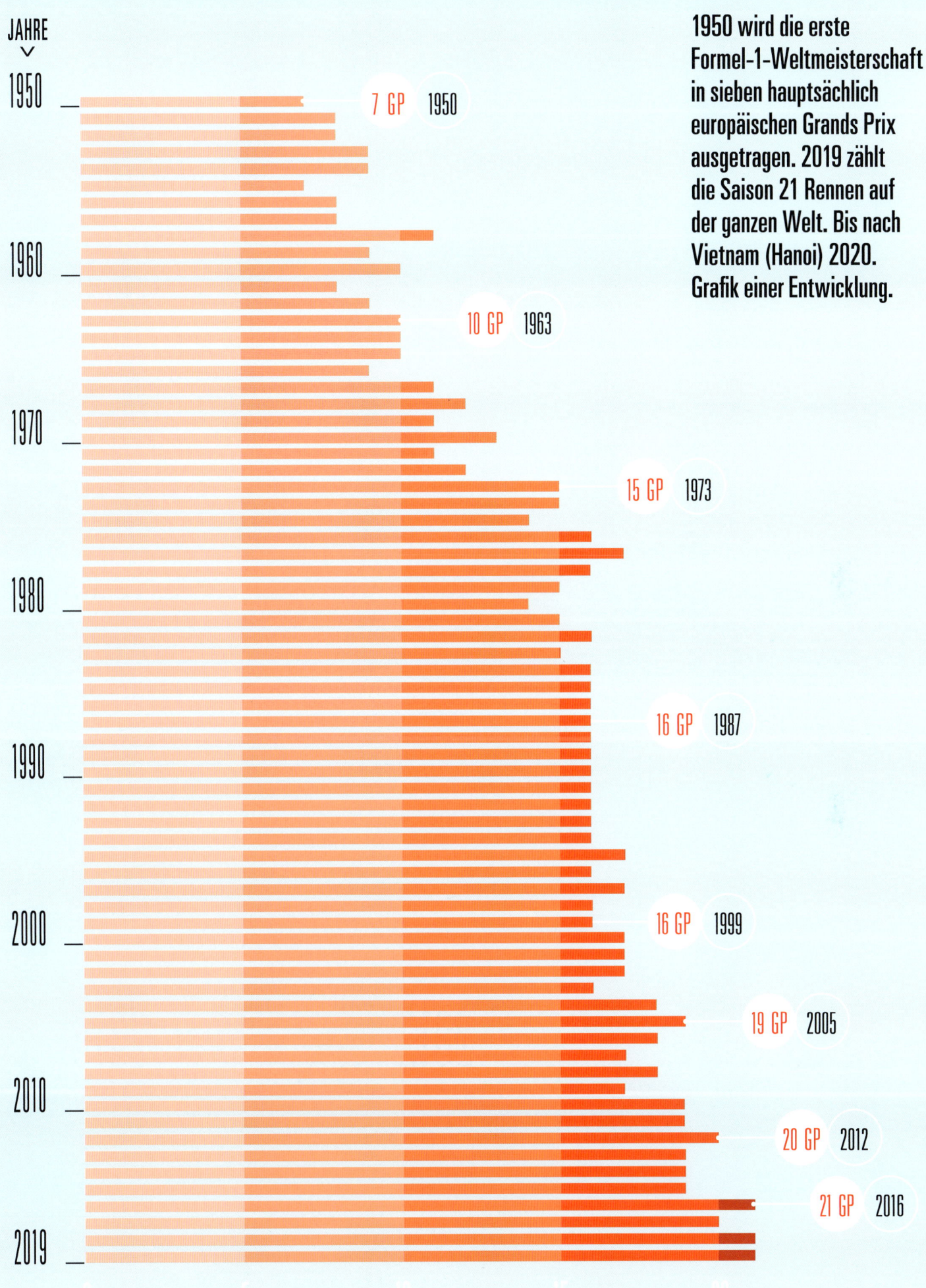

DIE ENTWICKLUNG DER WELTMEISTERSCHAFT

Sie gehören 1950 zu den ersten Pisten der F1-Weltmeisterschaft und sind auch heute noch fester Bestandteil des Rennkalenders: Silverstone, Monaco und Spa-Francorchamps.

Vergleicht man den ersten Großen Preis in Silverstone am 13. Mai 1950 auf einem stillgelegten Flugplatz der Royal Air Force kurz nach dem Zweiten Weltkrieg mit der 1.000. Auflage auf der futuristisch anmutenden chinesischen Piste von Shanghai, könnte man meinen, dass die Formel 1 nicht mehr derselbe Sport ist. Zu Recht. Dennoch ist die Grundidee dieselbe: eine Asphaltstrecke, die im Kreis verläuft, ein Steuer, vier Räder und eine Schar von Wilden und Helden, die nun seit 70 Jahren dabei sind.
772 Piloten sind vom ersten bis zum 1.000. Grand Prix an den Start gegangen. 21 sind es beim ersten Zusammentreffen in Silverstone. Bereits so viele wie bei einem Rennen im Jahr 2019.

Logischerweise nutzt man bei der ersten Weltmeisterschaft der Formel 1 Pisten, auf denen schon vor dem Krieg *Grands Prix* stattfanden: Monza (Italien), gebaut 1922, Spa-Francorchamps (Belgien), seit 1925 in Betrieb, oder Monaco, wo seit 1929 Rennen abgehalten werden. Drei Pisten, deren Streckenführung im Laufe der Jahre zwar verändert wird, die aber noch immer zum Rennkalender der modernen F1 gehören. Dies gilt nicht für Reims, Austragungsort des Großen Preis des »Automobile Club de France«, dem ältesten, berühmten Motorsportwettbewerb: Tatsächlich findet der erste Große Preis des ACF 1906 in Le Mans statt und markiert das Ende der Stadt-zu-Stadt-Rennen auf öffentlichen Straßen, die zu gefährlich für das Publikum sind. Gleichwohl existieren in der Champagne zwischen Thillois und Gueux auf der D27 noch immer die restaurierten Boxenanlagen und eine große Zuschauertribüne, Zeugen einer ganzen Epoche und einer typischen Architektur. Die Boxen auf den Rennstrecken dieser Welt sind eine lange Zeit alle gleich: drei mal vier Meter große Quadrate, in denen man nur irgendwelche Werkzeugkoffer abstellen kann, ein Mäuerchen für die Zeitstopperin mit unmittelbarer Sicht auf die Gerade und die Mechaniker, die direkt auf der Piste arbeiten.

Silverstone ist 1950 eine neuartige Rennstrecke. Die französische Sportzeitschrift *L'Équipe*, die dem Wettbewerb eines ihrer drei Titelthemen widmet (wenn sich auch der Begriff »Weltmeisterschaft« noch nicht durchgesetzt hat), beschreibt diese Piste folgendermaßen: »Anders als die vielen unbrauchbaren Rennstrecken ist dieser Kurs zementiert und erlaubt ohne Weiteres ein Überholen. Im Großen und Ganzen lässt diese Strecke bemerkenswerte Geschwindigkeiten zu. Bei Testfahrten kommt man so schon auf 150 Stundenkilometer.« 200.000 Personen wohnen dem Rennen in England bei. Darunter auch Georg VI. und seine Tochter (die heutige Königin Elisabeth II.).
Die ersten Saisons der Weltmeisterschaft sind also europäisch, mit Ausnahme des amerikanischen Indianapolis 500, dem Automobilwettbewerb, der zum ersten Mal 1911 auf einer ovalen Schotterbahn ausgetragen wird. Das Rennen stellt im Kalender der Weltmeisterschaft aber nur eine Fußnote dar: Die *L'Équipe* erwähnt 1950 in den wenigen Zeilen über den Wettkampf noch nicht einmal die Teilnahme an der neuen Weltmeisterschaft der F1, die letztlich nur für einen kleinen Kreis bestimmt ist. Das Indy 500 bleibt bis 1960 im Programm. Der Rennkalender der F1 ist bis dahin schon recht weit entwickelt.
Die Rennstrecken haben sich von sieben auf zehn erhöht. Neben den starken europäischen Ländern (Deutschland und die Niederlande) bringt sich Argentinien mit Juan Manuel Fangio ins Spiel. Und auch im weiteren Verlauf wird die Nationalität eines berühmten Piloten zu der Gründung eines Großen Preises in dessen Land beitragen. Die mexikanischen und brasilianischen Champions begründen weitestgehend den Aufschwung des Wettkampfes in Südamerika. Auch die Niederlande haben nach ihrem vorläufigen Ende 1985 ihre Rückkehr zum Grand Prix im Jahre 2020 eindeutig dem neuen Publikumsliebling der F1 zu verdanken, Max Verstappen.

Aber mit Ausnahme von Japan und Australien, Länder, die eine wahrhaftige Kultur des Automobilsports pflegen, ist die Expansion in Richtung der reichen Länder Asiens und der Golfstaaten seit den 90er-Jahren hauptsächlich den immensen Summen zu verdanken, von denen die Teams dort profitieren können, und so zählt der Kalender schon über 20 Saisonrennen.

2013, Singapur, Marina Bay

Die zehn schönsten Rennstrecken der Welt

Weil die Piloten diese Strecken respektieren, wenn nicht sogar fürchten. Denn hier stoßen sie an ihre Grenzen, geraten ins Schleudern, verunglücken sie. Weil sie Autorennen und die Entwicklung der Formel 1 der letzten 70 Jahre symbolisieren. Oder weil sie schlichtweg in einer großartigen Umgebung liegen. Hier eine Auswahl der zehn legendärsten Rennstrecken der Weltmeisterschaft.

SPA-FRANCORCHAMPS
Belgien (7,004 km)

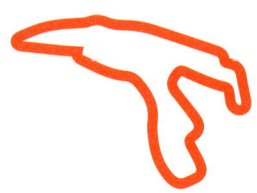

Die »Ardennen-Achterbahn«

Bei einem Rennen in Spa-Francorchamps muss man eines auf jeden Fall gesehen haben: wie ein Bolide durch die Eau-Rouge-Kurve fährt. Von der Haarnadelkurve La Source mit Vollgas in die Bergabgerade erlebt der Pilot unmittelbar nach dem Start (meist einer der chaotischsten der Saison) die Kompression in der Senke. Als Zuschauer spürt man selbst fast körperlich die Fliehkraft auf den Boliden. Dann rast das Auto die Senke hinauf (17 %). Links, rechts, links. Man wartet auf das Tosen des Motors, denn die Herausforderung ist es, mit Vollgas durchzukommen.

Wer hier an Tempo verliert, hat keine Chance mehr aufzuholen. Mit dem Risiko, bei hoher Geschwindigkeit eine Volldrehung hinzulegen und gegen die Schutzreifen zu prallen. Unglaublich schwierig, aber darum lieben die Piloten Spa-Francorchamps. Die ursprünglichen, einer Rallyeprüfung gleichenden 14 Kilometer werden 1979 zwar um die Hälfte gekürzt, die Strecke behält aber trotzdem ihr Temperament. Wenn Zuschauer die Kurven einer Rennstrecke bei Namen kennen – Pouhon, Stavelot, Blanchimont ... –, dann nur, weil sie so Respekt einflößend sind.

1960

2017

1989

SUZUKA
Japan (5,807 km)

Japanische Achterbahn

Von den weiten Tribünen aus überblickt man die Gerade entlang der Boxen von Suzuka und erfasst das gesamte Relief dieser Piste, die Erhabenheit einer Rennstrecke, die bei den Piloten ganz oben steht. Hinten rechts die Ausfahrt einer der legendärsten Schikanen der Welt seit der Kollision zwischen den beiden McLaren von Prost und Senna beim Titelkampf 1989. Denn der Große Preis von Japan liegt vor Australien am Ende der Saison und ist somit lange ein entscheidender Wettkampf der Meisterschaft. Suzuka liegt direkt am Meer.

Besonders eindrucksvoll ist die Anfahrt zur Casio-Triangle-Schikane … andere Szene eines dramatischen Finales, als Senna 1990 dort eine Retourkutsche fährt und Prost kurz nach dem Start torpediert. Auch stellen die vielen Hochgeschwindigkeitskurven oder die schnelle Linkskurve 130 R vor der letzten Schikane eine besondere Herausforderung für die Lenkung und Balance des Autos dar. Nur drei Rennstrecken der Formel 1 formen mithilfe einer Brücke über der Piste annähernd eine Acht: diese, Singapur und die private Strecke von Ferrari in Fiorano.

2016

2016

2000

MONZA
Italien (5,793 km)

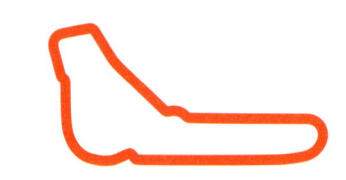

Hochgeschwindigkeitstempel

Der nördlich von Mailand gelegene Autodromo Nazionale im königlichen Park von Monza ist eine Institution. 1922 fertiggestellt, ist er seit 1950 durchgängig Austragungsort des Großen Preises von Italien (abgesehen von Imola 1980), den umgebauten atemberaubenden Kurs von 1955 und 1956 eingeschlossen. Die Strecke und die Anlagen werden seither regelmäßig modernisiert und verändert, neue Schikanen kommen hinzu. Viele Parkbäume müssen dem weichen, doch mit den Tifosi im Rücken bleibt der Wettkampf von wirtschaftlichen und ökologischen Scherereien unbeeindruckt. Auch wenn nun die Geraden und großen Kurven zur Drosselung der Geschwindigkeit unterbrochen sind, bleibt Monza eine Rekordstrecke mit den höchsten Durchschnittsgeschwindigkeiten, über 260 km/h bei einer Qualifikationsrunde. 24 der 26 schnellsten Grands Prix der Geschichte werden hier ausgetragen. Michael Schumacher (Ferrari) stellt 2003 mit einer Durchschnittsgeschwindigkeit von 247,586 km/h einen Rekord auf. Diese hohen Geschwindigkeiten erfordern einen möglichst geringen Auftrieb und machen den Piloten folglich das Leben schwer, da das Auto bei starker Bremsung sehr instabil ist.

1970

2017

2019

SILVERSTONE
Großbritannien (5,891 km)

Die Wiege der Formel 1

Ein historischer Ort. Diese auf einem ehemaligen Militärflugplatz der Royal Air Force angelegte und 150 km von London entfernte Rennstrecke ist Schauplatz der ersten F1-Weltmeisterschaft am 13. Mai 1950. Danach findet der Große Preis von Großbritannien auch fünfmal in Aintree und zwölfmal in Brands Hatch statt, doch seit 1987 ausschließlich in Silverstone. Ebenfalls sehr schnell mit legendären Kurvenkombinationen, Copse, Maggots, Becketts, Chapel bis Stowe, ist diese Strecke zum Symbol des britischen Automobilsports geworden. Mitglieder des Königshauses kommen regelmäßig, Eigentümer ist noch immer der British Racing Driver's Club, britische Piloten gewinnen dort bis heute 25-mal (mehr als irgendwo sonst auf der Welt bei einem nationalen Wettkampf), und wie das Wetter auch aussieht, der Große Preis ist immer eine Party für die 150.000 teilnehmenden Fans. Wie auch für Lewis Hamilton, der es sich bei den letzten seiner sechs Titel zum Ritual gemacht hat, wie ein Rockstar in die Zuschauermenge zu springen.

2015

2017

2017

MONACO
(3,337 km)

Die monegassische Ausnahme

Keine Rennstrecke der Welt ist andersartiger, anachronistischer oder spezieller als die von Monte-Carlo, so wie sie jedes Jahr in den Straßen des Fürstentums errichtet wird. Nelson Piquet, der dort niemals gewann, beschreibt die Strecke als »Fahrradfahren im eigenen Wohnzimmer«. Ohne die immensen Bemühungen des »Automobile Club de Monaco«, die Umgebung an die schnelle Entwicklung der Boliden anzupassen und ohne die prestigeträchtige Lage zwischen Palmen, Hafen, Luxushotels, dem Casino und seinem unglaublichen Tunnel wäre Monaco wahrscheinlich schon längst aus dem Rennkalender verschwunden. Und das wäre eine Schande! Da die Konkurrenz nur schwer überholt werden kann, wird hier vielleicht nicht immer das leidenschaftlichste Rennen geboten, trotzdem ist ein Sieg in Monaco der Traum eines jeden Piloten. Denn es erfordert außerordentliche Fähigkeiten, ein F1-Auto zwischen den Leitplanken zu steuern, und die Spannung der Qualifikationsrunde (die kürzeste der Meisterschaft) und die Konzentration über 78 Runden ist einzigartig. Dies verdient auch ein unvergleichliches Podium, nämlich auf den Treppen der Fürstenloge.

1973

2019

2018

27

SINGAPUR

(5,063 km)

Das erste Nachtrennen

Stadtrennen gibt es auch woanders. Aber Nachtrennen wie auf dem Marina Bay Street Circuit durch den Stadtstaat Singapur gibt es erst seit dem 28. September 2008. Der spektakulärste Blick auf die Piste ist darum auch aus der Vogelperspektive, der den Parcours als Lichtschleife erscheinen lässt. Viermal stärker beleuchtet als ein Fußballstadion. Die Piloten geben an, wie am helllichten Tag sehen zu können, doch diese Überfülle an Lux (2.500 Projektoren auf über 250 Lichtmasten) lässt die Karosserien auf den Bildern und Fotografien glänzen, wie man es sonst nie sieht. Der Große Preis von Bahrain nutzt seit 2014 dasselbe Zeitfenster, und auch der von Abu Dhabi geht bis in die Dämmerung. Singapur weist alle Anforderungen einer Stadtrennstrecke auf: einen schwierigen, da unebenen Belag und Mauern, die nur wenige Fahrfehler zulassen. Und doch werden auf dem Raffles Boulevard 300 km/h erreicht!

2013

2013

2011

AUSTIN
USA (5,513 km)

Die neue Eroberung des Westens

Der Große Preis der USA sucht nach dem Rückzug aus Watkins Glen (1961 bis 1975) lange Zeit eine neue Heimat. Kalifornien mit Long Beach, furchtbare Strecken in Dallas oder Detroit, ein Kasinoparkplatz in Las Vegas und sogar Indianapolis, Hochburg des amerikanischen Automobilsports. Und findet letztendlich in Austin, Texas, mit dem Circuit of the Americas seinen Platz. Mehr USA ist kaum möglich! Das leidenschaftliche Publikum fühlt sich dort sofort wohl, kommt in Massen und erinnert daran, dass die USA die F1 bei Weitem nicht immer unbeachtet gelassen hat, sondern der großen Geschichte des Grand Prix mehr als einen amerikanischen Champion lieferte. Zum Beispiel Mario Andretti, um nur den bekanntesten zu nennen. Eine fantastische Strecke, wie viele andere moderne Strecken auch von Hermann Tilke entwickelt. Oberhalb der Bergaufpassage entlang der Boxen erlaubt die Breite der Piste mit der großen Linkskurve einen Fahrbahnwechsel, ein günstiger Moment für Überholmanöver wie auch Kollisionen. Sogar die IndyCar Series, die extrem populäre amerikanische Motorsportserie, landet schließlich in Austin.

2012

2014

2012

LE CASTELLET
Frankreich (5,842 km)

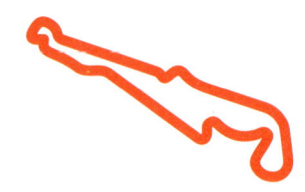

Der Duft des Mittelmeers

Südfrankreich riecht so gut! Die Pinien, das Licht, die Sonne. Bei Le Castellet im Département Var, zwischen den Gemeinden Signes und Beausset, liegt der Circuit Paul Ricard, einer der charmantesten und am besten instand gehaltenen Austragungsorte. Im Hintergrund erstreckt sich der provenzalische Bergrücken von Saint-Baume. Die Idee, auf diesem kargen und rauen Plateau eine Rennstrecke zu bauen, stammt von dem Spirituosenhersteller Paul Ricard. 1971 wird es die modernste sein. Doch mitten im Juli findet der Große Preis von Frankreich in Le Castellet kaum Publikum. Politisches Ränkespiel versetzt ihn für lange Zeit nach Nevers (Magny-Cours). Dann zehn Jahre in der Versenkung. Bis zum Jahre 2018 und der Rückkehr zur Weltmeisterschaft. Le Castellet hat nicht an Glanz verloren. Mit den Mitteln des neuen Besitzers, Bernie Ecclestone, dient die Strecke in der Zwischenzeit als exzellente private Teststrecke nach allen Sicherheitsstandards. Ein starker Wille und ein paar neue Tribünen verhelfen der Anlage allmählich wieder auf die Bildfläche der F1. Viele wünschen sich den schönsten und längsten Vollgasabschnitt zurück. Die Mistral-Gerade in ursprünglicher Form.

2019

2018

2018

RED BULL RING
Österreich (4,318 km)

Kurs in den Bergen

Hinter dem unschönen Namen und dem ungenierten Marketing versteckt sich die idyllischste Strecke der Formel 1. Der Österreichring (heute Red Bull Ring) fügt sich seit 1970 in das Profil der Berge der Steiermark nahe Spielberg. Inmitten der Wälder. Im Herzen Österreichs. Die Piloten haben bis zum Saisonende in den 80er-Jahren an den schnellen Kurven und Höhenunterschieden ihren Spaß. In den letzten Jahren (1986 und 1987) werden bei Qualifikationsrunden Durchschnittsgeschwindigkeiten von 260 km/h erreicht! 700 Höhenmeter lassen die Turbomotoren nicht schlappmachen. Zwei Ereignisse läuten jedoch das erste Ende des Österreichrings ein: Bei Testfahrten prallt der McLaren von Stefan Johansson mit voller Geschwindigkeit auf ein Reh. Der schwedische Pilot überlebt wie durch ein Wunder. Am darauffolgenden Sonntag führen die beiden ersten Startversuche auf dieser schmalspurigen Piste zu einer Massenkollision. Zweimal modernisiert, finden seit 2014 wieder F1-Rennen auf dem Red Bull Ring statt. Die Piste hat ein wenig an Charakter verloren, doch die Streckenführung und die Umgebung sind unverändert.

1949-2019
12
Niki Lauda
Agip
429
2019

Fly Emirates
Fly Emirates
Fly Emirates
Fly Emirates
Fly Emirates
2015

NÜRBURGRING-NORDSCHLEIFE
Deutschland (22,835 km)

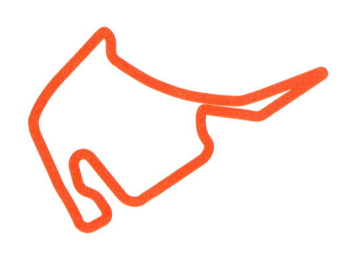

Grüne Hölle

Unglaublich gefährlich. Doch so einzigartig. Diese Piste ist eigentlich keine Autorennstrecke, sondern eine Rallye-Prüfung über 22 Kilometer. Mehr als 150 Kurven, schnell, langsam, bergauf, bergab, Steilkurven (das Karussell), Blindkurven … unebener Asphalt, Sprungkuppen (Flugplatz)! Von allen gefürchtet. Inmitten der Eifel und ohne große Auslaufzone vor den Schutzzäunen, weshalb Jackie Stewart den Ring »Grüne Hölle« tauft. Der dreifache Weltmeister weiß, wovon er spricht: Bei Regen und Nebel (wie so häufig) gewinnt er 1968 in seinem Matra-Ford mit vier Minuten Vorsprung vor Graham Hill. Bei seiner Ankunft fragt er noch: »Und, wer von uns wird heute sterben?« »In meiner ganzen Karriere bin ich den Nürburgring kein einziges Mal fehlerfrei gefahren«, gesteht er später. Die veraltete Rennstrecke (1985 durch einen neuen Nürburgring ersetzt) verliert ihre F1-Anerkennung 1976 vor dem letzten auf der Nordschleife organisierten Großen Preis von Deutschland. Als Niki Lauda nur knapp dem Tod entgeht.

1957

2013, Lewis Hamilton und Nico Rosberg in den legendären Silberpfeilen.

2009

DER ZEITSTRAHL DER 1.000 GRANDS PRIX

Wie durch Zufall geschieht bei jedem 100. Grand Prix
ein Ereignis, das es in die große Formel-1-Geschichte schafft.

NÜRBURGRING

100.

Deutschland 1961

Moss

Die letzte Runde von Moss und von Trips

Es ist die letzte Darbietung von Stirling Moss. Am Steuer eines Lotus 18-Climax des weniger bekannten Walker Racing Teams zeigt der Engländer schon bei Saisoneröffnung in Monaco sein Können. Auch auf dem Nürburgring kommt er nach Jack Brabhams Ausfall als Führender aus der ersten Runde und verteidigt seinen Vorsprung gegen die beiden Ferrari 156 von Wolfgang von Trips und Phil Hill, die bis dahin die Saison dominieren. Moss feiert seinen 16. und letzten F1-Sieg, denn 1962 bedeutet ein schwerer Unfall während der Glover Trophy in Goodwood sein Karriereende. Noch tragischer ist das Schicksal für den Zweitplatzierten am Nürburgring: Von Trips erreicht eine Sekunde vor seinem Teamkollegen Phil Hill das Ziel und erhöht damit seinen Vorsprung bei der Weltmeisterschaft auf vier Punkte. Doch der deutsche Pilot verunglückt während des Trainings zum darauffolgenden Großen Preis in Monza und nimmt 15 Zuschauer mit in den Tod. Hill siegt in Italien und wird der erste amerikanische F1-Weltmeister.

200.

🏆 Stewart

Monaco 1971

Stewart als großer Champion

In diesem Jahr kann niemand Jackie Stewart daran hindern, mit seinem Tyrrell-Ford 003 den zweiten Weltmeistertitel zu holen. Er gewinnt in dieser Saison sechs von elf Großen Preisen, Monaco ist der zweite. Sofort an der Spitze, er fliegt förmlich! Und gewinnt im Rennen mit einer Sekunde Vorsprung vor der Zeit seiner Poleposition, die schon dem Streckenrekord der vorherigen Saison durch Jochen Rindt gleichkommt. Stewart beendet die Meisterschaft mit doppelt so vielen Punkten wie sein direkter Nachfolger, Ronnie Peterson, der in Monaco Zweiter wird (mit 25 Sekunden Rückstand). Diesem Rennwochenende widmet sich die exzellente Filmdokumentation von Roman Polanski, *Weekend of a Champion*.

300.

🏆 Peterson

Südafrika 1978

KYALAMI

Ronnie Peterson im letzten Umlauf

Ronnie Peterson siegt, nachdem er im letzten Drittel der letzten Runde in Führung geht. Eine Reihe von Ausfällen oder Rückfällen aufgrund von Reifenproblemen verhelfen Patrick Depailler 15 Umläufe vor dem Ziel an die Spitzenposition. Von der elften Startposition gestartet und jetzt direkt vor … Peterson. Doch auch der Tyrrell des Franzosen ist betroffen: Ölverlust im Inneren des Getriebes und dann Probleme mit der Einspritzung. Peterson, befreit von seinem Nummer-2-Status bei Lotus, da Mario Andretti tanken muss, jagt den Tyrrell. In der letzten Runde versucht er den defensiven, heldenhaften Franzosen zu überholen, einmal, zweimal, dreimal. Beim vierten Versuch schafft der Schwede es inseitig. Zum letzten Mal gewinnt er mit einem Lotos 78 (bevor er zum 79er wechselt), der als erster Bolide der Bodeneffekt-ära gilt. Peterson stirbt noch im selben Jahr an den Folgen eines Unfalls beim GP von Italien.

400.
Österreich 1984
ZELTWEG

Lauda

Zu Ehren von Niki Lauda

Wirklich unglaublich, dass dieser große österreichische Champion Niki Lauda, verstorben im Frühling 2019, nur einen nationalen Großen Preis gewonnen hat. Aber wie! Nur Sechster im ersten Umlauf, holt der McLaren-Pilot schnell hinter seinem Teamkollegen Alain Prost auf, der den Brabham von Piquet jagt. Ein störrisches Getriebe und Öl auf der Piste bedeuten für den Franzosen kurz nach der Hälfte des Rennens das Aus. Lauda nimmt die Verfolgung von Piquet auf, den er elf Umläufe vor dem Ziel überholt. Er geht in Führung, die er nicht mehr verlieren wird, und holt mit einem halben Punkt Vorsprung vor Prost seinen dritten Weltmeistertitel.

500.
Australien 1990
MELBOURNE

Piquet

Das letzte Duell Piquet – Mansell

Dieser Große Preis findet kurz nach dem Rennen in Japan statt, bei dem Kamikaze-Senna absichtlich eine Kollision mit Prosts Ferrari verursacht. In Adelaide führt der Brasilianer zunächst, landet jedoch 20 Umläufe vor dem Ziel wegen eines Getriebeschadens im Reifenstapel. Piquet übernimmt die Führung. Seine Reifen sind schon abgefahren, die von Mansells Ferrari noch frisch. Der Engländer verfolgt den Benetton. Dieser führt seit der letzten Runde trotz einer kurzen Unterbrechung drei Umläufe zuvor, was wiederum Mansell erlaubte aufzuholen. Noch ein letzter Angriff, doch Piquet schneidet ihn. Wie durch ein Wunder kann der Ferrari-Pilot noch ausweichen. Der Brasilianer gewinnt das letzte Duell der ehemaligen Erzfeinde beim Team Williams.

600.
Villeneuve
Argentinien 1997
BUENOS AIRES

Villeneuve gleich Villeneuve

Jacques Villeneuve ist immer sehr zurückhaltend, wenn es um Vergleiche mit seinem Vater Gilles geht, der 1982 in Zolder stirbt, als Jacques noch ein Kind ist. Doch an jenem 13. April 1997 in Buenos Aires gesteht er: »Zugegeben, die Anzahl der Grand-Prix-Siege meines Vaters zu erreichen (6) ist ein besonderer Moment«. Mit dem Williams-Renault liegt er von Anfang an in Führung. Es ist seine 100. Poleposition für den englischen Rennstall, doch in den letzten Runden muss er sich vor dem Ferrari seines Freundes Eddie Irvine behaupten, der seinen ersten Sieg anstrebt. Am Ende der Saison schafft Jacques, wozu Gilles keine Zeit geblieben war: Er wird Formel-1-Weltmeister.

700.
Fisichella
Brasilien 2003
SÃO PAULO

Fisichella, Sieg durch Chaos

Bei diesem Großen Preis von Brasilien herrscht ein Sauwetter. Die Intermediates von Michelin und Bridgestone greifen nicht. Eine Reihe von Ausfällen. Sechs Piloten, darunter auch Michael Schumacher, werden Opfer einer Pfütze in Kurve 3. Der führende Barrichello wird durch eine Panne an seinem Ferrari ausgebremst. Räikkönen (McLaren) begeht einen Fahrfehler, was dem Jordan von Fisichella zugutekommt, kurz vor Rennabbruch nach dem doppelten Ausfall von Webber (Jaguar) und Alonso (Renault) in der letzten großen Kurve vor den Boxen. Nach den zahlreichen Unfällen gleicht die Piste einem Trümmerhaufen, die Piloten sind durchgerüttelt, aber unverletzt: Das neue HANS-System* war zum ersten Mal obligatorisch.

* Head and Neck Support, Frontal-Kopfrückhaltevorrichtung

800.

Singapur 2008

MARINA BAY

🏆 Alonso

Renault, nächtliche Ruhestörung

Das erste Nachtrennen der F1 und der größte Sportskandal ihrer Geschichte! Ein Teil des technischen Managements von Renault weist Nelson Piquet Jr. an, seinen Renault absichtlich gegen die Mauer zu fahren, um eine Safety-Car-Phase auszulösen. Infolgedessen kann das Team im richtigen Moment den anderen Renault von Fernando Alonso betanken, was erst wie ein glücklicher Zufall aussieht. Dies bringt den Spanier nämlich in Führung, jedoch deckt Familie Piquet die ganze Affäre einige Zeit später auf. Flavio Briatore, Rennstallchef von Renault, wird zunächst lebenslänglich von der F1 ausgeschlossen.

900.

Bahrain 2014

SAKHIR

🏆 Hamilton

Dominanz-Ära Mercedes

Mit der Einführung der Turbo-Hybridmotoren in der F1 überrascht Mercedes die ganze Welt und wird Vorreiter einer neuen Technologie. Rosberg gewinnt den ersten Großen Preis in Australien, Hamilton in Malaysia den zweiten. Dies ist der Beginn der Ära Mercedes! Und die Zeit des ersten Geplänkels zwischen seinen beiden Piloten. In jener Nacht in Bahrain, die mit Singapur den Beginn dieser Rivalität markiert, verteidigen Hamilton und Rosberg ihre Position auf der Piste mit derartigem Nachdruck, dass Mercedes sie schließlich willkürlich durch zwei verschiedene Reifenstrategien trennt. Vergeblich! Der Unfall von Maldonado ruft später die Ausfahrt des Safety Cars hervor und bringt die beiden Mercedes wieder zusammen. Erneut nehmen die beiden Piloten ihr Duell auf, Rad an Rad. Die Auseinandersetzung soll drei volle Saisons andauern.

SHANGHAI

1.000.

China 2019

Hamilton

Kaiser Hamilton

Historisches Rennen, leichtes Spiel für Lewis Hamilton. Schon kurz nach dem Start zieht der fünffache Weltmeister an seinem Teamkollegen und Polesetter Bottas vorbei. So setzt er das Rennen mit ausreichendem Vorsprung für seinen 75. Sieg fort, Alain Prost schwenkt die Schachbrettflagge. Die ersten Schritte zu seinem sechsten Weltmeistertitel in der Saison 2019. Wie auch für Mercedes.

VON PARIS-MOSKAU 1950 BIS PARIS-NEU-DELHI SEIT 2018

Wie sieht es mit der Kilometerleistung einer Grand-Prix-Saison der Formel 1 aus? Pro Jahr werden immer mehr Rennen ausgetragen, und so hat sich die zurückgelegte Distanz von 1950 bis 2018 schon um das Zweieinhalbfache erhöht.

Jahr	Distanz	Rennen
1950	2.447 KM	(ohne Indy 500, 7 GP)
1960	3.530 KM	(ohne Indy 500, 10 GP)
1970	4.457 KM	(13 GP)
1980	4.266 KM	(14 GP)
1990	4.785 KM	(16 GP)
2000	5.174 KM	(17 GP)
2010	5.793 KM	(19 GP)
2018	6.392 KM	(21 GP)

Die meisten Siege pro Grand Prix*

- 8 — Michael Schumacher — Frankreich
- 7 — Michael Schumacher — Kanada
- 7 — Michael Schumacher — San Marino
- 6 — Alain Prost — Brasilien
- 6 — Ayrton Senna — Monaco
- 6 — Michael Schumacher — Belgien
- 6 — Michael Schumacher — Spanien
- 6 — Michael Schumacher — Japan
- 6 — Lewis Hamilton — USA
- 6 — Lewis Hamilton — Ungarn
- 6 — Lewis Hamilton — China
- 5 — Lewis Hamilton — Großbritannien
- 5 — Lewis Hamilton — Italien
- 4 — Juan Manuel Fangio — Argentinien
- 4 — Jim Clark — Niederlande
- 4 — Michael Schumacher — Australien
- 4 — Michael Schumacher — Deutschland
- 4 — Sebastian Vettel — Malaysia
- 4 — Sebastian Vettel — Singapur
- 4 — Sebastian Vettel — Bahrain
- 4 — Lewis Hamilton — Abu Dhabi
- 3 — Jim Clark — Südafrika
- 3 — Alain Prost — Österreich
- 3 — Alain Prost — Portugal
- 3 — Felipe Massa — Türkei
- 3 — Sebastian Vettel — Südkorea
- 3 — Sebastian Vettel — Indien
- 3 — Lewis Hamilton — Russland

* Zahlen bis zum GP von China 2019, 1.000. GP

Alle Grand-Prix-Strecken auf einen Blick

GP von **ABU DHABI**							GP der **NIEDERLANDE**
YAS MARINA							ZANDVOORT

GP von **AUSTRALIEN**		GP des **PAZIFIK**	GP von **GROSSBRITANNIEN**			GP von **PESCARA**	GP von **LUXEMBURG**
ADELAIDE	MELBOURNE	AIDA (JAPAN)	AINTREE	BRANDS HATCH	SILVERSTONE	PESCARA	NÜRBURGRING

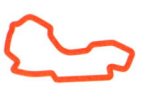

GP von **MAROKKO**	GP von **SCHWEDEN**	GP der **USA** (OST & WEST)					
AIN-DIAB	ANDERSTORP	WATKINS GLEN	SEBRING	LONG BEACH	LAS VEGAS	DALLAS	DETROIT

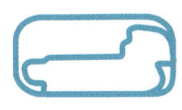

GP der **USA** (OST & WEST)				GP von **RUSSLAND**	GP von **ASERBAIDSCHAN**	GP der **SCHWEIZ**	
PHOENIX	RIVERSIDE	INDIANAPOLIS	AUSTIN	SOTSCHI	BAKU	BERN-BREMGARTEN	DIJON-PRENOIS

GP von **DEUTSCHLAND**				GP von **SÜDAFRIKA**		GP von **JAPAN**	
HOCKENHEIM	AVUS	NÜRBURGRING 1	NÜRBURGRING 2	EAST LONDON	KYALAMI	FUJI	SUZUKA

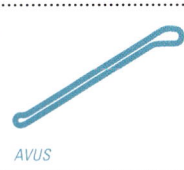

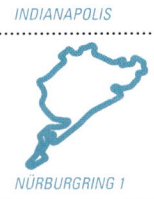

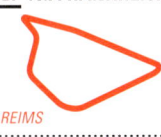

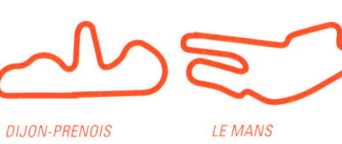

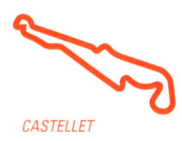

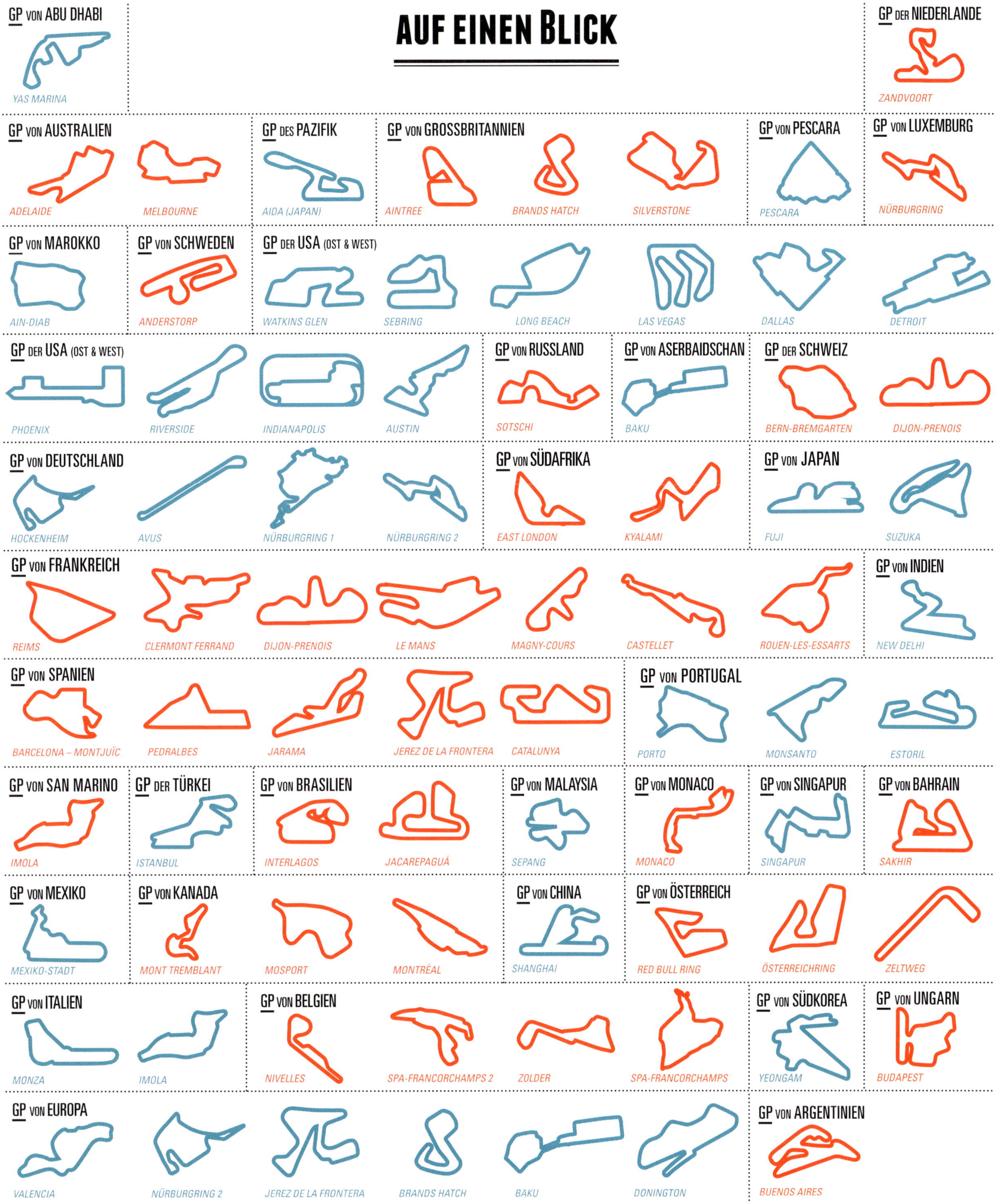

GP von **FRANKREICH**							GP von **INDIEN**
REIMS	CLERMONT FERRAND	DIJON-PRENOIS	LE MANS	MAGNY-COURS	CASTELLET	ROUEN-LES-ESSARTS	NEW DELHI

GP von **SPANIEN**					GP von **PORTUGAL**		
BARCELONA – MONTJUÏC	PEDRALBES	JARAMA	JEREZ DE LA FRONTERA	CATALUNYA	PORTO	MONSANTO	ESTORIL

GP von **SAN MARINO**	GP der **TÜRKEI**	GP von **BRASILIEN**		GP von **MALAYSIA**	GP von **MONACO**	GP von **SINGAPUR**	GP von **BAHRAIN**
IMOLA	ISTANBUL	INTERLAGOS	JACAREPAGUÁ	SEPANG	MONACO	SINGAPUR	SAKHIR

GP von **MEXIKO**	GP von **KANADA**			GP von **CHINA**	GP von **ÖSTERREICH**		
MEXIKO-STADT	MONT TREMBLANT	MOSPORT	MONTRÉAL	SHANGHAI	RED BULL RING	ÖSTERREICHRING	ZELTWEG

GP von **ITALIEN**		GP von **BELGIEN**				GP von **SÜDKOREA**	GP von **UNGARN**
MONZA	IMOLA	NIVELLES	SPA-FRANCORCHAMPS 2	ZOLDER	SPA-FRANCORCHAMPS	YEONGAM	BUDAPEST

GP von **EUROPA**						GP von **ARGENTINIEN**	
VALENCIA	NÜRBURGRING 2	JEREZ DE LA FRONTERA	BRANDS HATCH	BAKU	DONINGTON	BUENOS AIRES	

1968, Zieleinlauf beim Großen Preis von Deutschland, Jackie Stewart

DIE ZEHN LEGENDÄRSTEN GRANDS PRIX DER GESCHICHTE

Ein besonders spannendes Rennen, ein atemberaubendes Finale,
ein unglaublich talentierter Pilot oder die gesamten Teamleistung.
Ihr symbolischer Wert, ein außergewöhnliches Ergebnis oder ein
ausgesprochen emotionsgeladener Sieg stellen diese zehn Grands Prix
vor die 990 anderen.

GROSSER PREIS VON FRANKREICH 2004

Schumachers Vierstopptaktik

Noch ein Wochenende mit Ferrari-Stempel: In diesem Jahr hat Schumacher bereits acht von neun Grands Prix gewonnen. Aber in Magny-Cours macht ihm der von der Poleposition gestartete Renault von Fernando Alonso erst einmal zu schaffen. Der technische Direktor der Scuderia und Rennstratege Ross Brawn begreift sehr schnell, dass Schumacher auf einer Strecke, die das Überholen erschwert, Probleme haben wird, »regulär« vorbeizuziehen. Darum stellt er seinen Piloten beim elften Umlauf zum Reifenwechsel auf eine Vierstoppstrategie (anstelle von drei) um. Das gab es noch nie! Dadurch hat Schumacher den Vorteil auf drei kurzen Sprints mit immer noch frischen Reifen zu fahren. Damit dieser Coup gelingen kann, muss er jede Runde seines Großen Preises quasi im Rhythmus der Qualifikation drehen, um auf der Piste die beim kurzen Boxenstopp verlorene Zeit wieder aufzuholen. Mission erfüllt. Mit Michael Schumacher wagt Ross Brawn die verrücktesten Strategien, denn er kann sich darauf verlassen, dass dieser im rechten Moment die notwendigen Zeiten erreicht.

1
Mobil
Formula 1™
FRANCE
vodafone
BRIDGESTONE
OMP
M.Schumacher

GROSSER PREIS VON DEUTSCHLAND 1957

Fangios Geniestreich

Dies ist der letzte der 24 Siege von Juan Manuel Fangio. Und vielleicht der schönste. Der argentinische Pilot ist 46 Jahre alt und steht kurz vor seinem fünften Weltmeistertitel, mit bereits drei Siegen in vier Rennen. Hawthorn, Musso und Moss stecken in Schwierigkeiten. Ein erneuter Sieg in Deutschland wäre der Höhepunkt. Auf den 22 Kilometern der Nordschleife am Nürburgring fliegt der Maserati! Fangio stoppt als einziger zum Reifenwechsel und lässt die Ferraris von Hawthorn und Collins vorbeiziehen. Als er in die Box fährt, hat er noch einen Vorsprung von 30 Sekunden. Ausreichend, um die Führung zu halten. Dieser Stopp verläuft jedoch nicht planmäßig: Eine Radmutter fällt unter den Maserati, der mit einer Verspätung von 48 Sekunden wieder startet. Es bleiben zwölf Umläufe. Während der ersten beiden attackiert Fangio nicht und führt die Ferrari-Piloten somit in die Irre, denn sie sehen sich bereits als Sieger und verlangsamen. Und der Argentinier attackiert doch! Er schlägt die Zeit seiner Poleposition um acht Sekunden. Er startet durch, überholt erst Collins und dann Hawthorn im vorletzten Umlauf und gewinnt mit drei Sekunden Vorsprung dank seines meisterhaften Könnens.

CASTROL CASTROL
Continental Reifen
Continental Reifen
Continental Reifen

1948
AvD

GROSSER PREIS VON ITALIEN 1971

Gethin um Haaresbreite

1971 sind die Geraden von Monza noch nicht durch Schikanen unterbrochen. Es ist der Inbegriff eines Windschattenrennens im Pulk. Und auch wenn Ronnie Peterson (March) und François Cevert (Tyrrell) anfangs dominieren, werden während der 55 Runden dieses Großen Preises von Italien acht Piloten abwechselnd an der Spitze fahren. Manchmal sogar mehrmals pro Runde. Die fünf Fahrer, die von der ersten bis zur letzten Kurve führen, streben alle ihren ersten Formel-1-Sieg an: Gethin, Peterson, Cevert, Ganley und Hailwood.

Mit seinem BRM wagt Peter Gethin vor der Parabolica ein selbstmörderisches Bremsmanöver. Cevert besteht nicht, Peterson schert weit aus, und der BRM passiert schließlich mit einer Hundertstelsekunde Vorsprung vor Peterson die Ziellinie (Cevert wird mit 0,09 Sekunden Rückstand Dritter). Dies ist der knappste Zieleinlauf der gesamten Formel-1-Geschichte. Der Engländer Gethin wird in seiner Karriere keinen weiteren Großen Preis gewinnen. Hailwood und Ganley werden kein einziges Mal siegen.

AUTOBIANCHI A112

SUPERGRADE
CASTROL
Shell
Gulf
FERODO
DUNLOP
STP

GROSSER PREIS VON DEUTSCHLAND 1968

Stewart mit Riesenvorsprung

4'03"2 Vorsprung vor dem Lotus von Graham Hill, dem Zweiten. 4'09" vor Jochen Rindt (Brabham), 5'55" vor Jacky Ickx (Ferrari), 6'21" vor Jack Brabham (Brabham): Der Zeitabstand zu den Besiegten verdeutlicht Jackie Stewarts herausragende Leistung auf der alten Strecke des Nürburgrings am 4. August 1968. Der Pilot des Matra-Ford, schon von Ken Tyrrell gecoacht, führt von der ersten bis zur 14. Runde. Trotz seines Startplatzes in der dritten Reihe gelingt dem Schotten im Regen ein Blitzstart: Dritter! Im ersten Umlauf der 22 Kilometer überholt er erst Amon, dann Hill (bereits zweifacher Weltmeister) und beendet diese erste Runde mit zehn Sekunden Vorsprung. Ein Vorsprung, der mit jeder Runde größer wird, alles bei dichtem Nebel und trotz eines bandagierten Handgelenks (Fraktur bei einem F2-Rennen im April). Zu Recht gilt Stewart als »Regenmeister«! Bezüglich des Vier-Minuten-Rückstands muss man allerdings anmerken, dass Hill nach einer Volldrehung sogar aus seinem Lotus aussteigen und ihn wieder in die richtige Position bringen muss!

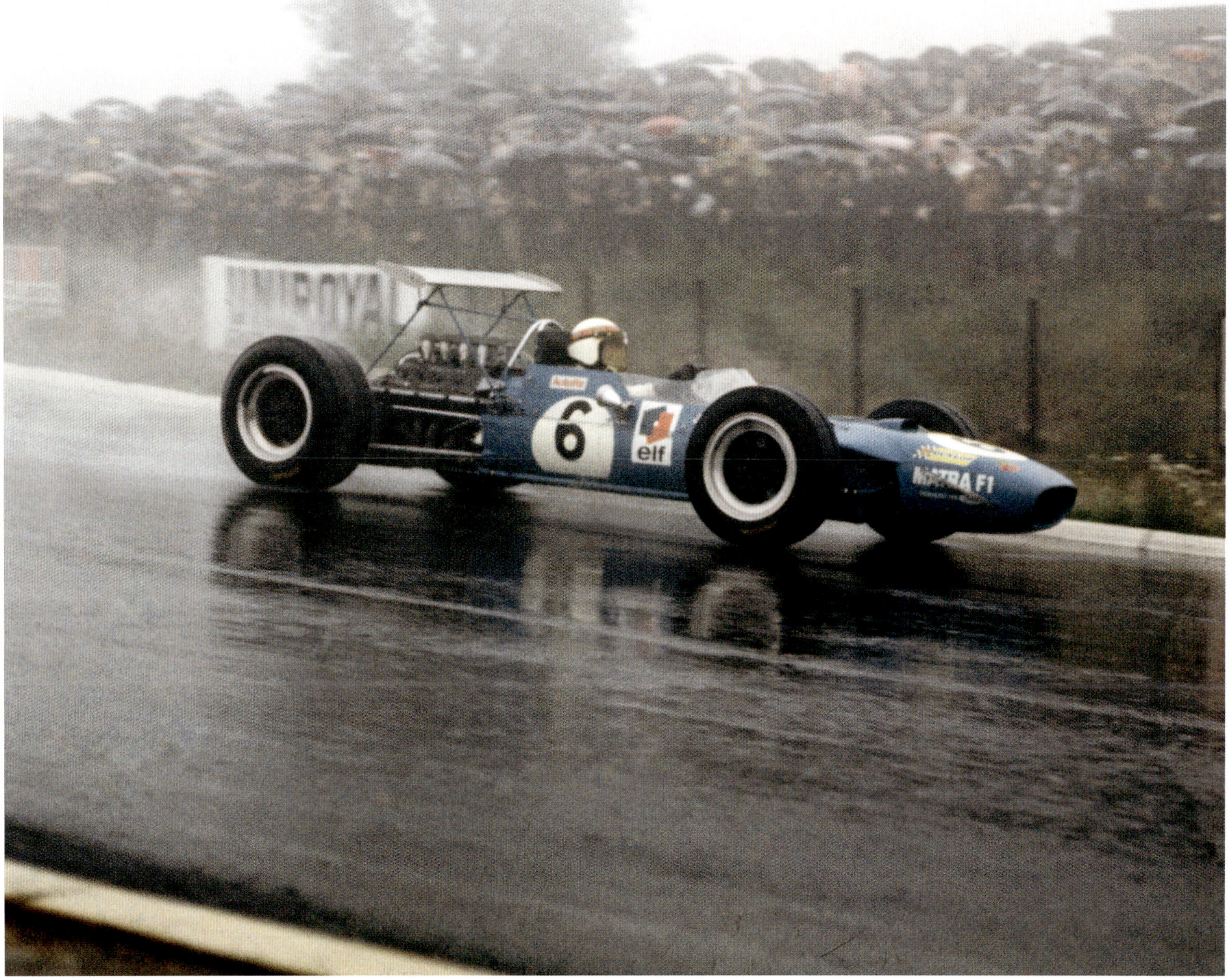
6
elf
MATRA F1

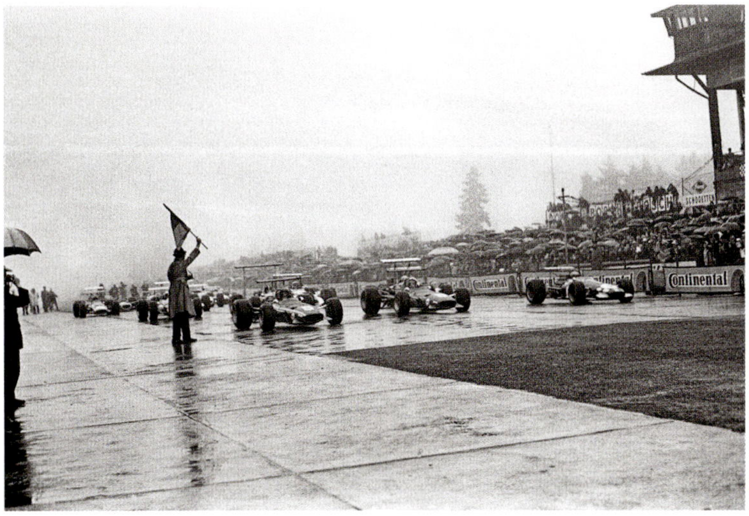
Continental

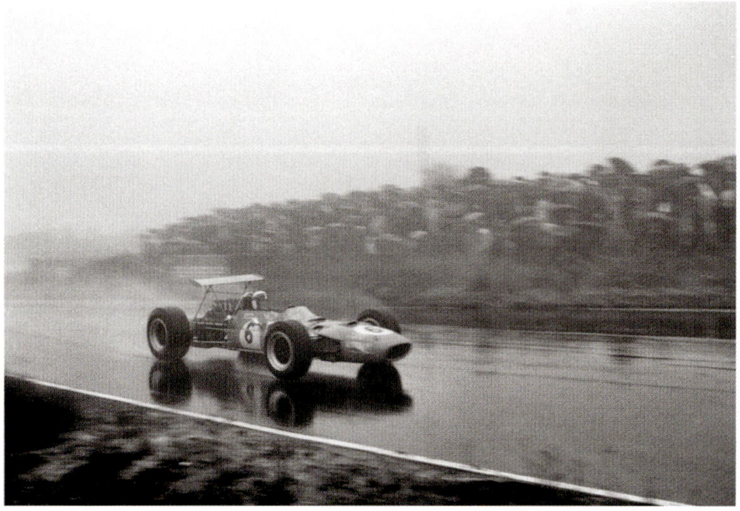

GOSSER PREIS VON BRASILIEN 1991

Senna, Erfolg nach Höllenqualen

Auf dem Podium von Interlagos erlebt Ayrton Senna gleichzeitig Freud und Leid. Den Siegerpokal kann er kaum hochheben, das erste Mal in seiner Karriere vor seinem Publikum. Der zweifache Weltmeister ist über sich selbst hinausgewachsen. Auf der Ziellinie hört man ihn über Funk in seinem McLaren-Honda vor Schmerzen schreien. Dann stoppt er sein Auto auf der Mitte der Piste. Starke Krämpfe lähmen ihn. Nur mithilfe der Mediziner kann er aus seinem Cockpit aussteigen und sich auf den Beinen halten. Der Brasilianer liegt von Anfang an in Führung, muss jedoch Nigel Mansell in Schach halten, bis der Williams-Renault einem Reifenschaden erliegt. Doch beim McLaren fällt ein Gang nach dem nächsten aus. Er kann nur noch im sechsten fahren. Bei jeder Bremsung schiebt der V10 Honda weiter und Senna wird aufs Bremspedal und aufs Lenkrad gedrückt. Nach 40 Sekunden Abstand liegt Patrese bald nur noch vier Sekunden hinter dem McLaren, doch auch sein Getriebe schwächelt, und er gibt auf. Als Senna aufs Podium steigt, bricht tosender Jubel aus. Mit dem Gesichtsausdruck eines verzweifelten Gewichthebers stemmt er seine Trophäe in die Luft.

57

GROSSER PREIS VON SPANIEN 1996

Schumachers erster Sieg in Rot

Dieser Große Preis von Spanien 1996 ist in gewisser Weise der Grundstein für die neue Verbindung zwischen Michael Schumacher (schon zweifacher Weltmeister mit Benetton-Renault 1994 und 1995) und dem Ferrari-Team, das seit der Leitung von Jean Todt im Sommer 1993 auf nachhaltige Leistungen setzt. Im strömenden Regen geht der deutsche Pilot in Barcelona mit der Scuderia zum siebten Mal an den Start: Fahrbedingungen, die er bestens beherrscht. Nach mäßigem Start (7.) fährt Schumacher die Piste voll aus, als andere sich schon drehen. Er überholt Barrichello, Berger, Alesi, schließlich den Renault-Williams von Villeneuve und übernimmt ab dem elften Umlauf die Führung. Er zeigt sein einmaliges Können. Bald hat er einen fast einminütigen Vorsprung und bleibt auch nach jedem Boxenstopp an der Spitze. Seinen ersten Sieg für Ferrari (der 20. seiner Karriere) holt Schumacher nach einem zweistündigen Rennen mit 45 Sekunden Vorsprung vor Alesis Benetton-Renault. »Wenn es regnet am Altar, bringt das Glück für viele Jahr« – an dieser Volksweisheit werden Schumacher und Ferrari infolge weiterer 71 Siege nie zweifeln!

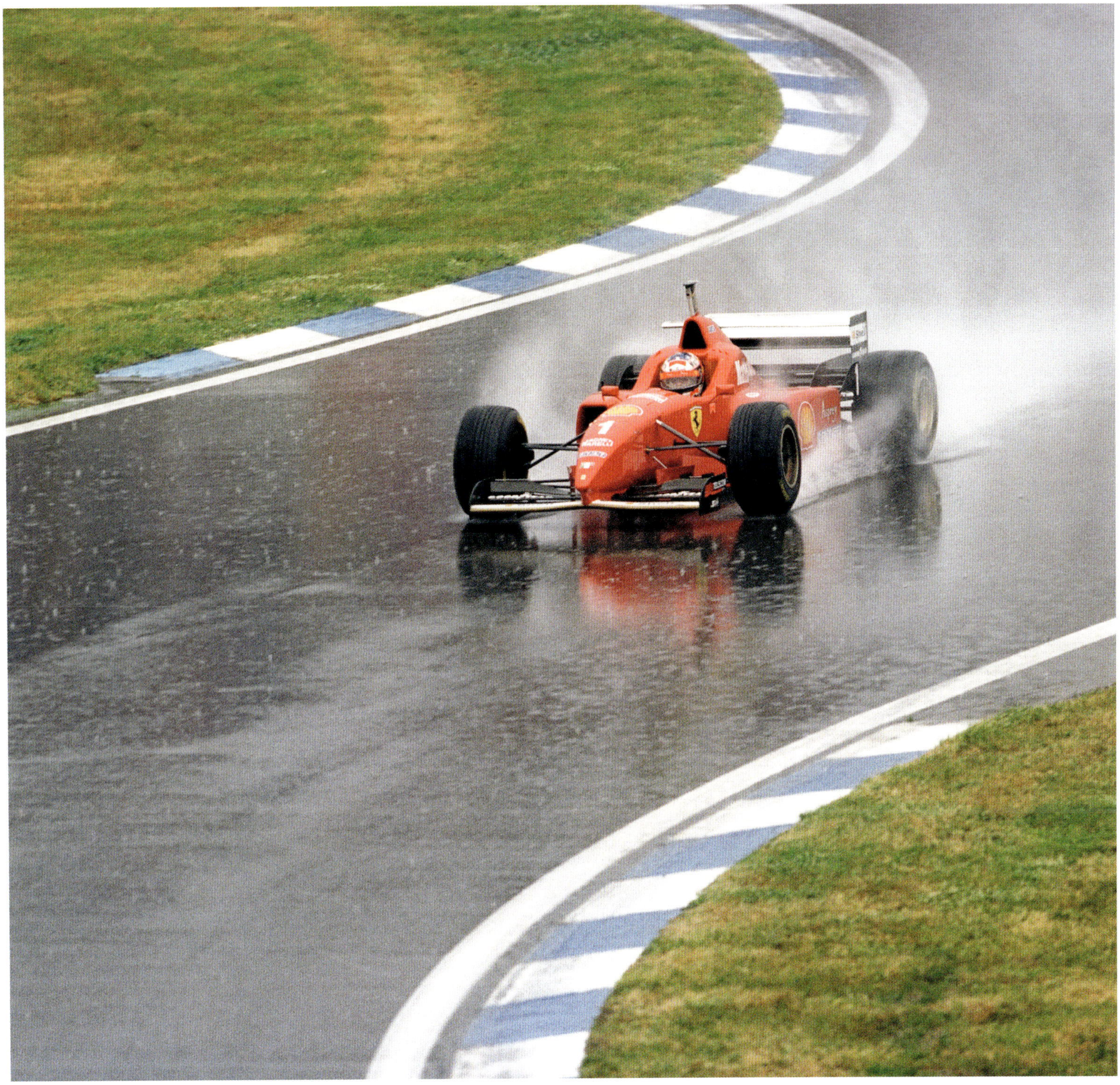

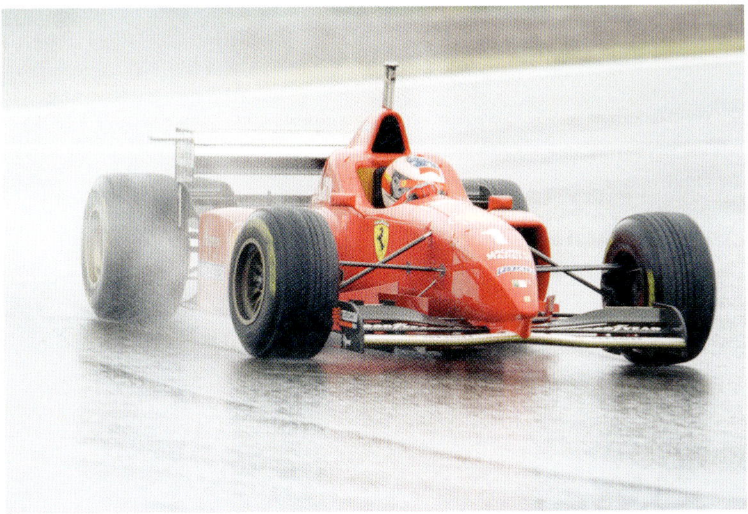

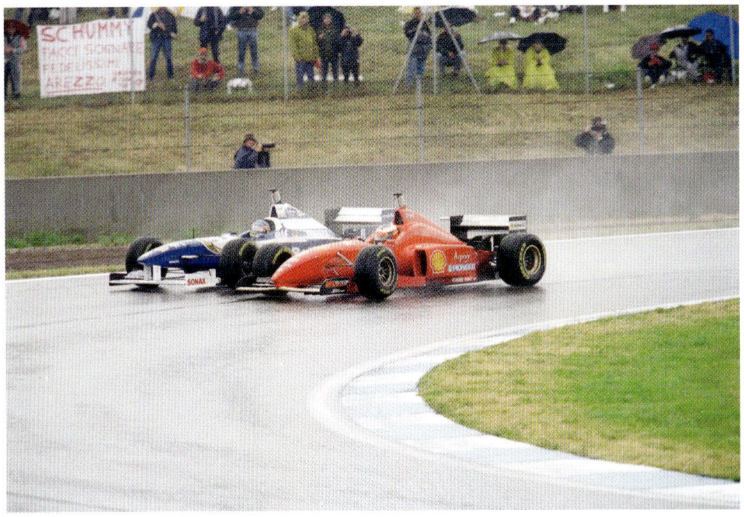
SCHUMMY
AREZZO

GROSSER PREIS VON FRANKREICH 1979

Chapeau, Renault!

Welch besseren Ort als Frankreich gäbe es für Renault, mit seinem Turbomotor den ersten Formel-1-Sieg einzuholen? Die englischen Teams belächeln diese Technologie anfangs, als Renault sie 1977 vorstellt. Doch seitdem hat sie sich weiterentwickelt: zuverlässig und leistungsstark. An diesem 1. Juli in Dijon-Prenois starten die beiden Renault von Jean-Pierre Jabouille und René Arnoux aus der ersten Reihe. Nach schlechtem Start wird Jabouille jedoch von Gilles Villeneuves Ferrari überholt, und Arnoux fällt noch weiter zurück Der Renault braucht 47 Runden, bis er den Ferrari einholt und dann wegzieht. Arnoux kämpft sich unterdessen auf den dritten Platz vor, jedoch mit 30 Sekunden Rückstand. Der Franzose zieht durch und holt seinen Rückstand nach und nach auf, während das Publikum tost wie nie zuvor. Im 76. Umlauf findet Arnoux wieder den Anschluss und liefert sich mit Villeneuve vier Runden lang ein Duell, das in die Geschichte der F1 eingeht. Die Piloten fighten Rad an Rad. »Wir haben uns siebenmal berührt!«, erinnert sich Arnoux. »Gilles hatte fast keine Bremsen und Reifen mehr, und meine Maschine setzte in der letzten großen Kurve vor der Zielgeraden aus.« Am Ende bringt Villeneuve Renault mit 0,24 Sekunden Vorsprung um den Doppelsieg.

CIRCUIT DIJON-PRENOIS
RMC
MICHELIN
elf
R.M.O
TEMPORAIRE
CHAMPION
Agip
GIACO BAZZI

GROSSER PREIS VON EUROPA 1993 (Donington Park)

Sennas Sternstunde

Der Rückzug von Honda lässt McLaren und Ayrton Senna mit einem Ford Cosworth V8 zurück, der ihnen, wenn auch weiterentwickelt, keine Chance gegen den V10-Renault der Williams-Piloten Damon Hill und Alain Prost lässt. Der Teufelsbrasilianer unterschreibt nur Rennen für Rennen, um für sich die besten Konditionen aushandeln zu können. Das wechselhafte Wetter dieses Großen Preises von Europa in Donington ist für Senna schließlich eine Gelegenheit, die er sich nicht entgehen lässt. Fünfter in der ersten Kurve, legt er schon in der ersten Runde auf nasser Fahrbahn eine Meisterleistung hin. Er überholt Michael Schumacher (Benetton) in atemberaubender Talfahrt, Karl Wendlinger (Sauber) sogar auf der Außenbahn der alten Haarnadel, überrundet Hill in der Kehre und zieht beim Bremsen in der vorletzten Haarnadel an Prost vorbei. Nach der ersten Runde liegt er in Führung. In der zweiten Runde liegt er vier Sekunden vor dem Franzosen. In der dritten schon sechs. Die abwechselnd nasse und wieder abgetrocknete Piste beeinträchtigt Sennas triumphalen Lauf keineswegs. Im Gegensatz zu Prost, der mehrmals halten muss. Er wird mit einer Runde Rückstand Dritter. Der Zweitplatzierte Hill passiert die Ziellinie über eine Minute nach dem Magier Senna.

Castrol
LOCTITE
PEPE
JEANS
TAMIYA
Nichibutsu

EUROPEAN
PRIX
FORMULA 1
SEGA

GROSSER PREIS VON AUSTRALIEN 1986

Alain Prost gegen das Williams-Paar

Alain Prost startet unter schwierigen Bedingungen: Um seinen Titel zu verteidigen, muss er diesen letzten Großen Preis unbedingt gewinnen. Nun nehmen die beiden Williams von Nigel Mansell und Nelson Piquet, seine Rivalen, die erste Startreihe in Beschlag. Doch der Franzose kann sich auf seinen Teamkollegen Keke Rosberg verlassen, der seinen letzten Großen Preis bestreitet. Der Finne wird als Tempomacher agieren und die Williams dazu zwingen, ihre Reifen zu quälen.
In der 32. Runde bemerkt Prost einen Schaden und hält zum Reifenwechsel. Der Stopp zieht sich in die Länge: 17 Sekunden! Der McLaren startet wieder von der vierten Position. Sein hoch konzentrierter Pilot fährt teuflisch gut und erreicht Mansell, der Piquet klein beigegeben hat. Vorne treibt Rosberg alle weiter an. Die Goodyears leiden. Außer den weniger beanspruchten von Prost. In der 63. Runde muss Rosberg auf der letzten langen Gerade aufgeben. Soeben über Funk gewarnt, bleibt Mansell noch nicht einmal Zeit, in die Box zu fahren, bevor sein linker Hinterreifen bei 300 km/h explodiert! Wie durch ein Wunder bringt er sein Auto zum Stehen. Der neue Führende Piquet steht kurz vor dem Titel, doch aus Vorsicht muss auch er seine Reifen wechseln. Der Titel geht letztlich an Prost. Bei Zieleinfahrt könnte er vor Freude in die Luft springen: Seine Tankanzeige hatte (fehlerhaft) angegeben, nicht genug Sprit bis zum Ende zu haben. Kurz nach dem Gewinn des Weltmeistertitels fährt Alain Prost zum ersten Mal am Steuer seines McLaren MP4 über die Champs-Élysées.
Eine Ehrenrunde, die er 1993 in seinem Williams-Renault wiederholen wird.

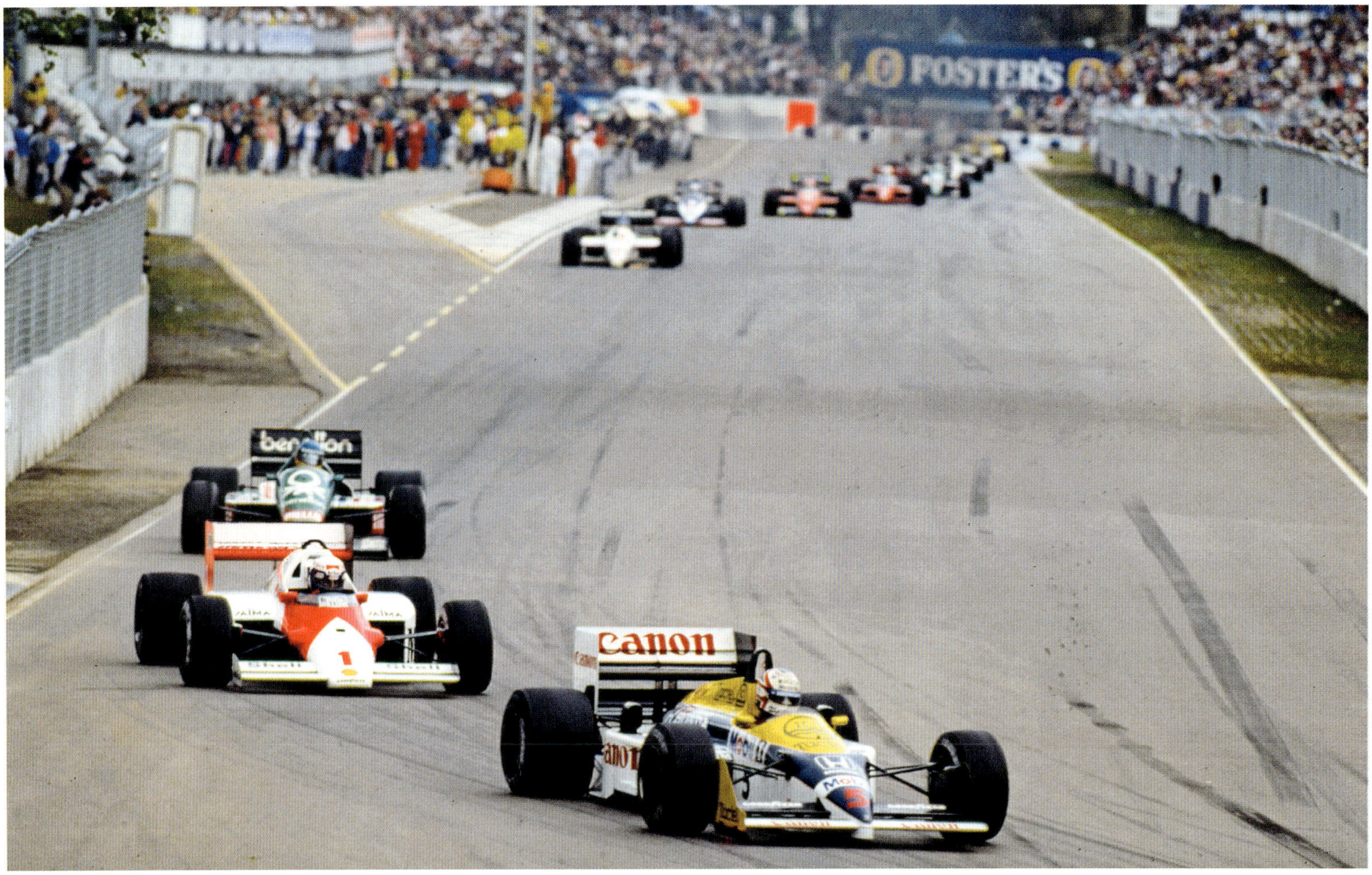
FOSTER'S
Canon
benetton

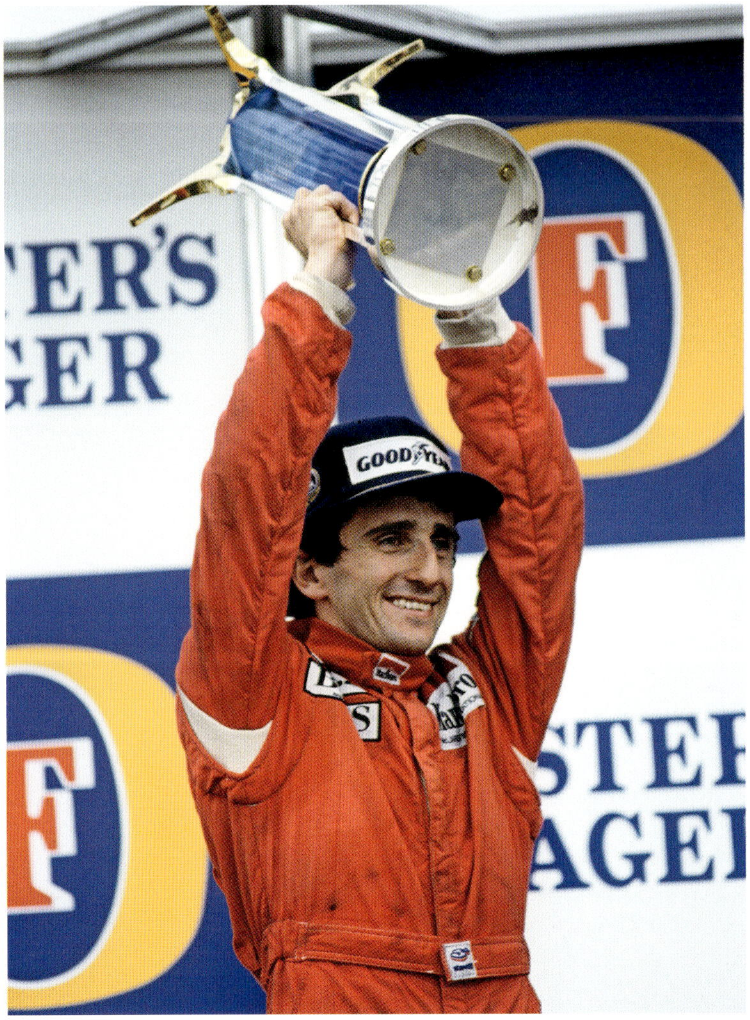
ER'S
GER
GOODYEAR
STER
AGE

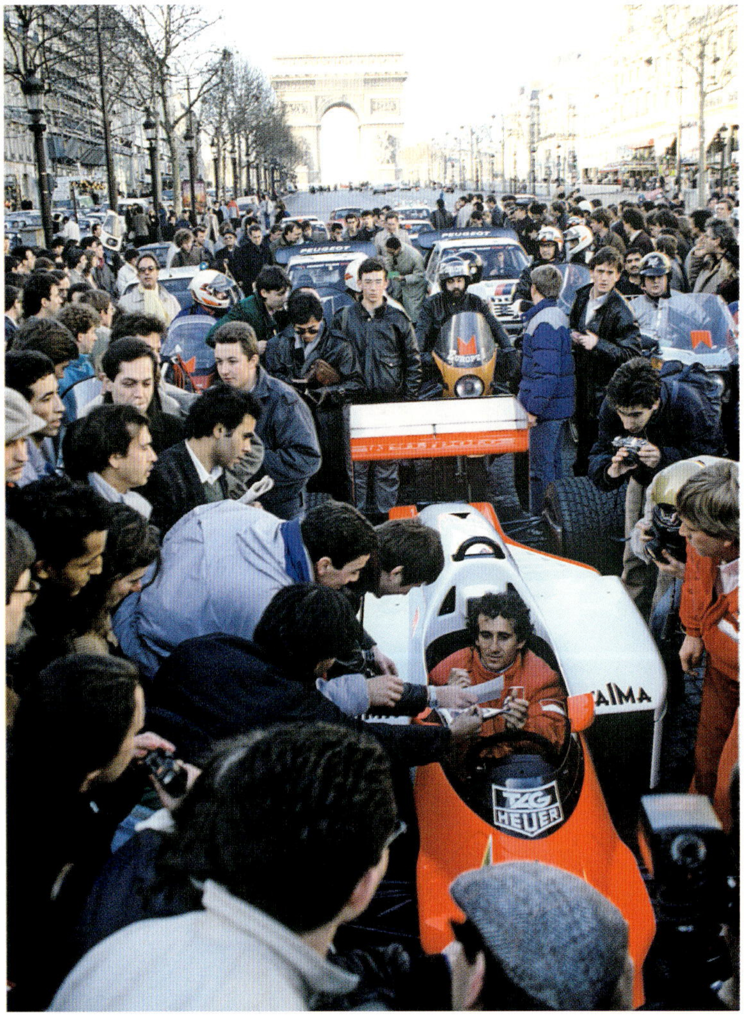
TAG HEUER

GOSSER PREIS VON BRASILIEN 2008

Hamiltons fantastische letzte Runde

17 Jahre nach Senna glaubt Felipe Massa eine halbe Runde lang, den Weltmeistertitel nach Brasilien geholt zu haben. Obendrein vor seinem Publikum in São Paulo. In Interlagos hatte der Ferrari-Pilot alles richtig gemacht: Poleposition und Führung trotz Platzregen in den acht letzten Runden. Hingegen hat Lewis Hamilton, der mit sieben Punkten Vorsprung angereist war, Schwierigkeiten. Nach einem beunruhigenden, aber kurzen Problem mit dem Getriebe des McLaren nimmt er abwechselnd die vierte oder fünfte Position ein. Das reicht für den Titel, doch aufgrund erneuten Regens fahren alle in die Boxen, um Regenreifen aufzuziehen.

Hamilton hat offensichtlich Angst, einen fundamentalen Fehler zu begehen und lässt sich zwei Runden vor dem Ziel den fünften Platz von Sebastian Vettels Toro Rosso nehmen. Als Massa über die Linie fährt, feiert sich der Brasilianer schon als Champion. Doch dann überholen erst Vettel und dann Hamilton in den letzten beiden mittlerweile nassen Kurven Timo Glock (Toyota), den Einzigen mit Trockenreifen. Hamilton ist wieder Fünfter und wird im letzten Augenblick mit einem Punkt Vorsprung der jüngste Weltmeister der Formel 1 (23 Jahre und 301 Tage). Vettel wird ihn 2010 um 166 Tage unterbieten.

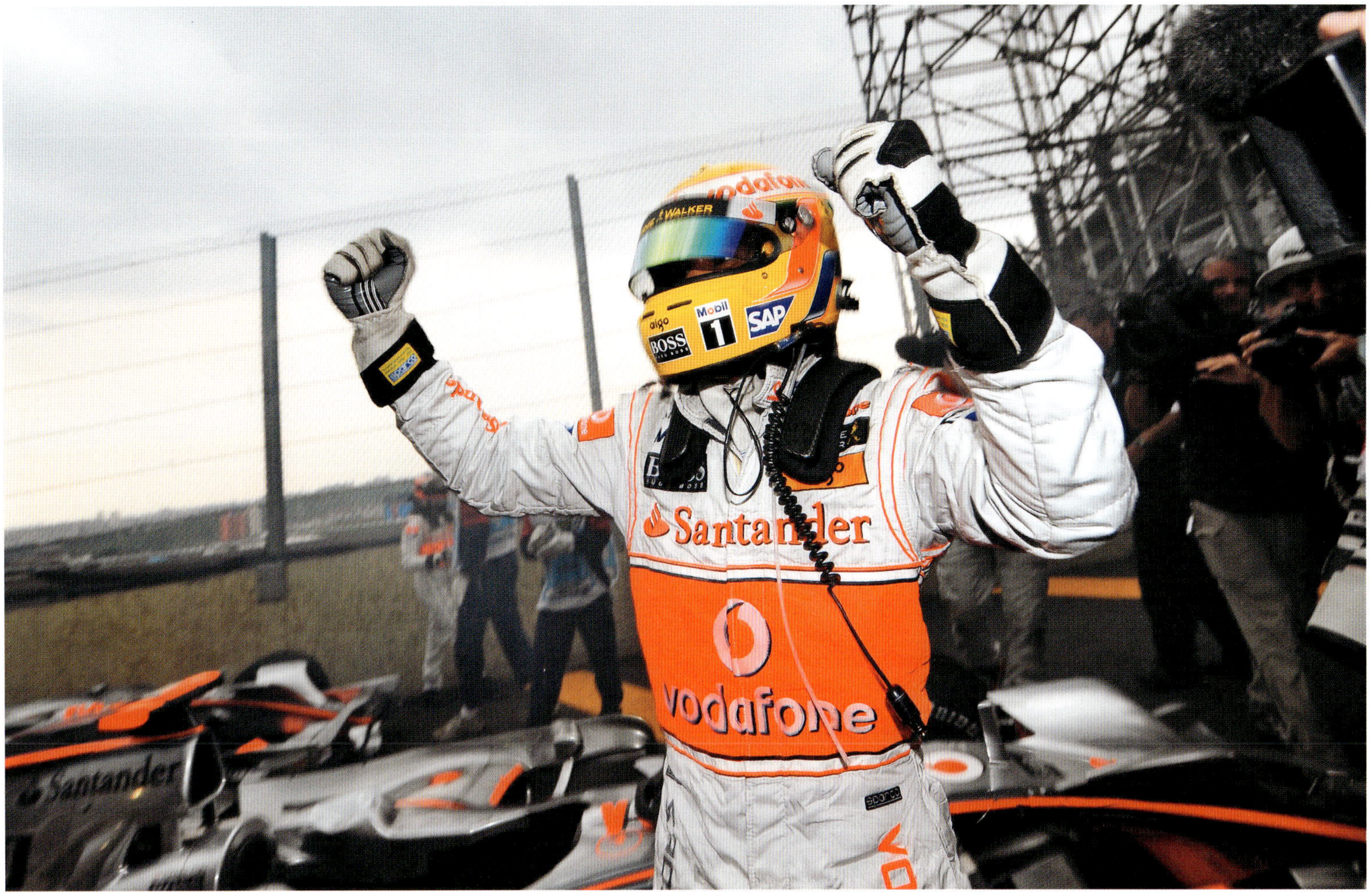
Santander
vodafone
Mobil
SAP
BOSS
Santander

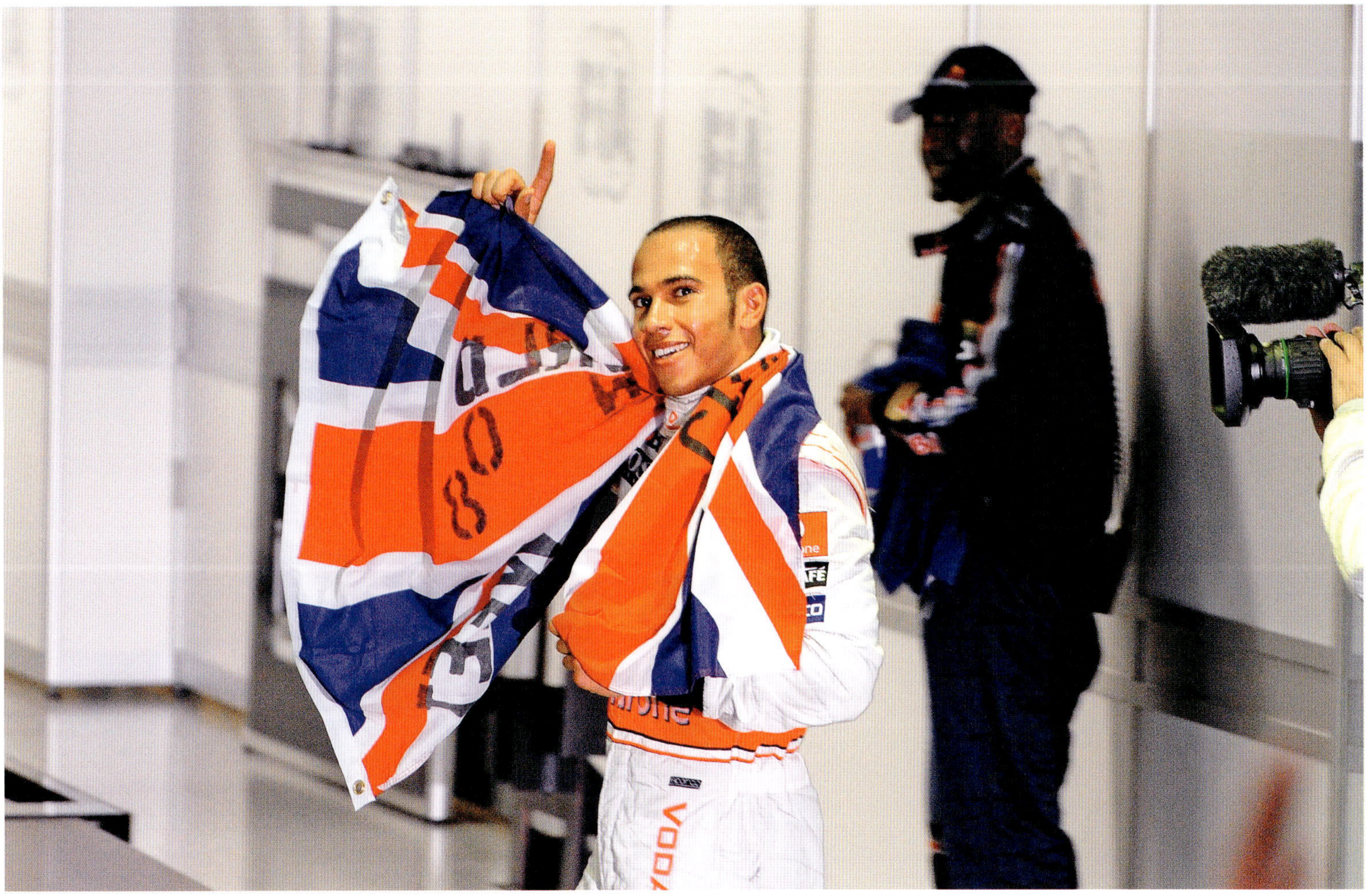

DIE EXOTISCHSTEN RENNSTRECKEN

Die Formel 1 hat in ihren 1.000 Rennen viele Länder gesehen!
Unter ihnen gibt es einige ganz besondere. Im guten wie im schlechten Sinne …

Indianapolis (USA)

Der Indianapolis Motor Speedway, die berühmteste ovale Rennstrecke der USA, ist elfmal Austragungsort der F1-Weltmeisterschaft (1950 bis 1960). Die hier gefahrenen Boliden sind jedoch kaum vergleichbar, und die amerikanischen Spezialisten treten nicht in Europa an, genau wie sich damals nicht besonders viele Asse der F1 auf die andere Seite des Atlantiks wagen. Einige der amerikanischen Fahrer starten allerdings beim »richtigen« GP der USA: Rodger Ward, 1959 Sieger beim Indy 500, ist im selben Jahr auch in Sebring gemeldet (ausgeschieden). Chuck Daigh 1960 in Riverside (10.). Lloyd Ruby 1961 in Watkins Glen (ausgeschieden) und 1960 beim Indy 500 (7.). Andersherum wagt sich damals nur Alberto Ascari mit einem Spezial-Ferrari auf das amerikanische Oval: im Jahr 1952, als er seinen ersten Weltmeistertitel gewinnt (Startposition 7, ausgeschieden in der 40. Runde). Juan Manuel Fangio sagt seine Teilnahme bei der Qualifikation 1958 ab. Die F1 kehrt von 2000 bis 2007 nach Indianapolis zurück. Teil der Strecke ist eine spektakuläre Steilkurve gegen den Uhrzeigersinn in Kurve eins. Hier ereignet sich 2005 ein handfester Skandal, als Ralf Schumacher wegen Reifenschadens einen heftigen Unfall erleidet, sich deshalb alle Michelin-Teams nach dem Qualifying zurückziehen und am Ende nur die sechs mit Bridgestone bereiften Autos an den Start gehen.

Aintree
(England)

Die Piste bei Liverpool empfängt den Großen Preis von Großbritannien fünfmal zwischen 1955 und 1962. Mit mondänem Antlitz, denn die mehr als 100.000 Zuschauer sitzen hier auf denselben Tribünen wie bei einem Pferderennen in diesem auch heute noch gefragten Hippodrom.

1957

Las Vegas
(USA)

Nicht zu verwechseln mit dem fürchterlichen 1,5-Meilen-Oval (1,8 km), der den IndyCar-Piloten einen Drehwurm beschert. Die Formel 1 findet zweimal (1981 und 1982) auf diesem uninteressanten Kreisel über 3,6 km auf dem Parkplatz des Casinos Ceasars Palace statt. Aufgrund der Hitze und des gleichgültigen Publikums ein Reinfall!

1981

Long Beach
(USA)

Das amerikanische Monaco im Süden von Los Angeles (Kalifornien). Die Strecke verläuft durch die Stadt und entlang der Küste über den von Palmen gesäumten Shoreline Drive. In dieser Kulisse meint man den alten Passagierdampfer QUEEN MARY zu erspähen, wie er gerade am Kai anlegt. Die F1 macht hier von 1976 bis 1983 für den Großen Preis der USA gerne einen Zwischenstopp. Die IndyCar-Meisterschaft kehrt jedes Jahr hierher zurück.

1976

Porto-Boavista
(Portugal)

Der erste Große Preis von Portugal findet 1958 in Porto auf dem Circuito da Boavista statt (und ein zweites Mal 1960). Heutzutage undenkbar: Die Rennstrecke durch die Stadt führt über Kopfsteinpflaster und Bahnübergänge.

1958

Aida
(Japan)

Der Okayama International Circuit oder TI Aida in Japan ist nur zweimal F1-Schauplatz während des Großen Preises des Pazifiks 1994 und 1995 – beide Male siegt der deutsche Pilot Michael Schumacher, der 1994 und 1995 auch Weltmeister wird. Da ist schon die ganze Leidenschaft des japanischen Publikums für den Automobilsport gefragt, wenn man 100.000 Zuschauer auf diese sehr kurvige Piste bringen will, weit weg von allem. Heute wird die Rennstrecke beispielsweise noch für die Super Formula genutzt.

1994

Anderstorp
(Schweden)

In den skandinavischen Ländern gibt es nur einen Großen Preis: Schweden von 1973 bis 1978. Keiner in Finnland, Norwegen oder Dänemark. Den Tod des Landeskindes Ronnie Peterson infolge seines Unfalls beim Großen Preis von Italien überlebt der Wettkampf von Anderstorp nicht. Die Besonderheit dieser Rennstrecke ist die ein Kilometer lange Gerade (von insgesamt 4 km!) und eine endlose dreifache Rechtskurve. Die letzte Auflage gewinnt Niki Lauda mit seinem »Staubsauger« Brabham BT46B. Ein Jahr zuvor verzeichnen Jacques Laffite und Ligier dort ihren ersten F1-Erfolg.

1974

Yeongam
(Südkorea)

Mit Sicherheit einer der schlimmsten Austragungsorte der F1. Die südkoreanische Landschaft hat Charme, aber diese ländliche Gegend Stunden entfernt von der Hauptstadt Seoul ist deprimierend. Ohne angemessene Infrastruktur nächtigen einige Teams in den schlimmsten Absteigen! Für die erste Auflage im Oktober 2010 stellt man erst am Vortag des Starts Fußgängerbrücken auf. Bei Regen ist das Rennen eine Katastrophe. Der Vertrag läuft sieben Jahre. Glücklicherweise gibt es nur vier Auflagen.

2013

DIE GEFÄHRLICHSTEN RENNSTRECKEN

Gefährlich, veraltet oder vom Pech verfolgt. Auf einigen Pisten spielen sich seit dem tödlichen Unfall von Onofre Marimón, 1954 das erste Todesopfer der F1-Weltmeisterschaft, wiederholt Dramen ab.

Nürburgring

Er ist ein Freund der Argentinier Juan Manuel Fangio und José Froilán González. Am 31. Juli 1954 kracht Onofre Marimón bei Testfahrten zum Großen Preis von Deutschland am Nürburgring in umliegende Bäume und stirbt. Da ist er 30 Jahre alt und der erste Pilot aus dem Kader der Weltmeisterschaft, der am Steuer eines Formel-1-Autos stirbt. 1958 wird Peter Collins aus seinem Ferrari geschleudert und schlägt mit dem Kopf gegen einen Baum. Auch für drei andere Piloten soll der Nürburgring tödlich sein: Carel Godin de Beaufort (1964), John Taylor (1966) und Gerhard Mitter (1969). 1981 verunglückt auch Herbert Müller beim Training zu einem 1.000-km-Rennen tödlich. Das berühmteste »Opfer« des Nürburgrings überlebt allerdings: Beim letzten Großen Preis von Deutschland 1976 wird Niki Lauda in der Nordschleife aus seinem brennenden Ferrari gerettet. Wenn auch körperlich schwer gezeichnet.

Monza

Eine mörderische Strecke. Monza hat schon einige der besten Piloten ihrer Generation sterben sehen. 1955 verunglückt Alberto Ascari (36 Jahre, Weltmeister 1952 und 1953) bei einer privaten Testfahrt zum 1.000-km-Rennen in einem Ferrari Sportwagen. Vier Tage zuvor war er mit seinem Lancia F1 beim Großen Preis von Monaco in das Hafenbecken gefallen und nur knapp dem Tod durch Ertrinken entkommen. Die Unglücksstelle auf der Piste in Monza trägt heute seinen Namen, die Ascari-Schikane. 1961 verunglückt Wolfgang von Trips in seinem Ferrari tödlich, als er nach einer Kollision mit Jim Clarks Lotus mit 230 km/h die Böschung hinaufrast. Er reißt 15 Zuschauer in den Tod. Der Deutsche lag in der Meisterschaft ganz vorn. Neun Jahre später stirbt Jochen Rindt, als er an derselben Stelle vor der Parabolica-Kurve gegen die Betonmauer schleudert und mehrmals die Gitter trifft, die nun das Publikum schützen. Er gewinnt postum den Weltmeistertitel. Ronnie Peterson, bei Lotus Zweiter nach Mario Andretti, stirbt 1978 nach einer Massenkarambolage auf der Start-Ziel-Geraden vor der Schikane (Lungenembolie).

Hockenheim

Auf der ursprünglichen Strecke von Hockenheim, im Wald gelegen und megaschnell, verliert Patrick Depailler (Alfa Romeo) 1980 bei privaten Testfahrten vor dem Großen Preis von Deutschland die Kontrolle über sein Auto und verunglückt tödlich. Zwölf Jahre zuvor war schon Jim Clark bei einem Formel-2-Rennen gestorben: Er kommt von der Piste ab, und sein Lotus zerschellt an einem Baum. Ein schrecklicher Unfall auf regennasser Fahrbahn beendet 1982 die Formel-1-Karriere von Didier Pironi, als er mit dem Renault von Prost kollidiert. Sein Ferrari zerschellt, und der Franzose erleidet mehrfache Beinbrüche. In diesem Jahr wäre ihm der Weltmeistertitel schon fast sicher gewesen.

Spa-Francorchamps

In Spa-Francorchamps sind schon viele Piloten verunglückt. Angefangen bei Jackie Stewart, der dort 1966 seinen schwersten Unfall erlebt. Im Sturzregen knallt sein BRM erst gegen einen Telegrafenmast, einen Holzstapel und schließlich gegen eine Hütte, bevor er in die Tiefe stürzt. Chris Bristow (22 Jahre) und Alan Stacey (26 Jahre) haben bei diesem schrecklichen Großen Preis von Belgien 1960 noch weniger Glück. Genauso wie die große deutsche Hoffnung Stefan Bellof, der beim 1.000-km-Rennen 1985 in der Eau-Rouge-Kurve umkommt. Am 31. August 2019 stirbt am Vortag zum GP von Belgien der junge französische Newcomer Anthoine Hubert während eines F2-Rennens ebenfalls oberhalb der Raidillon.

Watkins Glen

Auf den Tag genau passieren mit einem Jahr Abstand, am 6. Oktober 1973 und 1974, auf der überaus unsicheren Strecke von »Glen« zwei Horrorunfälle. Erst rast der Tyrrell des Franzosen François Cevert und danach der Surtees von Helmut Koinigg in die noch nicht mit Reifen geschützten Leitplanken. Beide Piloten sind auf der Stelle tot.

Monaco

Lorenzo Bandini ist der einzige Pilot, der auf der Rennstrecke von Monaco zu Tode kommt: in seinem brennenden Ferrari an der Hafenschikane in der 82. Runde des Großen Preises von 1967. Zwei Piloten überleben einen Sturz ins Hafengewässer: Albert Ascari (1955) und Paul Hawkins (1965). Wieder in derselben Schikane wird Karl Wendlinger 1994 Opfer eines schrecklichen Unfalls bei ersten Testfahrten, nur zwei Wochen nach dem Tod von Ayrton Senna und Roland Ratzenberger. Er liegt 19 Tage im Koma und erreicht nie wieder sein altes Formel-1-Niveau.

Kyalami

Acht Tage vor dem Großen Preis von Südafrika 1974 verunglückt Peter Revson bei privaten Testfahrten in einem Shadow tödlich. Drei Jahre später kommt Tom Pryce auf tragische Weise um, als sein Shadow einen Streckenposten erfasst, der die Piste überquerte, um den in Brand geratenen Wagen seines Teamkollegen Renzo Zorzi zu löschen. Der Feuerlöscher des jungen Streckenposten, der ebenfalls stirbt, trifft Pryce tödlich am Kopf.

Imola

Die Rennstrecke des Großen Preis von San Marino ist nicht besonders gefährlich, jedoch hinterlässt das doppelte Drama von 1994 furchtbare Erinnerungen. Ein Schock. Zwölf Jahre nach dem letzten F1-Tod (Elio de Angelis bei privaten Testfahrten für Paul Ricard) verunglückt Roland Ratzenberger (Simtek) beim Qualifying tödlich. Am Folgetag setzt Ayrton Senna seinen Williams-Renault in der sechsten Runde des Rennens in der Tamburello-Kurve gegen die Mauer. Ein Teil der Radaufhängung durchschlägt sein Helmvisier und trifft ihn am Kopf. Lebensgefährlich verletzt, stirbt das brasilianische Idol einige Stunden später im Krankenhaus von Bologna.

Silverstone

1960 verunglückt Harry Schell bei einem jährlichen Wettkampf außerhalb der Meisterschaft, der International Tourist Trophy. 1967 schleudert Bob Anderson bei Regen in ein Streckenpostenhäuschen hinter einer Boxenausfahrt.

Zandvoort

Mit drei Jahren Abstand – 1970 und 1973 – verbrennen Piers Courage (28 Jahre), Newcomer und guter Freund von Jochen Rindt, sowie Roger Williamson (25 Jahre) in ihren mit Magnesium verbauten Chassis vor den Augen der hilflosen Streckenposten und Feuerwehrleute. Vergeblich versucht David Purley noch, Williamson aus den Flammen zu ziehen.

Die 33 Weltmeister der F1 1950–2018

Giuseppe Farina
ITA (1950, Alfa Romeo)

Juan Manuel Fangio
ARG (1951, Alfa Romeo. 1954, Maserati und Mercedes. 1955, Mercedes. 1956, Ferrari. 1957, Maserati)

Alberto Ascari
ITA (1952 und 1953, Ferrari)

Mike Hawthorn
GBR (1958, Ferrari)

Jack Brabham
AUS (1959 und 1960, Cooper Climax. 1966, Brabham-Repco)

Phil Hill
USA (1961, Ferrari)

Graham Hill
GBR (1962, BRM. 1968, Lotus-Ford)

Jim Clark
GBR (1963 und 1965, Lotus-Climax)

John Surtees
GBR (1964, Ferrari)

Denny Hulme
NZL (1967, Brabham-Repco)

Jackie Stewart
GBR (1969, Matra-Ford. 1971 und 1973, Tyrrell-Ford)

Jochen Rindt
AUT (1970, Lotus-Ford)

Emerson Fittipaldi
BRA (1972, Lotus-Ford. 1974, McLaren-Ford)

Niki Lauda
AUT (1975 und 1977, Ferrari. 1984, McLaren-TAG Porsche)

James Hunt
GBR (1976, McLaren-Ford)

Mario Andretti
USA (1978, Lotus-Ford)

Jody Scheckter
ZAF (1979, Ferrari)

Alan Jones
AUS (1980, Williams-Ford)

Nelson Piquet
BRA (1981, Brabham-Ford. 1983, Brabham-BMW. 1987, Williams-Honda)

Keke Rosberg
FIN (1982, Williams-Ford)

Alain Prost
FRA (1985 und 1986, McLaren-TAG Porsche. 1989, McLaren-Honda. 1993, Williams-Renault)

Ayrton Senna
BRA (1988, 1990 und 1991, McLaren-Honda)

Nigel Mansell
GBR (1992, Williams-Renault)

Michael Schumacher
DEU (1994, Benetton-Ford. 1995, Benetton-Renault. 2000–2004, Ferrari)

Damon Hill
GBR (1996, Williams-Renault)

Jacques Villeneuve
CAN (1997, Williams-Renault)

Mika Häkkinen
FIN (1998 und 1999, McLaren-Mercedes)

Fernando Alonso
ESP (2005 und 2006, Renault)

Kimi Räikkönen
FIN (2007, Ferrari)

Lewis Hamilton
GBR (2008, McLaren-Mercedes. 2014, 2015, 2017 und 2018, Mercedes)

Jenson Button
GBR (2009, Brawn-Mercedes)

Sebastian Vettel
DEU (2010–2013, Red Bull-Renault)

Nico Rosberg
DEU (2016, Mercedes)

Lewis Hamilton, Weltmeister 2018, sein fünfter Titel

DIE START-AUFSTELLUNG DES 1.000. GRAND PRIX

Das ist die »Gesamtaufstellung« der Geschichte der Formel 1. In dieser Startaufstellung sind alle Generationen in einem virtuellen 1.000 Grand Prix nach Anzahl der Polepositions zusammengefasst.

Anmerkung: Aufgeführt ist der Rennstall, mit dem der Pilot seine meisten Polepositions erzielt. Zahlen in Klammern.

1. Reihe

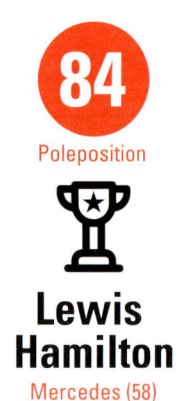

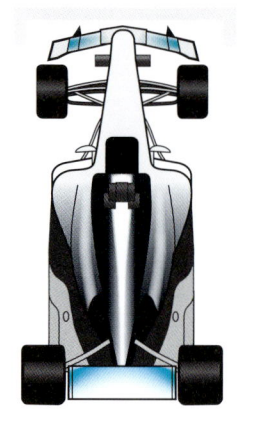

84 Poleposition — **Lewis Hamilton** Mercedes (58)

68 Michael Schumacher Ferrari (58)

2. Reihe

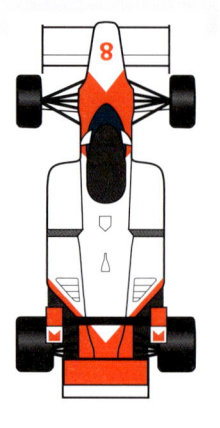

65 Ayrton Senna McLaren (46)

55 Sebastian Vettel Red Bull (44)

3. Reihe

33 Jim Clark Lotus (33)

33 Alain Prost Williams (13)

4. Reihe	③② **Nigel Mansell** Williams (28)	③⓪ **Nico Rosberg** Mercedes (28)
5. Reihe	②⑨ **Juan Manuel Fangio** Maserati und Alfa Romeo (8)	②⑥ **Mika Häkkinen** McLaren (26)
6. Reihe	②④ **Niki Lauda** Ferrari (23)	②④ **Nelson Piquet** Brabham (18)
7. Reihe	②② **Fernando Alonso** Renault (16)	②⓪ **Damon Hill** Williams (20)
8. Reihe	①⑧ **Mario Andretti** Lotus (17)	①⑧ **René Arnoux** Renault (14)
9. Reihe	①⑧ **Kimi Räikkönen** McLaren (11)	①⑦ **Jackie Stewart** Tyrrell (12)
10. Reihe	①⑥ **Stirling Moss** Cooper (5)	①⑥ **Felipe Massa** Ferrari (15)
11. Reihe	①④ **Alberto Ascari** Ferrari (13)	①④ **James Hunt** McLaren (14)
12. Reihe	①④ **Ronnie Peterson** Lotus (13)	①④ **Rubens Barrichello** Ferrari (11)
13. Reihe	①③ **Graham Hill** BRM (8)	①③ **Jack Brabham** Brabham (8)
14. Reihe	①③ **Jacky Ickx** Ferrari (11)	①③ **Jacques Villeneuve** Williams (13)
15. Reihe	①③ **Juan Pablo Montoya** Williams (11)	①③ **Mark Webber** Red Bull (13)

DAS »GESAMT-PODIUM« DER F1*

Rangliste nach Anzahl der Siege pro Pilot für ein virtuelles Podium nach 1.000 Grands Prix.

* Statistik bis zum GP von China 2019, 1.000. GP

1. Michael Schumacher (DEU) — 91 Siege
19 Benetton — 72 Ferrari

2. Lewis Hamilton (GBR) — 75 Siege
21 McLaren — 54 Mercedes

3. Sebastian Vettel (DEU) — 52 Siege
1 Toro Rosso — 38 Red Bull — 13 Ferrari

4. Alain Prost (FRA) — 51
9 Renault — 30 McLaren — 5 Ferrari — 7 Williams

5. Ayrton Senna (BRA) — 41
6 Lotus — 35 McLaren

6. Fernando Alonso (ESP) — 32
17 Renault — 4 McLaren — 11 Ferrari

7. Nigel Mansell (GBR) — 31
28 Williams — 3 Ferrari

8. Jackie Stewart (GBR) — 27
2 BRM — 9 Matra — 1 March — 15 Tyrrell

9. Niki Lauda (AUT) — 25
15 Ferrari — 2 Brabham — 8 Ferrari

9. Jim Clark (GBR) — 25
25 Lotus

11. Juan Manuel Fangio (ARG) — 24
6 Alfa Romeo — 7 Maserati — 8 Mercedes — 3 Ferrari

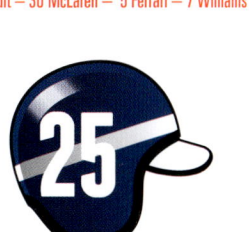

12. Nelson Piquet (BRA) — 23
13 Brabham — 7 Williams — 3 Benetton

12. Nico Rosberg (DEU) — 23
23 Mercedes

14. Damon Hill (GBR) — 22
21 Williams — 1 Jordan

15. Kimi Räikkönen (FIN) — 21
9 McLaren — 10 Ferrari — 2 Lotus

16. Mika Hakkinen (FIN) — 20
20 McLaren

17. Stirling Moss (GBR) — 16
1 Mercedes — 2 Maserati — 6 Vanwall — 3 Cooper — 4 Lotus

18. Jenson Button (GBR) — 15
1 Honda — 6 Brawn GP — 8 McLaren

19. Graham Hill (GBR) — 14
10 BRM — 4 Lotus

19. Jack Brabham (AUS) — 14
7 Cooper — 7 Brabham

19. Emerson Fittipaldi (BRA) — 14
9 Lotus — 5 McLaren

22. Alberto Ascari (ITA) — 13
13 Ferrari

22. David Coulthard (GBR) — 13
1 Williams — 12 McLaren

24. Carlos Reutemann (ARG) — 12
4 Brabham — 5 Ferrari — 3 Williams

24. Alan Jones (AUS) — 12
1 Shadow — 11 Williams

24. Mario Andretti (USA) — 12
1 Ferrari — 11 Lotus

38 NATIONALITÄTEN

Von Fangio über Senna bis Hamilton, die Piloten der F1 stammen aus insgesamt 38 Ländern.

Im Vergleich zu anderen wichtigen internationalen Sportarten zählt die Weltmeisterschaft der Formel 1 bei den 1.000 Grands Prix unter den Piloten nur 38 Nationalitäten. Das ist ziemlich wenig. Der Automobilsport war nie ein Massensport, trotz der Gründung von Talentschmieden für die junge Generation seit den 70er-Jahren: Erst fördert die Marke Elf französische Piloten, in den 80er-Jahren unterstützen die Tabakhersteller Malboro und Camel sowie Konstrukteure und einige nationale Verbände den Nachwuchs. Später kümmern sich die Teams selbst um die Nachwuchsfahrer und nehmen sie bei Partnerrennställen unter Vertrag. Aufgespürt werden die Talente in der F3, GP2, F2, häufig schon im Kartsport – unverzichtbare Schule für die großen Rennen – und schließlich in der *Academy*. Erbarmungslose Auslese bei der Suche nach Rohdiamanten, jedoch der einzige Weg für weniger vermögende Kandidaten, die weder in einem F2-Team geschweige denn in der F1 ein Volant finanzieren könnten.

Der individuelle Erfolg ist glücklicherweise nicht ausgeschlossen: Ohne das Interesse von McLaren und Ron Dennis an seinen Leistungen, wäre ein Talent wie Lewis Hamilton wahrscheinlich verkannt geblieben.

Ihre eigenen Repräsentanten haben die großen dem Automobilsport traditionell und leidenschaftlich zugewandten Länder seit der ersten Saison 1950: Europa, aber auch Südamerika und Argentinien im Speziellen (Fangio, González, Marimón). Schnell verstehen auch einige Amerikaner, dass es im Automobilsport nicht nur Rennen im Oval oder den Indianapolis 500 gibt. Wie das 24-Stunden-Rennen von Le Mans zieht sie auch die Formel 1 schnell an. Beim ersten Großen Preis in Silverstone im Mai 1950 geht sogar ein Thailänder an den Start, Prinz Bira von Siam in Person, zugegebenermaßen ausgebildet in England und schon vor dem Krieg Pilot.

Das Vereinigte Königreich hat so viele improvisierte Rennstrecken und Chassiskonstrukteure, geniale Bastler, die in einer kleinen Garagenecke gute Einsitzer bauen und günstig vermieten können, dass es natürlich mit Abstand das größte Kontingent an Piloten und Champions bereitstellt, die miteinander kooperieren und sich gegenseitig helfen. Wie ein Magnet hat England außerdem schon immer Kandidaten aus Südafrika, Australien, Neuseeland oder den entferntesten Ländern angezogen. Jack Brabham ist Wegweiser für Mark Webber und Daniel Ricciardo. Emerson Fittipaldi beweist, dass ein Brasilianer den englischen Winter aushalten kann, um sich auf dieser fernen Insel niederzulassen und in der F3 alles zu gewinnen. Eine Kolonie an Landsmännern folgt seinen Spuren, die Älteren nehmen die Jüngsten auf, die hier an Land gehen. Brasilien zählt nicht so viele Grand-Prix-Piloten wie Deutschland, weist aber dieselbe Anzahl an Weltmeistern auf: Emerson Fittipaldi, Nelson Piquet und Ayrton Senna liegen mit Michael Schumacher, Sebastian Vettel und Nico Rosberg im Wettstreit. Nicht erstaunlich, dass England und besonders die Region um Oxford mit seiner hohen Konzentration an Rennställen und sehr spezialisierten Ausstattern einer nunmehr spitzentechnologisch geprägten Sportart noch immer als das Silicon Valley des Automobilsports gilt.

Viele große europäische Länder haben ihren Champion: Italien, Frankreich, Spanien, Österreich, Belgien mit Jacky Ickx, der vielleicht mehr als jeder andere Pilot die Romantik des Rennpiloten verkörpert. Doch seltsamerweise zählt eine Nation wie Finnland, deren Repräsentanten sich eher bei einer Rallye hinterm Steuer zeigen, genauso viele Weltmeister: Keke Rosberg, Mika Häkkinen und Kimi Räikkönen.

Nach und nach ändert die Macht des Geldes die Geografie der F1-Piloten. Denn es gibt Konkurrenten, die sich zu Höchstpreisen Fahrzeuge kaufen können. Finanziell unterstützt durch einen örtlichen Milliardär, Besitzer einer Telekommunikationsfirma oder Ölfirma in Kolumbien oder Venezuela, der den Rennstall finanziert und dafür einen Startplatz für seinen Schützling erhält. Schließlich überrascht es dann doch, dass man auch 2019 noch immer auf einen japanischen, afrikanischen, chinesischen, russischen oder indischen Champion wartet, der auf den Podien der F1-Weltmeisterschaft seine Nationalhymne erklingen lässt.

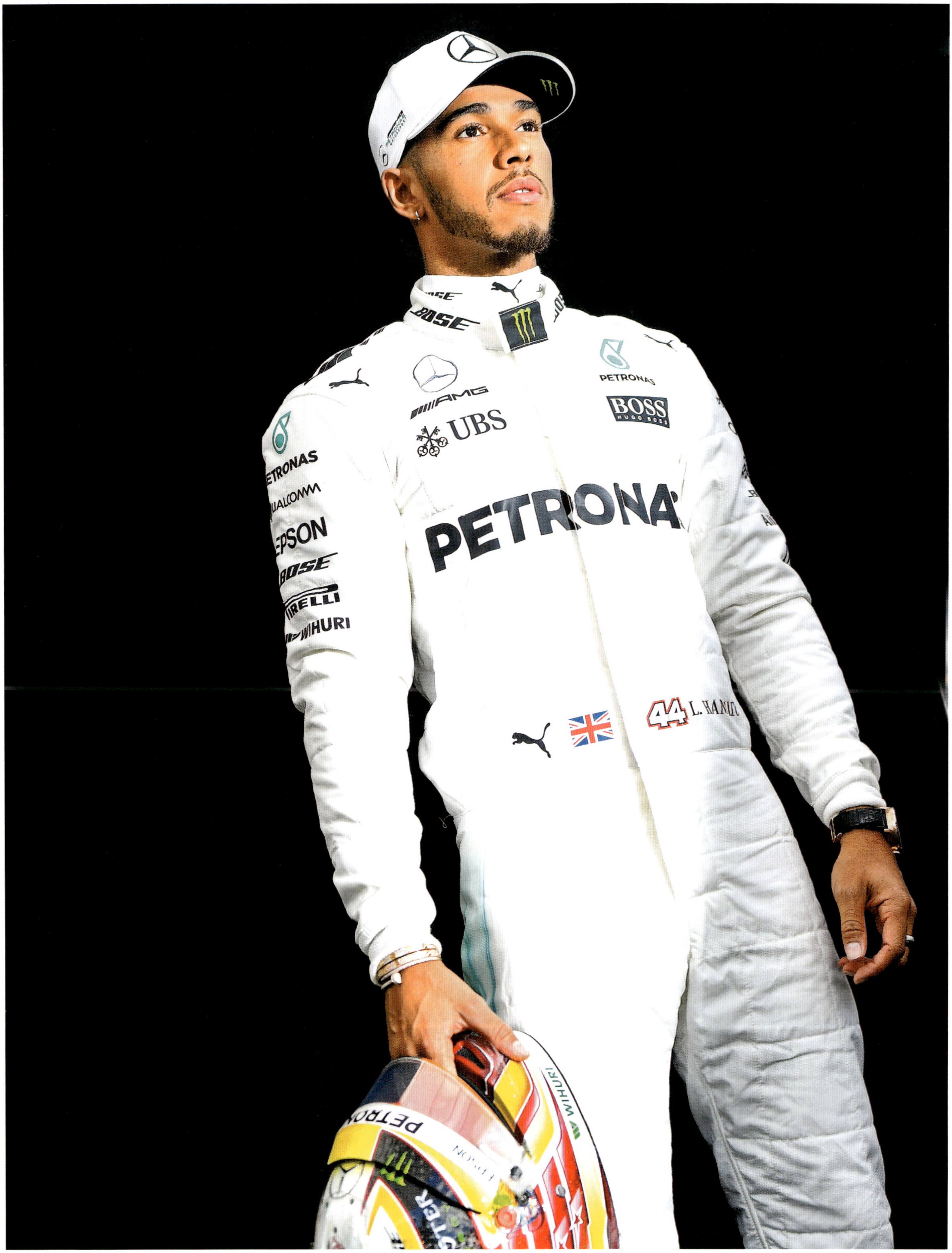
PETRONAS
AMG
UBS
BOSS
WIHURI

DAS GROSSE KONZERT DER NATIONEN

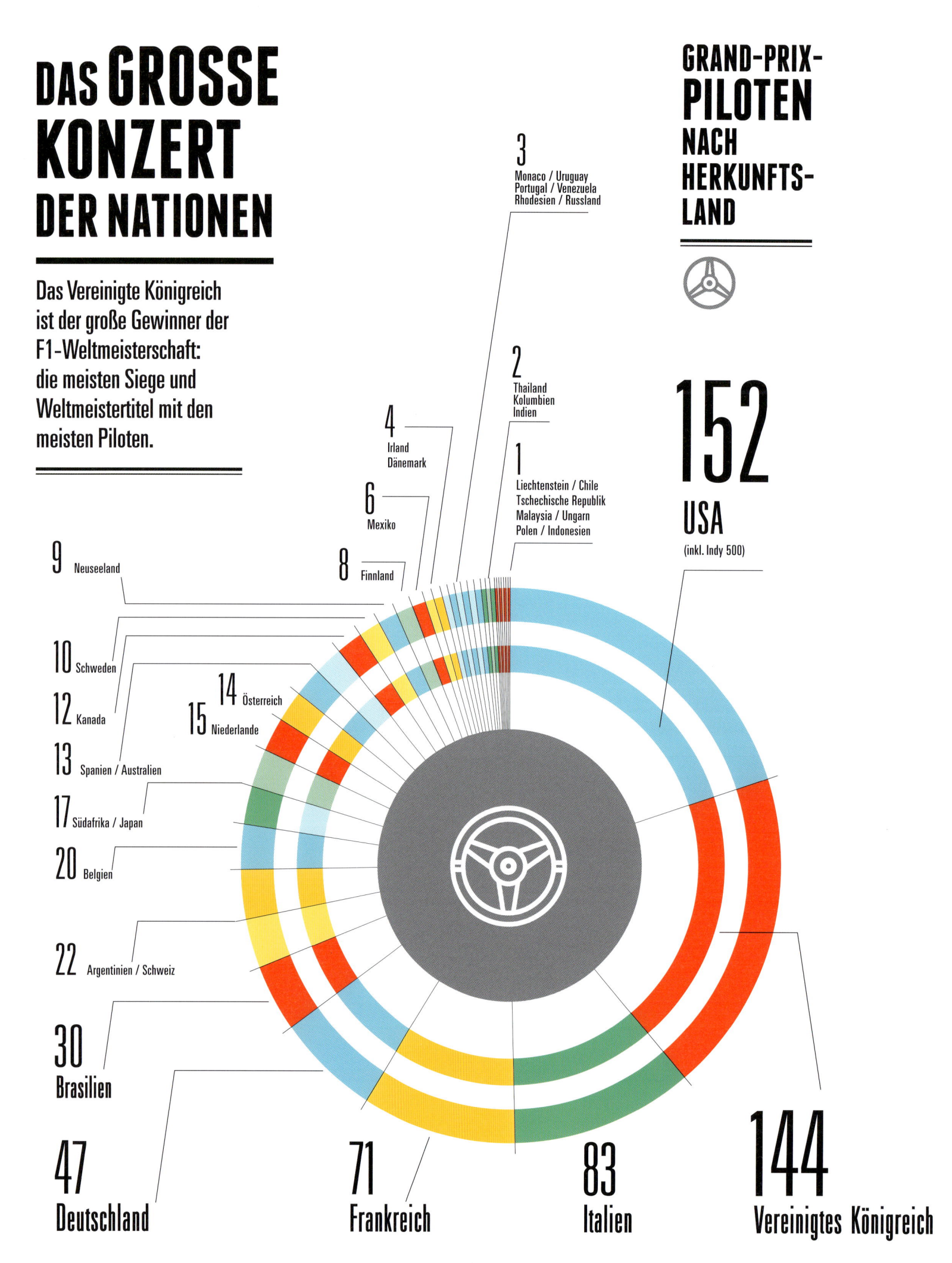

Das Vereinigte Königreich ist der große Gewinner der F1-Weltmeisterschaft: die meisten Siege und Weltmeistertitel mit den meisten Piloten.

GRAND-PRIX-PILOTEN NACH HERKUNFTSLAND

3 Monaco / Uruguay / Portugal / Venezuela / Rhodesien / Russland

2 Thailand / Kolumbien / Indien

1 Liechtenstein / Chile / Tschechische Republik / Malaysia / Ungarn / Polen / Indonesien

4 Irland / Dänemark

6 Mexiko

8 Finnland

9 Neuseeland

10 Schweden

12 Kanada

14 Österreich

15 Niederlande

13 Spanien / Australien

17 Südafrika / Japan

20 Belgien

22 Argentinien / Schweiz

30 Brasilien

47 Deutschland

71 Frankreich

83 Italien

144 Vereinigtes Königreich

152 USA (inkl. Indy 500)

GRAND-PRIX-SIEGE NACH LAND

🏆 →

FAHRER-WELTMEISTER NACH LAND

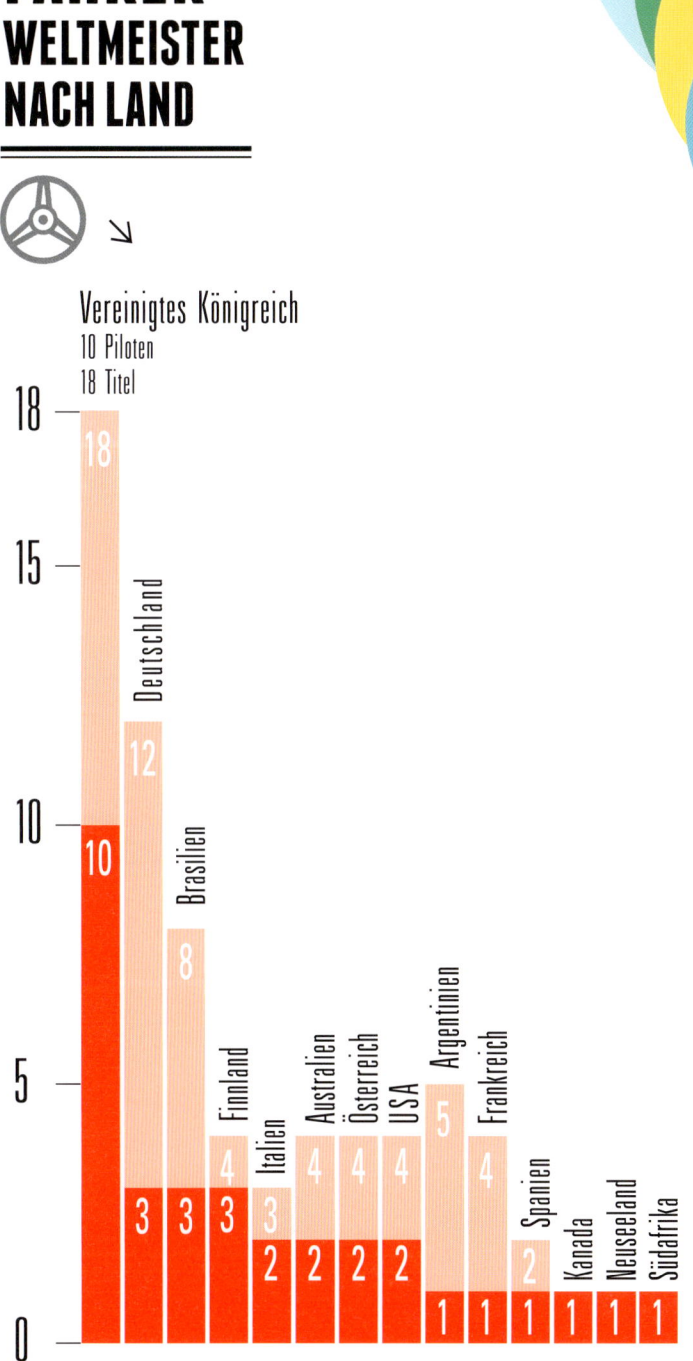

⊘ ↙

279 GP-Siege/19 Piloten Vereinigtes Königreich
178 /7 Piloten Deutschland
101 /6 Piloten Brasilien
79 /12 Piloten Frankreich
51 /5 Piloten Finnland
43 /15 Piloten Italien
42 /4 Piloten Australien
41 /3 Piloten Österreich
38 /3 Piloten Argentinien
33 /15 Piloten (inkl. Indy 500) USA
32 /1 Pilot Spanien
17 /2 Piloten Kanada
12 /2 Piloten Neuseeland
12 /3 Piloten Schweden
11 /2 Piloten Belgien
10 /1 Pilot Südafrika
7 /2 Piloten Schweiz
7 /1 Pilot Kolumbien
5 /1 Pilot Niederlande
2 /1 Pilot Mexiko
1 /1 Pilot Polen
1 /1 Pilot Venezuela

Land	Piloten	Titel
Vereinigtes Königreich	10	18
Deutschland	3	12
Brasilien	3	8
Finnland	3	4
Italien	3	—
Australien	2	4
Österreich	2	4
USA	2	4
Argentinien	—	5
Frankreich	2	4
Spanien	1	2
Kanada	1	—
Neuseeland	1	—
Südafrika	1	—

■ Piloten ■ Titel

Juan Manuel Fangio, 1950

DIE ZEHN GRÖSSTEN FAHRER

Die Erfolgsbilanz ist zwar ein Richtwert, jedoch nicht alles. Die Tabellenordnung von einer zur nächsten Generation außer Betracht gelassen, verdienen sich die Piloten ihre Publikumsgunst auch durch ihr (mehr oder weniger belohntes) Talent und Charisma, ihren Einsatz auf der Piste, ihre schnelle und kluge Fahrweise oder Jugend. Kein Punktesystem kann dies erfassen, jedem sein Held.

JUAN MANUEL FANGIO

El Maestro für immer und ewig

Bei seinem Formel-1-Debüt ist er bereits 36 Jahre alt und hat bis dahin hauptsächlich Erfahrungen mit langen Tourenwagenrennen auf den weiten Straßen Argentiniens. Doch auf seine Art wird er schnell der »kleine Neue«, der mit Gründung der Weltmeisterschaft die Hierarchie der Piloten der Vorkriegszeit aufmischt. Er wird aber auch ihr Freund, etwa der des Franzosen Jean-Pierre Wimille. Denn Fangio ist überaus liebenswert. Von der argentinischen Regierung wird er als erster Botschafter des Regimes von Juan Péron zu den Rennen Europas geschickt. Frühes Marketing. Man respektiert ihn aufgrund seines überlegten Fahrstils und präzisen Könnens. Denn bei den damaligen Autos, die rutschen, sich drehen, von der Piste abkommen, ist eine hohe Fahrkunst unverzichtbar. Zwischen 1951 und 1957 fährt Fangio für Alfa Romeo, Mercedes (die berühmten Silberpfeile), natürlich Ferrari und Maserati, der zum Ende seiner Karriere nicht mehr der Konkurrenzfähigste ist, und wird der erste dreifache Weltmeister. Dann vierfacher.

Dann fünffacher. Erst Michael Schumacher stößt die Legende 2002 vom Thron und überbietet ihn. Doch Fangio bleibt für immer und ewig »el Maestro«, wie man ihn nennt. Einige Piloten fahren extra hinter ihm, um von ihm zu lernen. Einer (Peter Collins) fährt während eines Rennens sogar in die Box, um Fangio sein Auto zu überlassen, was damals noch erlaubt ist, und ihm so einen weiteren Weltmeistertitel zu ermöglichen. Was für eine Treue. Mit seiner Siegquote erstaunt Fangio seine Kontrahenten und begeistert das Publikum: 24, fast jedes zweite Rennen. Er fährt entweder voreneg oder kontrolliert seine Rivalen ganz im Gegenteil von hinten. Mit einer fast unheimlichen Überlegenheit zieht er in der nächsten Runde wieder vor und holt alles aus seinem Auto heraus. Er fährt jede Runde einige Sekunden schneller, bis ihn niemand mehr einholen kann. Juan Manuel Fangio stirbt am 17. Februar 1995 mit 84 Jahren. In seinem Bett. Auch eine Ausnahme, denn so viele andere seiner Zeit sterben am Steuer.

| Argentinier | Geb. am 24. Juni 1911, gest. am 17. Juli 1995 mit 84 Jahren | 5 Weltmeistertitel – 24 Siege – 35 Podiumsplätze |

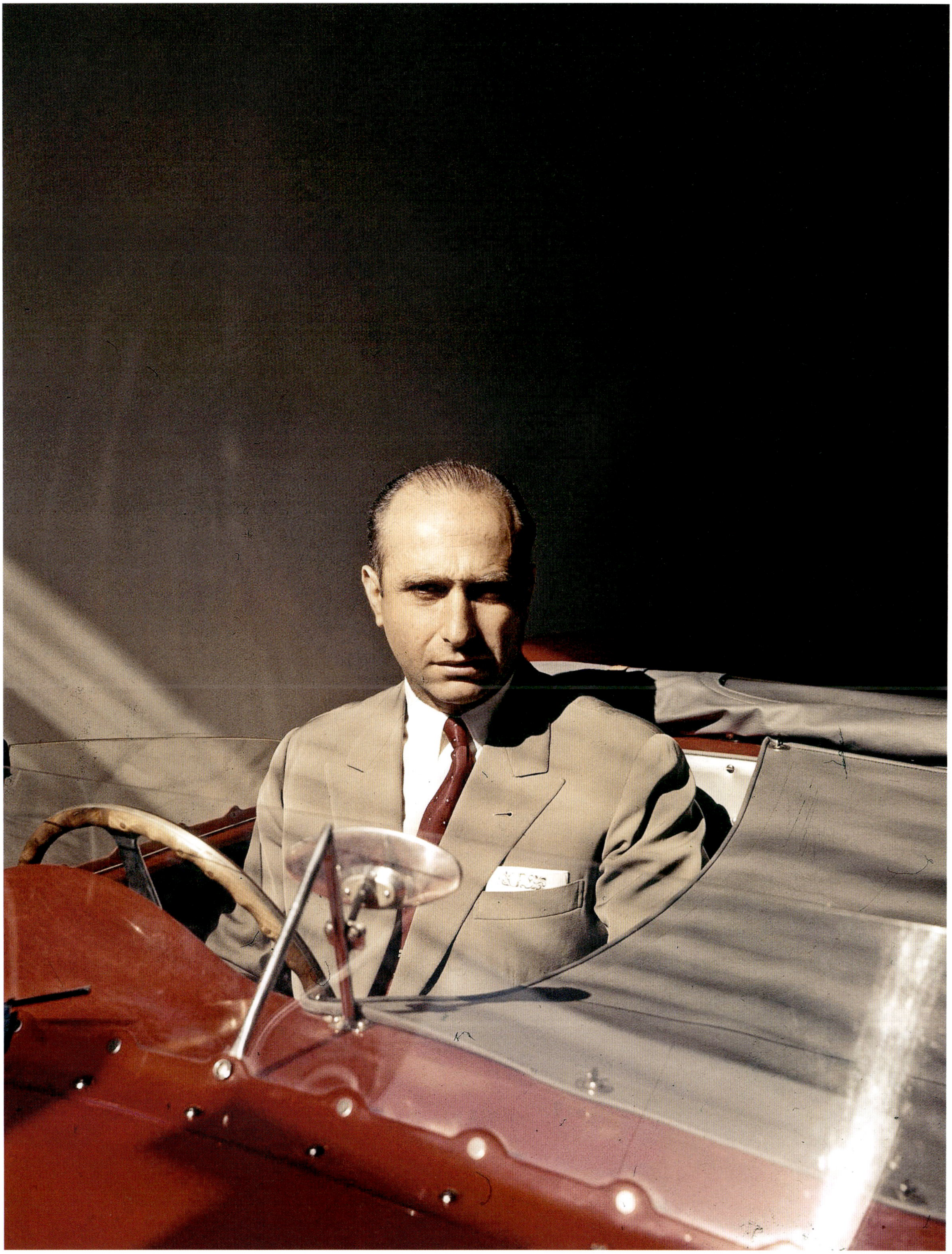

AYRTON SENNA

Kleiner Prinz der F1

Es ist ein unglaublicher Schock, als Ayrton Senna am 1. Mai 1994 bei einem Rennen auf dem Circuito di Imola in der Tamburello-Kurve gegen eine Mauer prallt und stirbt. So brutal und symbolträchtig. Der dreifache Weltmeister (1988, 1990 und 1991) stirbt nur einen Tag nach dem Newcomer Roland Ratzenberger (33 Jahre, 1 GP) beim Qualifikationstraining. Seit Elio de Angelis' Tod im Mai 1986 bei privaten Testfahrten in Le Castellet ist in der F1 niemand mehr gestorben.

Wer hier in der sechsten Runde des Großen Preises verunglückt, ist nicht nur ein großer Champion, sondern ein Idol. Ayrton Sennas Stern geht zehn Jahre zuvor auf, als der Brasilianer bei dem wegen Starkregen vorzeitig beendeten Großen Preis von Monaco auf den McLaren des schon bewährten Alain Prost trifft. Senna bestreitet seine erste Saison mit einem Toleman, der bis dahin nicht besonders herausragte. Er nutzt dies allerdings als Sprungbrett, holt noch zwei Podiumsplätze zum Saisonende und wechselt dann zu Lotus. Schon wieder bei Regen gewinnt der junge Brasilianer 1985 in Portugal am Steuer des schwarz-goldenen Boliden in den Farben des Sponsors JPS seinen ersten Großen Preis. Qualifikationskönig mit dem superstarken Turbomotor von Renault, baut er sich seinen Ruf als künftiger Champion auf. Bald gewinnt Senna regelmäßig (41 Siege) mit einem unfehlbaren McLaren-Honda. Er verkörpert sozusagen den Erfolg des japanischen Konstrukteurs in der F1. Zu seiner Größe trägt auch die Rivalität mit seinem Teamkollegen Alain Prost bei, die berühmteste Fehde der F1, die auch nach dem Wechsel des Franzosen zu Ferrari anhält. Beim Titelkampf in Japan 1989 und 1990 erlebt man ihren Höhepunkt. Unvergessen bleiben diese besondere Intensität, die wilde Kampfespsychologie, die Tricks und genialen strategischen Züge, die Rad-an-Rad-Momente und Kollisionen. Die Piloten, die Sennas Rekorde später brechen (Schumacher, Hamilton, Vettel), legen ohne Sentimentalität immer Wert darauf, dass der Vergleich ungerecht sei: Hätte er länger gelebt, wäre seine persönliche Marke noch weiter gewachsen.

| **Brasilianer** | Geb. am 21. März 1960, gest. am 1. Mai 1994 mit 34 Jahren | 3 Weltmeistertitel – 41 Siege – 80 Podiumsplätze |

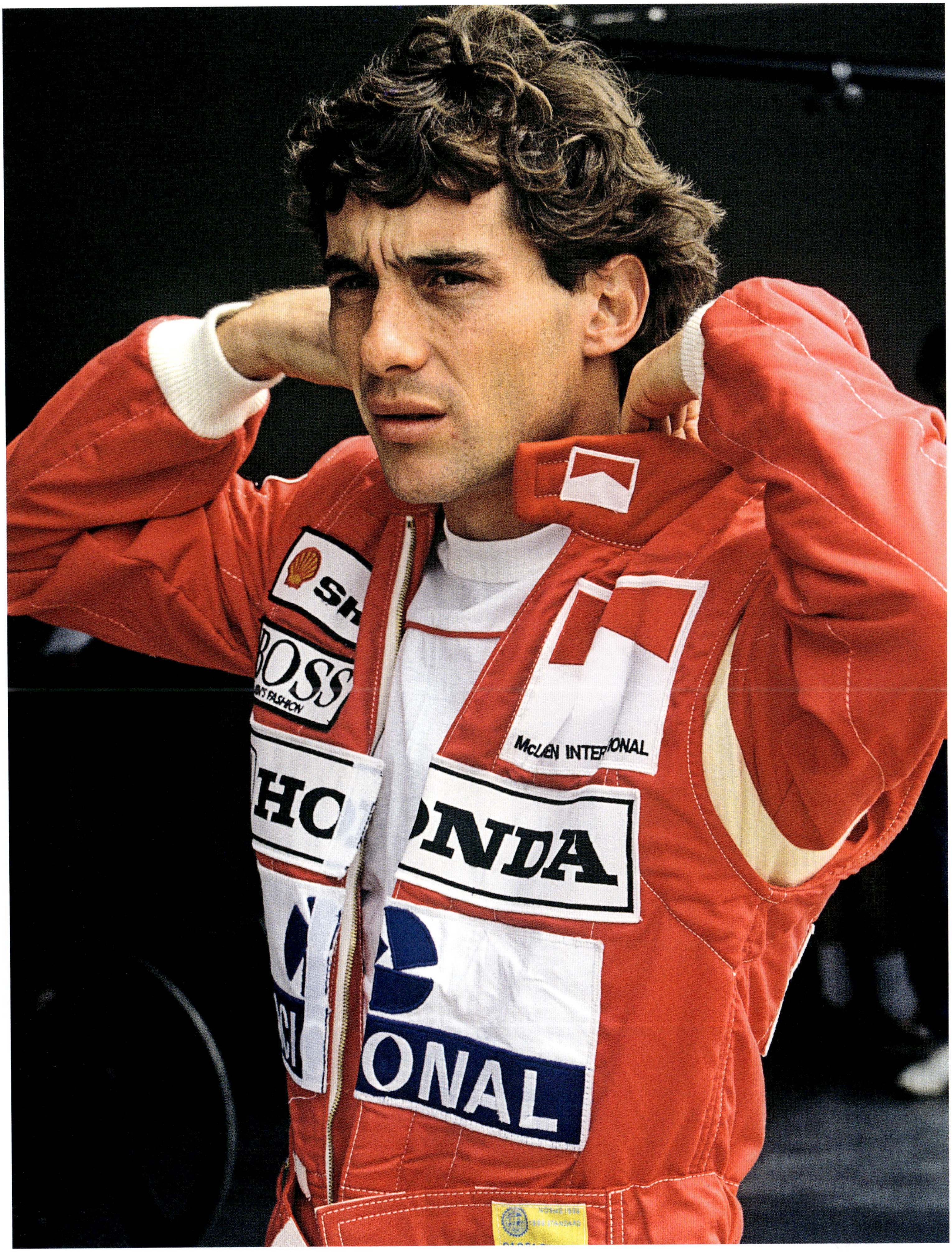
BOSS
McLAREN INTERNATIONAL
HONDA
ONAL

MICHAEL SCHUMACHER

Magische Karriere, tragisches Schicksal

Michael Schumachers Erfolgsbilanz ist noch immer einzigartig. Die Anzahl seiner Weltmeistertitel (7), die Rekordzahl an Siegen (91), Podiumsplätzen (155) und Saisonsiegen (13 in 18 GP), die Erfolge mit Ferrari (72, mehr als jeder andere Pilot mit demselben Konstrukteur). Von allen großen Champions der Formel 1, die sich daran versucht haben, ist der Deutsche der Einzige – Senna hatte nicht mehr die Zeit dazu –, dem es gelingt, die Scuderia wieder nach ganz oben zu bringen und sie für eine lange Zeit auch auf diesem Erfolgsniveau zu halten (von 1996 bis 2006). In diesen zehn Jahren reicht es »Schumi« nicht, nur Fahrer des besten Autos zu sein: Unter Jean Todt als Renndirektor und Ross Brawn als technischem Direktor soll er auch das Team lenken, es zusammenschweißen, das Auto weiterentwickeln und unbesiegbar machen. Unermüdlich. Und auf der Piste Saison für Saison alle Vorteile bestmöglich nutzen und die Konkurrenz ausschalten. Der Beste sein und auch bleiben. Beim letzten Großen Preis 2006, vor seinem ersten Rücktritt, hat er nur noch eine winzige Chance, Fernando Alonso (Renault) den Weltmeistertitel zu nehmen. Er fällt aufgrund eines Reifenschadens in der neunten Runde ganz nach hinten, kämpft sich aber am Ende zurück auf den vierten Platz, indem er quasi als letztes Ehrengefecht die beste Runde des Rennens fährt. Typisch Schumacher! Die Formel 1 fehlt ihm. Nach Karrierebeginn bei Benetton mit 19 ersten Siegen, zwei Weltmeistertiteln sowie einer teils aggressiven Fahrweise, was ihm nicht unbedingt Sympathien beschert, stellt sich Michael Schumacher 2010 der für einen deutschen Piloten ultimativen Herausforderung: Er wird Teil des neu gegründeten Rennstalls von Mercedes. In den drei Jahren kein Sieg, aber sein großer Erfahrungsschatz bringt Mercedes, Lewis Hamilton und Nico Rosberg unvermeidlich wieder auf Erfolgskurs. Nach 19 Jahren in der Formel 1 (noch ein Rekord, den er sich mit Rubens Barrichello teilt) und 307 Grand-Prix-Teilnahmen tritt Michael Schumacher nach dem Großen Preis von Brasilien 2012 mit 43 Jahren endgültig zurück. Tragischerweise zieht er sich bei seinem Skiunfall ein Jahr später (am 29. Dezember 2013) irreversible Hirnschäden zu.

Deutscher	Geb. am 3. Januar 1969	7 Weltmeistertitel – 91 Siege – 155 Podiumsplätze

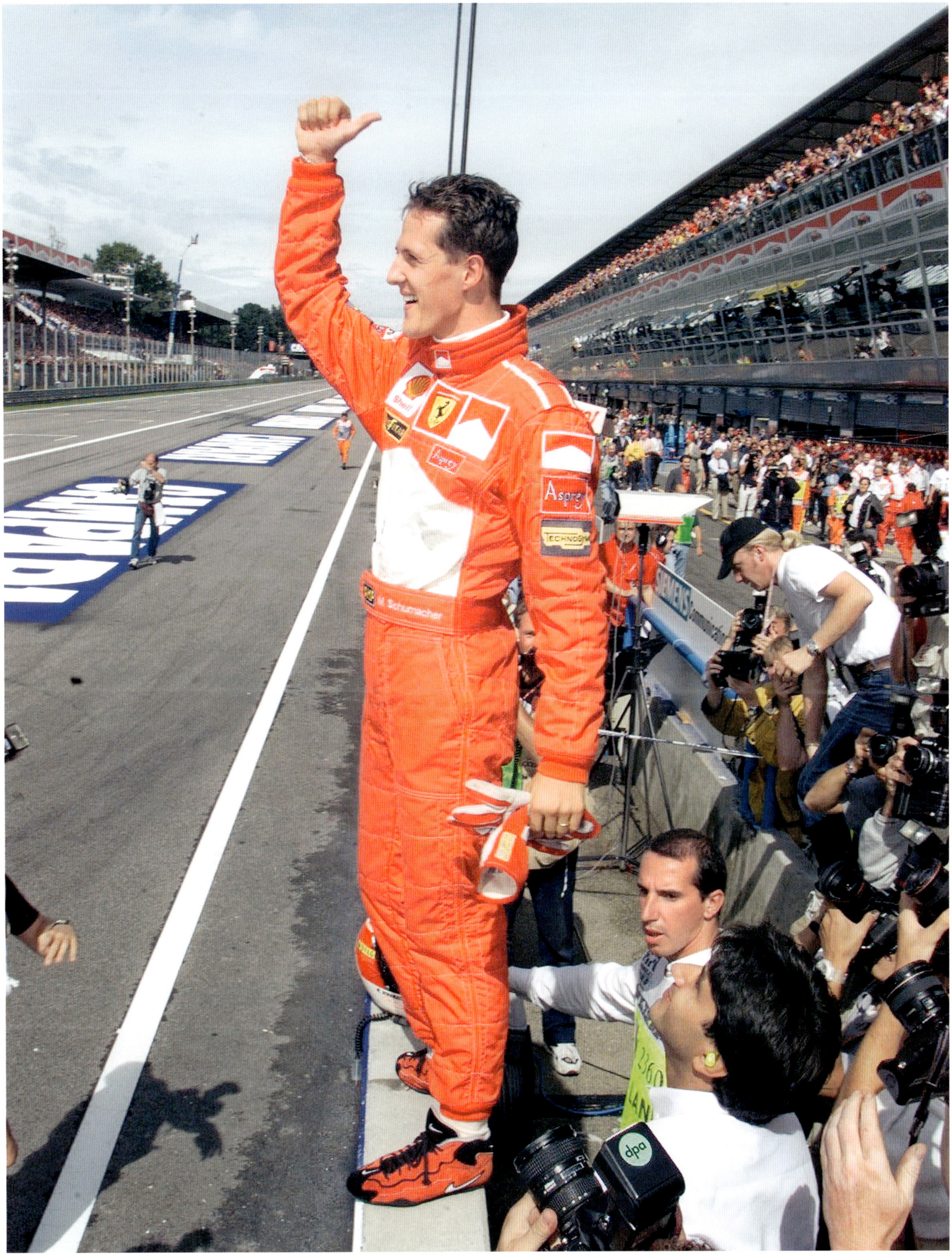
Shell
Asprey
TECHNOGYM
M. Schumacher
dpa

LEWIS HAMILTON

Auf den Spuren von »Schumi«

Er ist der Sieger des 1.000. Grand Prix in China 2019. Und das wohl nur zu Recht. Der Engländer Lewis Hamilton wird wahrscheinlich der Fahrer sein, der Michael Schumachers Rekorde bricht: Weltmeistertitel, Siege … Er übertrifft ihn bereits an Polepositions. Der erste farbige F1-Pilot wird seit seinem Debüt im Automobilsport 2002 von McLaren und seinem Chef Ron Dennis unterstützt. Champion der F3-Euro Series 2005, Champion der GP2 im Jahr 2006, steigt er 2007 naturgemäß zum Grand Prix bei McLaren-Mercedes auf. Schon bei seiner ersten Teilnahme in Australien liegt er einige Runden in Führung, landet bei seinen drei ersten Rennen bereits dreimal auf dem Podium, führt bei seiner vierten Teilnahme (Spanien) und gewinnt Schlag auf Schlag seine ersten beiden Großen Preise in Kanada und den USA, vor den Augen seines Teamkollegen Fernando Alonso. Dies konnte unmöglich so weitergehen! Im Sommer spitzt sich die Konkurrenz zu, woraus Kimi Räikkönen (Ferrari) Profit schlägt und Hamilton mit nur einem Punkt Vorsprung den Weltmeistertitel wegschnappt. Denn dieser muss sich aufgrund eines kurzzeitigen Elektronikproblems ins Hauptfeld zurückfallen lassen und wird somit doch nicht zum ersten Newcomer-Weltmeister der F1 gekrönt. Doch nach einem erneuten abenteuerlichen Großen Preis von Brasilien wird er 2008 dennoch der jüngste Weltmeister (23 Jahre und 9 Monate, 2010 von Vettel eingeholt: 23 Jahre und 4 Monate). Die darauf folgenden Saisons sind chaotischer, und 2013 gibt Hamilton Niki Laudas Bestreben nach, Michael Schumacher bei Mercedes zu ersetzen.

Nach einem Anlaufjahr führt er den deutschen Rennstall seit 2014 zu Konstrukteurs- und Fahrertiteln. Außer einer Niederlage gegen Nico Rosberg (2016) lässt er sich die Krone nicht nehmen, und seit 2017 dominiert er erneut die F1 sowie seinen neuen Teamkollegen Valtteri Bottas. Er entwickelt sich zum Jetsetter und teilt in den sozialen Netzwerken ausschweifend sein Promidasein und seine anderen musikalischen oder sportlichen Leidenschaften, doch seine Ziele verfolgt er auch weiterhin unermüdlich.

| Engländer | Geb. am 7. Januar 1985 | 5 Weltmeistertitel – 75 Siege – 137 Podiumsplätze (Statistik bis zum 1.000. Grand Prix in China, April 2019) |

PETRONAS
EPSON
BOSE
PIRELLI
MARRIOTT
BONVOY
AMG
UBS
Qualcomm

ALAIN PROST

Endlich ist Frankreich Weltmeister

Alain Prost nimmt in der Landschaft der französischen Formel 1 einen speziellen Platz ein. Frankreich, schon immer Autoland, hofft auf Jean Behra (1956), träumt von einem zukünftigen Weltmeistertitel durch François Cevert (verunglückt 1973), verpasst mit Jacques Laffite knapp den Titelgewinn (1981), hat größte Hoffnung in Didier Pironi (verunglückt 1982), muss jedoch auf Prost warten, um endlich den Titel zu erreichen. Vielleicht mit kleinem nationalen Abstrich: Dies geschieht 1985 mit dem Team von McLaren-TAG Porsche und nicht zwei Jahre zuvor mit Renault. Schließlich feiert Prost seine ersten Siege mit dem berühmten Turbomotor beim Großen Preis von Frankreich 1981. Doch in drei Jahren bleibt der Zähler auf neun Erfolgen stehen. Seine internationale Größe erreicht Prost erst mit McLaren. Nach Fangios fünf Kronen holt er als erster Champion vier Weltmeistertitel, bietet Niki Lauda und Ayrton Senna die Stirn, nimmt vor Schumacher die Herausforderung mit Ferrari an (und hat fast Erfolg), führt sein Abenteuer bei Williams-Renault 1993 weiter, bevor er als Pilot zurücktritt. Beim Großen Preis von Portugal 1987 bricht Alain Prost als erster die F1-Siegquote von Jackiey Stewart (27), die dieser 14 Jahre verteidigt hatte. Er feiert 51 Siege und hält diesen Rekord ebenfalls 14 Jahre, bis er durch Michael Schumacher eingestellt wird. Eine Erfolgsserie in seinen zehn schönsten F1-Jahren (von 1983 bis 1993, mit einem Sabbatjahr 1992) beschert ihm acht erste oder zweite Plätze bei der Meisterschaft. Weder Fangio noch Senna, Vettel oder Hamilton können in ihrer Karriere eine ähnliche Quote aufweisen. Das will was heißen. Alain Prost scheitert nur auf einem Gebiet, nämlich als er gezwungen ist, nach fünf Saisons seinen Rennstall aufzulösen, den er 1997 gegründet hatte. In der Formel 1 ist er aber noch immer präsent! Nicht unbedingt als Fernsehkommentator wie viele andere ehemalige Piloten (nicht mehr), aber als beratender F1-Teamdirektor für Renault, derselben wichtigen Rolle, die sein Freund und Lehrer Niki Lauda bei Mercedes innehatte.

| Franzose | Geb. am 24. Februar 1955 | 4 Weltmeistertitel – 51 Siege – 106 Podiumsplätze |

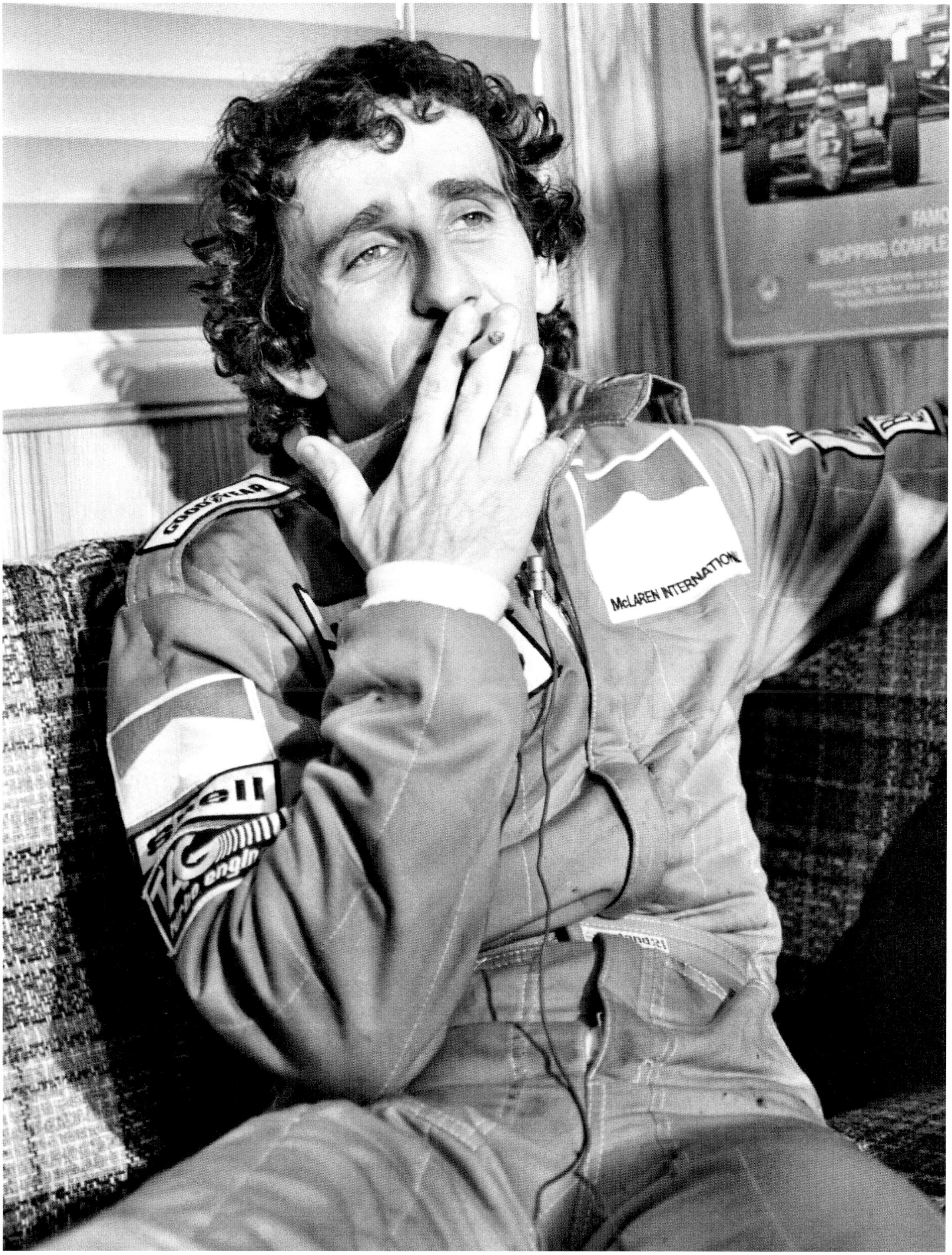
GOODYEAR
McLAREN INTERNATIONAL

NIKI LAUDA

Eine Lektion in Mut

Selbst wer die Formel 1 nur halbherzig verfolgt, kennt auf jeden Fall einen ihrer größten Helden. Ein unvergessliches Gesicht. Niki Lauda überlebt schreckliche Verbrennungen, die er sich beim Brand seines Ferrari auf dem Nürburgring am 1. August 1976 zuzieht. Einzig dank einiger mutiger Piloten, die anhalten, um ihn aus den Flammen zu ziehen (allen voraus Arturo Merzario), überlebt er. Nur sechs Wochen später beim Großen Preis von Italien in Monza trotzt der Österreicher den Schmerzen der Narbenbildung nach der Hauttransplantation, setzt seinen Schutzhelm wieder auf und wird hinter seinem Ersatz Carlos Reutemann Vierter! Er verteidigt seinen Titel bis zum Saisonende gegen den Engländer James Hunt (McLaren), gibt jedoch beim letzten Großen Preis von Japan in Fuji aufgrund der sintflutartigen Regenfälle auf: zu gefährlich. Dieses unglaubliche Szenario 1976 verführt selbst Hollywood, einen exzellenten Film daraus zu machen: *Rush – Alles für den Sieg*.

Die Karriere von Niki Lauda lässt sich aber nicht auf diese Lektion in Mut reduzieren. Er wird gegen den Willen seiner reichen österreichischen Familie Pilot, leiht sich bei einer Bank Geld und entwickelt auf der Piste schnell eine intelligente Strategie, die seine instinktive Fahrweise vervollständigt. 1975 Weltmeister mit Ferrari, vor seinem Unfall. 1977 noch mal Weltmeister mit Ferrari, nach seinem Unfall. Inmitten des Großen Preises von Kanada 1979 kündigt er in einer Kurzschlusshandlung beim Brabham-Team, um sich um seine eigene Fluglinie zu kümmern, bei der er selbst auch Boeing-Pilot ist. Rückkehr 1982 zu McLaren, wo er 1984 mit einem halben Punkt Vorsprung zum dritten Mal vor seinem Teamkollegen Alain Prost, dem Aufsteiger der F1, Weltmeister wird. Ende 1985 legt er seine Rennhandschuhe endgültig ab, behält jedoch seine Zungenfertigkeit als Kommentator der F1. Immer sehr deutlich. Niki Lauda wird einer der beiden Teamchefs bei Mercedes, bevor er am 20. Mai 2019 infolge einer Lungenkrankheit stirbt. Er wird 70 Jahre alt.

| Österreicher | Geb. am 22. Februar 1949, gest. am 20. Mai 2019 mit 70 Jahren | 3 Weltmeistertitel – 25 Siege – 54 Podiumsplätze |

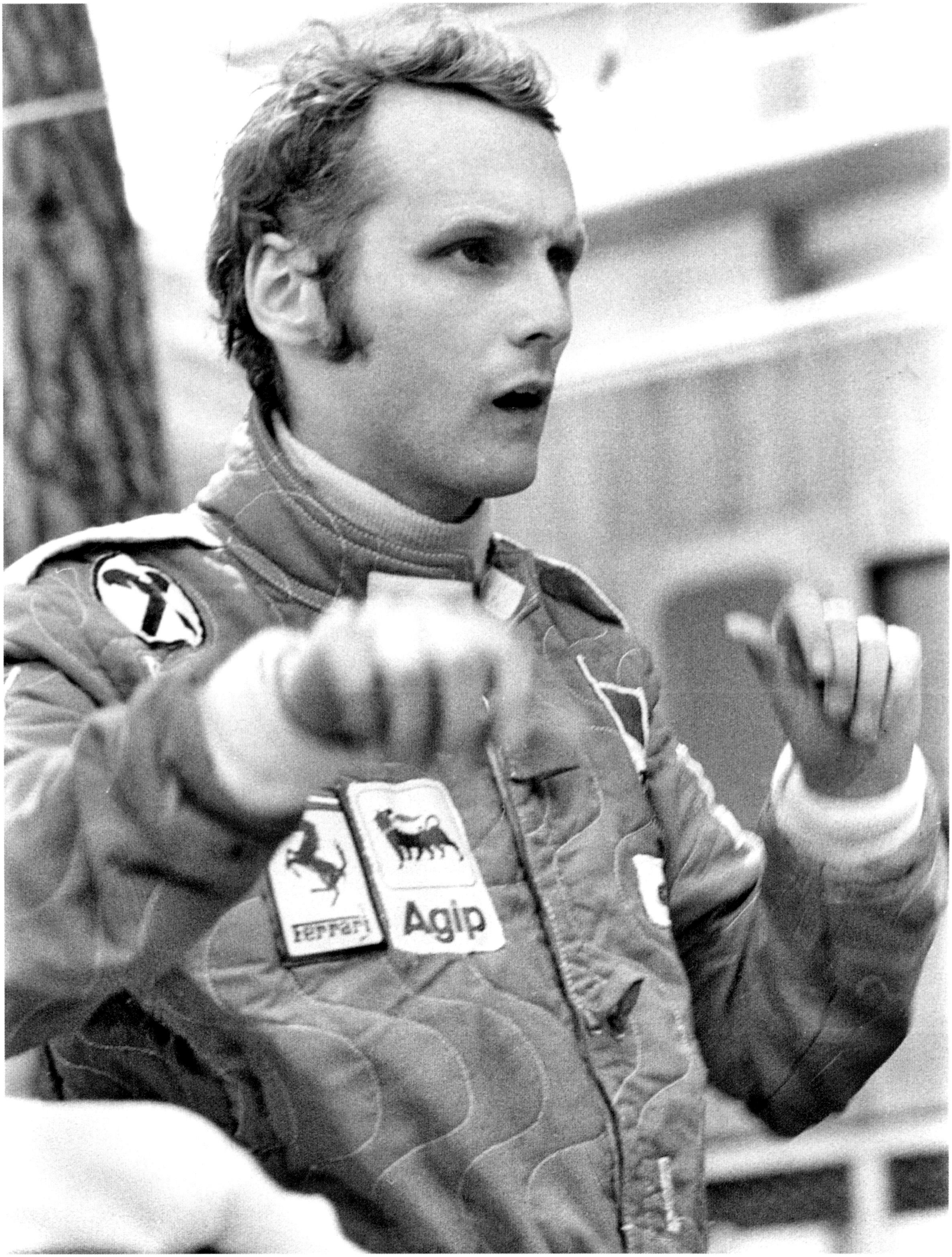
Ferrari
Agip

GRAHAM HILL

König der »Triple Crown«

Der englische Pilot mit dem makellos gestutzten Schnurrbart und einem Helm in den Farben seines Londoner Ruderclubs erzielt im Automobilsport einzigartige Erfolge. Er allein gewinnt die drei großen Rennen der Welt: den Großen Preis von Monaco der Formel 1 (fünfmal! 1963, 1964, 1965, 1968 und 1969, nur ein Drittel seiner F1-Siege, und nur Ayrton Senna überbietet ihn), 1966 das Indianapolis 500 auf dem amerikanischen Hochgeschwindigkeitskurs und 1972 das 24-Stunden-Rennen von Le Mans mit Henri Pescarolo (Matra). Ergänzt wird diese durchweg britische Triple Crown noch durch ein viertes Juwel: zwei F1-Weltmeistertitel 1962 und 1968. Graham Hill kann als der vollständigste Pilot der Geschichte angesehen werden: Er nimmt im Laufe seiner von 1958 bis 1975 anhaltenden Karriere an über 400 Rennen teil, davon 176 Grands Prix der Formel 1. Drei Teilnahmen am Indy 500, zehn beim 24-Stunden-Rennen von Le Mans und zwei andere Siege beim 1.000-km-Rennen von Paris und dem Zwölf-Stunden-Rennen von Reims (mit Ferrari 1964).

In der F2 fährt er auch. In der Formel 1 geht dieser ehemalige mittellose Mechaniker, der als solcher beim Team Lotus anfängt, nur für englische Marken an den Start (hauptsächlich BRM, Lotus und Cooper). Das Rennen in Monaco soll seiner Karriere schließlich die Wende bringen: Hill debütiert 1958 in der F1 und steht bald ohne Unterbrechung auf dem Podium (als Erster oder Zweiter von 1963 bis 1969). Er geht an den Start, bis er 1975 die Qualifikation am Steuer seines eigenen Boliden verpasst. Seine Karriere beendet er mit 45 Jahren und elf Monaten. Bis dahin hat Graham Hill auch sein eigenes Team gegründet (Embassy Hill). Der Champion kommt bei einem Unfall seines Privatflugzeugs bei der Rückkehr von privaten Testfahrten auf der Rennstrecke von Le Castellet zusammen mit seinem Piloten Tony Brise am 29. November 1975 ums Leben. Sein Sohn Damon Hill wird seinerseits 1996 mit Renault-Williams F1-Weltmeister. Er ist der erste Pilot der »zweiten Generation«, der nach seinem Vater den Titel erreicht.

| Engländer | Geb. am 15. Februar 1929, gest. am 29. November 1975 mit 46 Jahren | 2 Weltmeistertitel – 14 Siege – 36 Podiumsplätze |

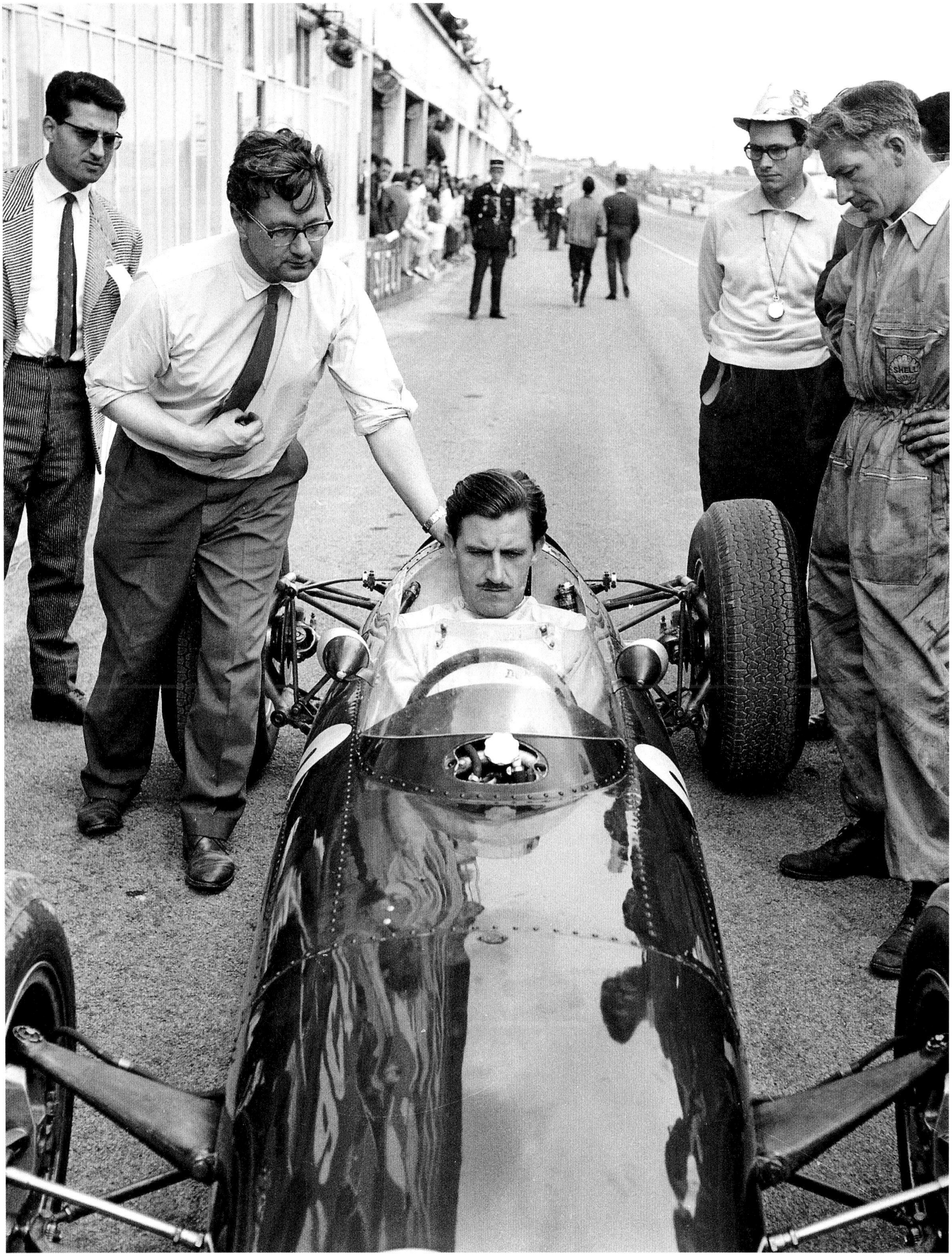
SHELL

JIM CLARK

Legende des Team Lotus

Man kann Jim Clark als Inbegriff eines britischen Piloten bezeichnen und dessen, was der Automobilsport in Großbritannien in den 50er- und 60er-Jahren hergibt. Seine Familie ist wenig prädestiniert (er ist Sohn eines Schaffarmers und soll eigentlich den Hof übernehmen). Als Jugendlicher erweckt ein Schulfreund bei ihm das Interesse für Automobile. Einige Rennen in Tourenwagen oder zusammengebastelten Einsitzern auf unvergleichbaren ländlichen Strecken wie nur England sie besitzt, oft auf Flugfeldern. Eine unverhoffte Begegnung mit Colin Chapman, Gründer von Lotus, führt zu einem Einsatz in der Formel 1. Während seiner F3- und F2-Karriere in den Jahren zuvor ist er finanziell nicht gut ausgestattet, Talent und Improvisationskunst stehen einem Mangel an Mitteln gegenüber.

Talent hat Clark reichlich. Und als die Verlässlichkeit seines Lotus-Boliden schließlich annehmbar wird, kann ihn nichts mehr an einem Sieg hindern. 1963 sieben Siege in zehn Rennen mit dem Modell 25, ebenso viele Polepositions und zum Saisonende natürlich der Weltmeistertitel. Graham Hill und John Surtees sind geschlagen. Clarks herausragende Eigenschaft ist sicherlich die Höchstgeschwindigkeit, die er in einer Runde erreichen kann: 33 Polepositions bei 72 Starts, das bedeutet eine Erfolgsquote von fast 46 %. Nur Fangio war noch besser. 25 Siege machen eine Erfolgsquote von fast 35 % aus, wie es nur Lewis Hamilton 50 Jahre später schafft. Seinerzeit muss man noch zu den Anfängen der F1, zu Fangio und Ascari, zurückgehen, um einen Vergleich zu finden. Der Lotus-Pilot glänzt mit seinem weichen und geschliffenen Stil, was ihm 1965 auch den Sieg beim Indianapolis 500 beschert. Im Lotus selbstverständlich. Abgesehen vom 24-Stunden-Rennen von Le Mans 1960 mit Aston Martin fährt Clark ausschließlich die Boliden von Chapman. Er stirbt am 7. April 1968 bei einem F2-Rennen, als sein Lotus im Wald von Hockenheim zerschellt. Er wird 32 Jahre alt. In vieler Hinsicht hat Jim Clark etwas mit Senna gemein.

| **Schotte** | Geb. am 4. März 1936, gest. am 7. April 1968 mit 32 Jahren | 2 Weltmeistertitel – 25 Siege – 32 Podiumsplätze |

101

JACKIE STEWART

Champion und Botschafter für die Sicherheit

Sir Jackie Stewart verkörpert in gewisser Weise die aristokratische Seite des Automobilsports. Sohn einer guten schottischen Familie und begabter Fahrer, wird seine Karriere vom Bruder angetrieben, dessen eigene nach zwei schlimmen Unfällen unterbrochen ist. Er erzielt erst in der F3 und F2 und ab 1965 in der F1 für BRM Erfolge. Sofort mittendrin. Beim Großen Preis von Belgien 1966 überschlägt er sich und ist 25 Minuten in seinem BRM eingeklemmt, bis es Graham Hill gelingt, ihn zu befreien. Benzin läuft aus und verätzt ihm durch seinen Overall zwar die Haut, wie durch ein Wunder fängt er aber kein Feuer. Fortan kämpft Stewart für mehr Sicherheit auf der Strecke. Nichtsdestotrotz wird er im Laufe der Zeit um viele Kameraden trauern müssen. Doch er schafft als Erster ein Bewusstsein für mehr Sicherheit, stößt einen Mentalitätswandel an und wird Sprachrohr für die Piloten. Mit umso mehr Glaubwürdigkeit auf der Piste gewinnt er als großer Champion. Er bricht Jim Clarks Rekord an Grand-Prix-Siegen, den sein Landsmann wiederum Fangio abgejagt hatte. Stewart überlässt nichts dem Zufall. Das trifft sich gut. Denn so handelt auch Ken Tyrrell und gewinnt ihn als Fahrer. Zusammen werden der ehemalige Holzfäller und der Ex-Champion im Tontaubenschießen die Formel 1 fünf Jahre lang, von 1969 bis 1973, prägen. Zuerst mit den französischen Kundenchassis von Matra, später in den eigenen Tyrrell-Modellen. Der Ölkonzern Elf dient als Sponsor und fordert im Gegenzug einen Platz für einen französischen Piloten. Ab 1970 wird Stewart seinem jungen Teamkollegen François Cevert alles beibringen, sein Wissen teilen und ihm helfen, an seiner Fahrweise und Fahrzeugabstimmung zu feilen. Doch als Cevert bereit scheint, stirbt er 1973 beim letzten Lauf der Saison. Stewart, der seinen anstehenden Rückzug nur bei seiner Frau Helen und Ken Tyrrell angekündigt hat, tritt vor lauter Betroffenheit nicht mehr zu seinem 100. Grand Prix an. Das schottische Tartan seiner Familie, das seinen Helm ziert, ist aus der F1 jedoch nie verschwunden. Cleverer Geschäftsmann, Ford-Botschafter und ewige Legende seines Sports, gründet Stewart später auch seinen eigenen Rennstall mit seinem Sohn Paul und erreicht als Zugabe einen Grand-Prix-Sieg und einen vierten Platz bei der Konstrukteursweltmeisterschaft 1999.

| Schotte | Geb. am 11. Juni 1939 | 3 Weltmeistertitel – 27 Siege – 43 Podiumsplätze |

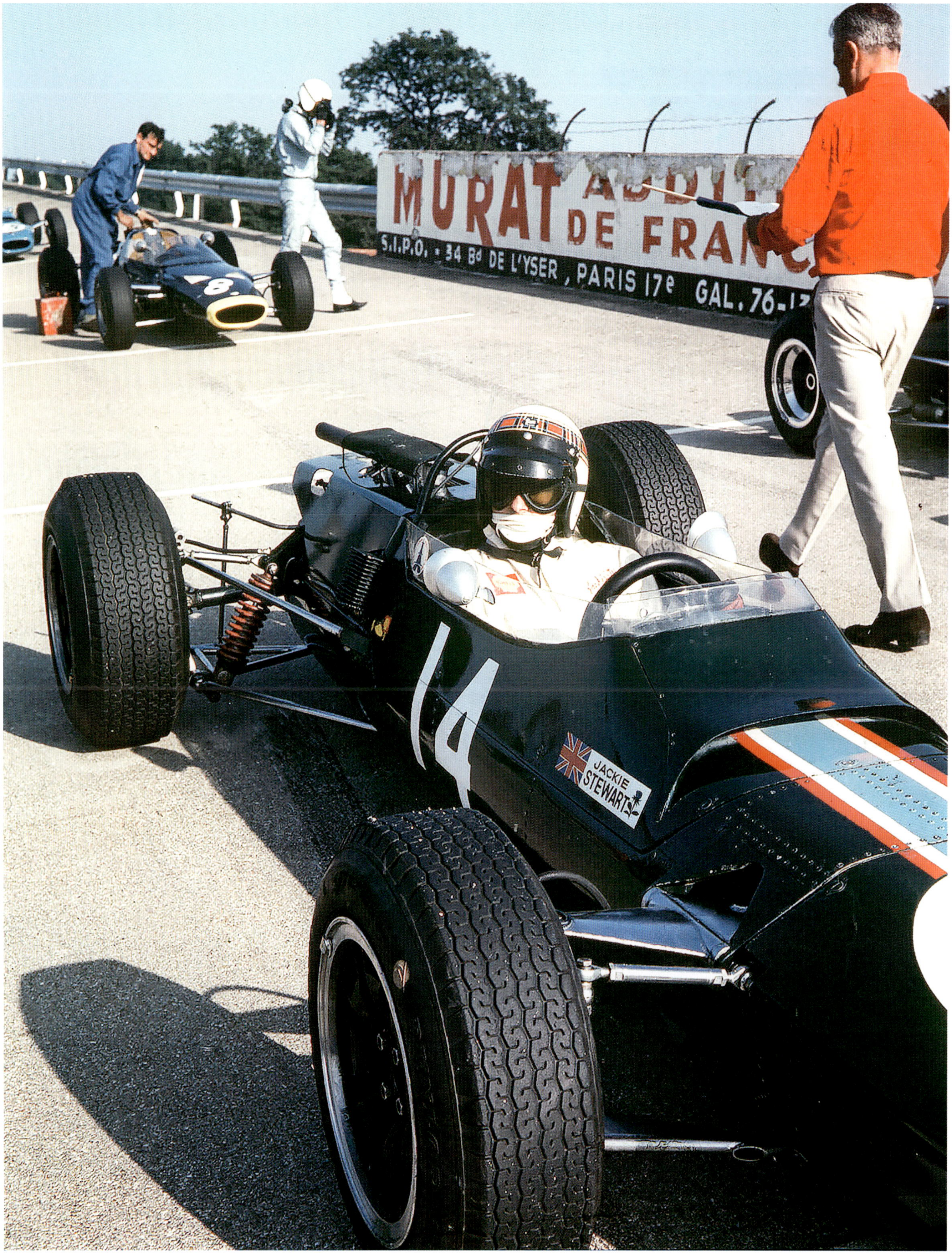
MURAT
S.I.P.O. • 34 Bd DE L'YSER , PARIS 17e
8
14
JACKIE
STEWART

MAX VERSTAPPEN

Die Kraft der Jugend

Es ist ziemlich schwer, die Karriereleiter des Automobilsports schneller hochzuklettern als der Niederländer Max Verstappen. Nach seiner Kartkarriere (2013 Weltmeister KZ1) fährt er kurz in der F3-Euroserie und wird bald in das Red Bull Junior Team geholt. Am 5. Oktober 2014 debütiert er beim ersten freien Training zum Großen Preis der F1 in Japan. Da ist er erst seit fünf Tagen 17! Seine fulminante Formel-1-Karriere beginnt mit Toro Rosso am 15. März 2015 beim Großen Preis von Australien. Max Verstappen wird mit 17 Jahren und 166 Tagen der jüngste Pilot in der Geschichte der F1, der je an einem Rennen teilgenommen hat. Er hat noch nicht einmal seinen Führerschein … Nach nur 23 Grands Prix wird er 2016 in das »erste Team« von Red Bull berufen, mit dem er in Spanien seinen ersten Grand Prix gewinnt.
Noch ein Rekord! Der jüngste Sieger der Disziplin mit 18 Jahren und 227 Tagen. Sein Alter ist erstaunlich, seine Reife überrascht. Max wird von seinem Vater Jos streng erzogen, der selbst zehn Jahre in der F1 fährt – 107 GP und zwei Podiumsplätze zwischen 1994 und 2003. In diesen Jahren ist er seit seiner ersten Saison unter anderem Teamkollege von Michael Schumacher bei Benetton. Der Vater coacht den Sohn beim Kartfahren und organisiert einen regelrechten Feldzug der Familie, um die Werksteams, die den Nachwuchs sichten, auf ihn aufmerksam zu machen. Max ist hart im Nehmen, und die F1 ändert dies nicht. Er ist nicht gerade der Höflichste, weder in seinen Äußerungen noch auf der Piste, wo er die Älteren jagt. Hau ab, hier komme ich! Er müsste zur Ordnung gerufen werden – wird er manchmal auch … –, doch sein natürliches Talent und seine Resultate sprechen für ihn. Zumal der Junge aus seinen Fehlern lernt und selbst wenn seine Redeweise noch immer ziemlich harsch ist und sein Charakter eigensinnig, glättet sich sein Fahrstil schnell. Die Entgleisungen werden weniger, und der Niederländer (der erste in der Geschichte mit derartigen Erfolgen) setzt sich bei Red Bull wie ein geborener Anführer durch. Ein Team, das sich komplett um ihn dreht, eine F1 ganz nach seinem Geschmack. Mit dem gleichaltrigen Charles Leclerc (22 Jahre) verkörpert Max Verstappen die zukünftige Generation an Champions in der F1.

| **Niederländer** | Geb. am 30. September 1997 | 5 Siege – 23 Podiumsplätze (Statistik bis zum 1.000. Grand Prix in China, April 2019) |

ASTON MARTIN
Red Bull
RACING
TAG HEUER
RAUCH
Mobil 1
ASTON MARTIN
HONDA
Red Bull
MAX

NOCH MEHR GROSSE FAHRER DER F1-GESCHICHTE

Sebastian Vettel

Deutscher, geboren am 3. Juli 1987.
1. GP: USA 2007. 4 Weltmeistertitel: 2010–2013. 52 Siege. Bei Toro Rosso verdient er sich seine Sporen, bevor er zu Red Bull kommt, wo er Teampartner Mark Webber düpiert. Nach seinem letzten Weltmeistertitel verliert er an Form und verlässt das Team, um die Herausforderung mit Ferrari annehmen zu können.

Fernando Alonso

Spanier, geboren am 29. Juli 1981.
1. GP: Australien 2001. 2 Weltmeistertitel: 2005 und 2006. 32 Siege. Nach einer einzigen Saison bei Minardi wird er Testfahrer bei Renault. Weltmeister 2005 und 2006 vor Michael Schumacher. Fast erreicht er auch mit Ferrari sein Ziel, aber insgesamt leidet seine Erfolgsbilanz unter Fehlentscheidungen bei Teamwechseln.

Nelson Piquet

Brasilianer, geboren am 17. August 1952.
1. GP: Deutschland 1978. 3 Weltmeistertitel: 1981, 1983 und 1987. 23 Siege. Exzentrischer und offenherziger Pilot, außerhalb des Autos ziemlich prahlerisch. F1-Debüt bei Brabham an der Seite von Niki Lauda 1997 und bald an der Spitze des Teams, dazu zwei Weltmeistertitel, den zweiten gewinnt er gegen Alain Prost (1983). Seine Position neben Nigel Mansell bei Williams-Honda ist problematisch, trotzdem holt er durch kluges Vorgehen seinen dritten Titel (1987).

Emerson Fittipaldi

Brasilianer, geboren am 12. Dezember 1946.
1. GP: Großbritannien 1970. 2 Weltmeistertitel: 1972 und 1974. 14 Siege. Er ist der erste große Pilot aus Brasilien in England. Nach einem rapiden Aufstieg, F. Ford, F3, F2 und F1 in nur zwei (!) Jahren, wird Fittipaldi zweifacher Weltmeister, 1972 gegen Jackie Stewart (mit Lotus) und 1974 gegen Niki Lauda (McLaren). Keine schlechten Referenzgrößen …

John Surtees

Engländer, geboren am 11. Februar 1934, gestorben am 10. März 2017. 1. GP: Monaco 1960. Weltmeister 1964. 6 Siege. John Surtees trägt zwar nur einen Weltmeistertitel (mit Ferrari), ist aber der einzige Pilot der F1-Geschichte, der auch Motorradweltmeister wird: drei Doppelerfolge in den Klassen bis 350 cm^3 und 500 cm^3, der letzte 1960. In derselben Saison Beginn seiner brillanten F1-Karriere, die er mit der Gründung seines eigenen Rennstalls beendet.

Alberto Ascari

Italiener, geboren am 13. Juli 1918, bei Testfahrten am 26. Mai 1955 gestorben. 1. GP: Monaco 1950. Weltmeister 1952 und 1953. 13 Siege. Neben Giuseppe Farina ist Alberto Ascari der erste Publikumsliebling Italiens: Für Ferrari siegt er 1952–1953 neunmal in Folge und wird der erste zweifache Weltmeister der Geschichte. Mit dem Lancia D50 hat er 1955 ein konkurrenzfähiges Auto, stürzt in Monaco jedoch erst ins Hafenbecken und stirbt nur vier Tage später bei Testfahrten in Monza.

Jochen Rindt

Österreicher, geboren am 18. April 1942, bei Testfahrten in Monza am 5. September 1970 gestorben.
1. GP: Österreich 1964. Weltmeister 1970 (postum). 6 Siege. Als er in Monza vor der Parabolica-Kurve verunglückt, ist Jochen Rindt (Lotus) noch kein Weltmeister, doch Jacky Ickx, sein letztmöglicher Rivale, sammelt nicht genügend Punkte. 1970 wäre das einzige Jahr gewesen, in dem Rindt von einem zuverlässigeren Lotus hätte profitieren können. Besonderheit seiner Karriere: Er gewinnt 1965 auch das 24-Stunden-Rennen von Le Mans, bevor er sich in der F1 behauptet.

Jacky Ickx

Belgier, geboren am 1. Januar 1945.
1. GP: Italien 1967. Vizeweltmeister 1969 und 1970. 8 Siege. Bevor er der große Langstrecken-Champion wird (sechs Siege in Le Mans), ist Jacky Ickx vornehmlich ein hochbegabter F1-Pilot, 1967 Europameister der F2 und ab 1968 mit nur 23 Jahren bei Enzo Ferrari unter Vertrag. Für diese Zeit selten jung. Im selben Jahr gewinnt Ickx den Großen Preis von Frankreich, verpasst 1969 (Brabham) und 1970 (noch einmal vier Jahre bei Ferrari) nur knapp den Weltmeistertitel. Seine F1-Karriere beendet er 1979 bei Ligier.

Giuseppe Farina

Italiener, geboren am 30. Oktober 1906, gestorben am 30. Juni 1966 bei einem Autounfall. 1. GP: Großbritannien 1950. Weltmeister 1950. 5 Siege. Giuseppe Farina ist schon vor dem Krieg erstklassiger Pilot bei Alfa Romeo und gehört somit seit den Anfängen der Weltmeisterschaft zum italienischen F1-Team. 1950 setzt er sich gegen Juan Manuel Fangio durch und wird Weltmeister, aber der Argentinier wird in den Folgejahren unbesiegbar sein, genau wie Ascari bei Ferrari 1952 und 1953. Farina stirbt 1966 bei einem Verkehrsunfall, als er auf dem Weg zum GP von Frankreich ist.

James Hunt

Engländer, geboren am 29. August 1947, gestorben am 15. Juni 1993. 1. GP: Monaco 1973. Weltmeister 1976. 10 Siege. Raucher, Trinker, Playboy und unglaublich schnell! James Hunt entspricht ganz und gar dem Image eines Rennpiloten der 70er-Jahre. Sein Duell gegen Niki Lauda – das genaue Gegenteil – in der Saison von 1976 bleibt eines der abenteuerlichsten der F1. Der Film *Rush* greift diese Rivalität auf.

Jacques Villeneuve

Kanadier, geboren am 9. April 1971.
1. GP: Australien 1996. Weltmeister 1997. 11 Siege. Jacques Villeneuve durchläuft in der F1 eine Blitzkarriere. Der Sohn von Gilles Villeneuve (legendärer Ferrari-Pilot, verunglückt 1982) feiert sein Grand-Prix-Debüt sofort im Anschluss an die IndyCar Series, wo er 1995 das Indianapolis 500 gewinnt. Seit seiner ersten Saison bei Williams-Renault 1996 konkurriert er mit seinem Teamkollegen Damon Hill, bis er im Folgejahr Schumachers Ferrari schlägt und Weltmeister wird.

Stirling Moss

Engländer, geboren am 17. September 1929.
1. GP: Schweiz 1951. Vizeweltmeister 1955, 1956, 1957 und 1958. 16 Siege. Ungekrönter Champion. Er verpasst vier Saisons in Folge den Weltmeistertitel. Das erste Mal 1955 als Zweitplatzierter hinter Fangio in dem großen Team von Mercedes, das letzte Mal 1958 mit nur einem Punkt hinter Mike Hawthorn, der der erste britische Weltmeister wird.

Nigel Mansell

Engländer, geboren am 8. August 1953.
1. GP: Österreich 1980 Weltmeister 1992. 31 Siege. Schwierig, einen soliden Piloten als Nigel Mansell zu finden und gleichzeitig einen leichtsinnigeren, um es nicht noch deutlicher auszudrücken. Mehrere grobe Fehler kosten ihn einige Siege, aber nach einer langen Anlaufzeit gelingt Mansell mit dem Williams-Renault von 1992 der Wandel, und er punktet seit dem GP von Ungarn im Sommer für seinen Weltmeistertitel.

UNGEWÖHNLICHE STATISTIKEN ZU DEN 1.000 GRANDS PRIX SEIT 1950

0"01

Eine Hundertstelsekunde:
die knappste Zieleinfahrt beim GP von Italien 1971, als Peter Gethin Ronnie Peterson schlägt. Der einzige Sieg seiner Karriere.

2

Anzahl der Runden Vorsprung
für Jackie Stewart (Matra-Ford) vor Bruce McLaren (McLaren) beim Zieleinlauf zum GP von Spanien auf der Rennstrecke von Montjuïc in Barcelona 1969. Dies ist der größte Abstand zwischen einem Sieger und dem Zweiten. Damon Hill (Williams-Renault) macht es beim GP von Australien in Adelaide 1995 mit Olivier Panis (Ligier-Mugen) ähnlich.

9

Rekord der aufeinanderfolgenden Siege
von Sebastian Vettel. Der Deutsche gewinnt 2013 neun Rennen in Folge, von Belgien bis Brasilien.

370,1

In km/h, der offizielle bei einem Grand Prix gemessene
Rekord. Aufgestellt durch Kimi Räikkönen beim Großen Preis von Italien 2005 am Steuer eines McLaren-Mercedes. Juan Pablo Montoya (McLaren-Mercedes) erreicht bei privaten Testfahrten in Monza 2005 sogar 372,6 km/h. Valtteri Bottas wird beim Qualifying zum GP von Europa in Baku von seinem Williams-Mercedes-Team sogar mit 378,0 km/h gemessen, dieser Rekord wird jedoch von der FIA nicht offiziell bestätigt.

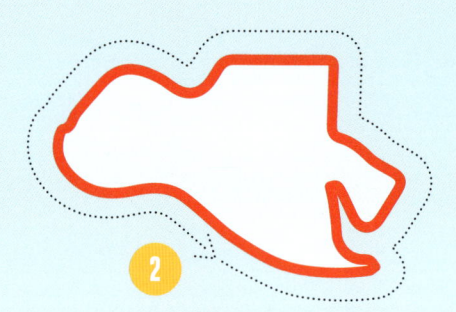

24

24' 34" 899
Der kürzeste Grand Prix der Geschichte: Adelaide in Australien 1991, abgebrochen wegen Überschwemmung der Strecke.

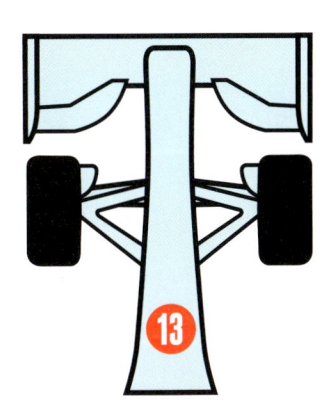

13

In der Geschichte der F1 tragen nur zwei Piloten die Nummer 13.

Der Erste ist der Mexikaner Moises Solana vor seinem Publikum in Mexiko. Er muss in der 57. Runde aufgeben und wird doch Elfter. Der Zweite ist der Venezolaner Pastor Maldonado während seiner zwei Saisons für Lotus 2014 und 2015 (in 37 Rennen sechsmal unter den ersten zehn).

In der Saison 1982 gibt es eine Rekordzahl von Siegern

Michele Alboreto, René Arnoux, Elio de Angelis, Niki Lauda, Riccardo Patrese, Nelson Piquet, Didier Pironi, Alain Prost, Keke Rosberg, Patrick Tambay und John Watson. Champion in diesem Jahr ist der Finne Keke Rosberg (Williams).

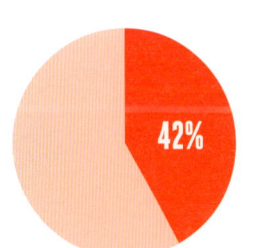

6

Rekordhalter der Siege bei seinem nationalen GP:

Alain Prost, 6, vor Jim Clark und Lewis Hamilton, 5.

2

Nur zwei Länder

sind seit 1950 ohne Unterbrechung dabei: Großbritannien und Italien.

42

Ein Start von der Pole ist nicht gleich Sieg.

Weniger als 42 % der tausend Polesetter gewinnen am Ende auch das Rennen.

11

Anzahl der Auflagen des Indianapolis 500,

das von 1950 bis 1960 zur Formel-1-Weltmeisterschaft zählt. Die Piloten, die in der Saison regelmäßig am Grand Prix teilnehmen, treten hier nicht an. Nur wenige amerikanische Piloten, die auf diese ovale Rennstrecke spezialisiert sind, kommen über den Atlantik, um beim europäischen GP zu pilotieren. Die Statistiken bezüglich des nicht wirklich vergleichbaren Indianapolis 500 werden in diesem Werk zum 1.000. Grand Prix nicht im Detail berücksichtigt.

16
Anzahl der Fahrer mit mindestens zwei Weltmeistertiteln
unter den 33 seit 1950 gekrönten Piloten.

27
Anzahl der Grands Prix,
bei denen der Sieger erst in der letzten Runde in Führung geht.

14
Chris Amon ist der Pilot, der die meisten Marken gefahren ist: 14.

26
Die meisten Siege bei Grands Prix im eigenen Land:
26 für die britischen Piloten bei den Grands Prix von Großbritannien. Vor den Brasilianern (9 Siege) und Franzosen (8).

147
Zwei italienische Piloten teilen sich den Rekord bei den Rennausfällen (147):
Riccardo Patrese und Andrea de Cesaris. De Cesaris ist auch derjenige, der die meisten Grands Prix bestreitet, ohne jemals zu gewinnen (208), noch vor Nick Heidfeld (183).

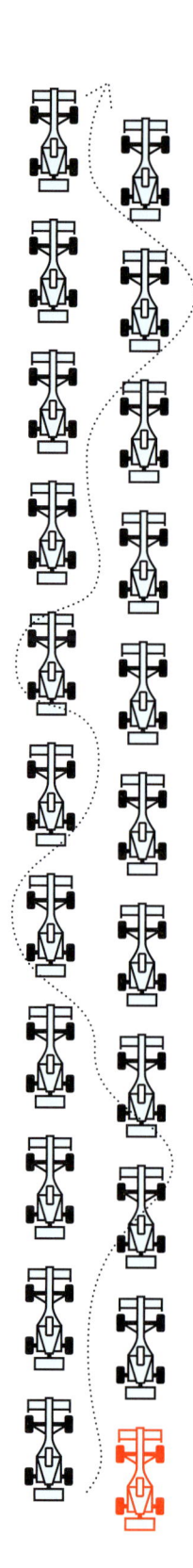

22
1983 siegt John Watson (McLaren) beim GP der USA West in Long Beach von der 22. Startposition. Dies gelingt sonst niemandem.

2

Piloten, die wie ihr Vater Weltmeister werden:
Damon Hill und Nico Rosberg.

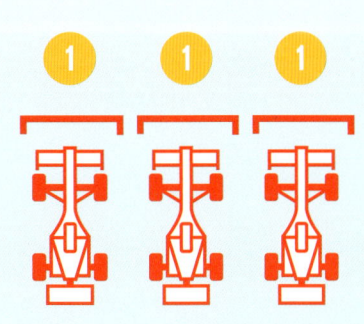

3

Die Anzahl der Piloten, die sich den Rekord der Polepositions auf derselben Piste teilen:
8. Michael Schumacher (Suzuka), Ayrton Senna (Imola), Lewis Hamilton (Melbourne).

14

Piloten, die im Anschluss an ihre Fahrerkarriere einen eigenen Rennstall gründen:
Amon, Eagle (D. Gurney), Fittipaldi, Jordan, Larrousse, Ligier, LEC (D. Purley), McLaren, Merzario, Parnell, Prost, Stewart, Super Aguri und Surtees.

1

Stirling Moss ist der einzige unter den Top 20 der Grand-Prix-Sieger, der niemals Weltmeister geworden ist.
Er ist der Pilot, der beim Grand Prix mit den meisten verschiedenen Chassis (5) gewinnt.

4

Die Anzahl der in der F1 jemals aktiven japanischen Rennställe.
Honda, Super Aguri, Maki und Kojima, der nur 1976 und 1977 in Japan fährt.

98

Riccardo Patrese muss rekordträchtige 98 Rennen zwischen seinem zweiten und dritten F1-Sieg warten.
Von Südafrika 1983 bis San Marino 1990 vergehen für den Italiener mehr als sechseinhalb Jahre.

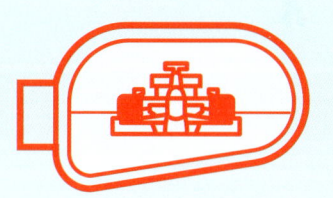

183

Den Rekord für die meisten Runden in Führung (183), ohne einen seiner 96 Grands Prix zu gewinnen, hält der Neuseeländer Chris Amon.
Er liegt damit vor Jean Behra (107) und Jean-Pierre Jarier (79).

TOP 50 DER GP SIEGER

Vom 1. bis zum 1.000. GP
(China, 24. April 2019)

*In der Saison 2019 aktive Piloten

4 Siege
- Dan Gurney (USA)
- Bruce McLaren (NZL)
- Eddie Irvine (GBR)
- Valtteri Bottas (FIN)*

3 Siege
- Mike Hawthorn (GBR)
- Peter Collins (GBR)
- Phil Hill (USA)
- Didier Pironi (FRA)
- Thierry Boutsen (BEL)
- Heinz-Harald Frentzen (DEU)
- Johnny Herbert (GBR)
- Giancarlo Fisichella (ITA)

2 Siege
- Bill Vukovich (USA)
- José-Froilán González (ARG)
- Maurice Trintignant (FRA)
- Wolfgang von Trips (DEU)
- Pedro Rodríguez (MEX)
- Jo Siffert (CHE)
- Peter Revson (USA)
- Patrick Depailler (FRA)
- Jean-Pierre Jabouille (FRA)
- Patrick Tambay (FRA)

1 Sieg
- Johnnie Parsons (USA)
- Lee Wallard (USA)
- Luigi Fagioli (ITA)
- Piero Taruffi (ITA)
- Troy Ruttman (USA)
- Bob Sweikert (USA)
- Luigi Musso (ITA)
- Pat Flaherty (USA)
- Sam Hanks (USA)
- Jimmy Bryan (USA)
- Rodger Ward (USA)
- Jo Bonnier (SWE)
- Jim Rathmann (USA)
- Giancarlo Baghetti (ITA)
- Innes Ireland (GBR)
- Lorenzo Bandini (ITA)
- Richie Ginther (USA)
- Ludovico Scarfiotti (ITA)
- Peter Gethin (GBR)
- François Cevert (FRA)
- Jean-Pierre Beltoise (FRA)
- Carlos Pace (BRA)
- Jochen Mass (DEU)
- Vittorio Brambilla (ITA)
- Gunnar Nilsson (SWE)
- Alessandro Nannini (ITA)
- Jean Alesi (FRA)
- Olivier Panis (FRA)
- Jarno Trulli (ITA)
- Robert Kubica (POL)*
- Heikki Kovalainen (FIN)
- Pastor Maldonado (VEN)

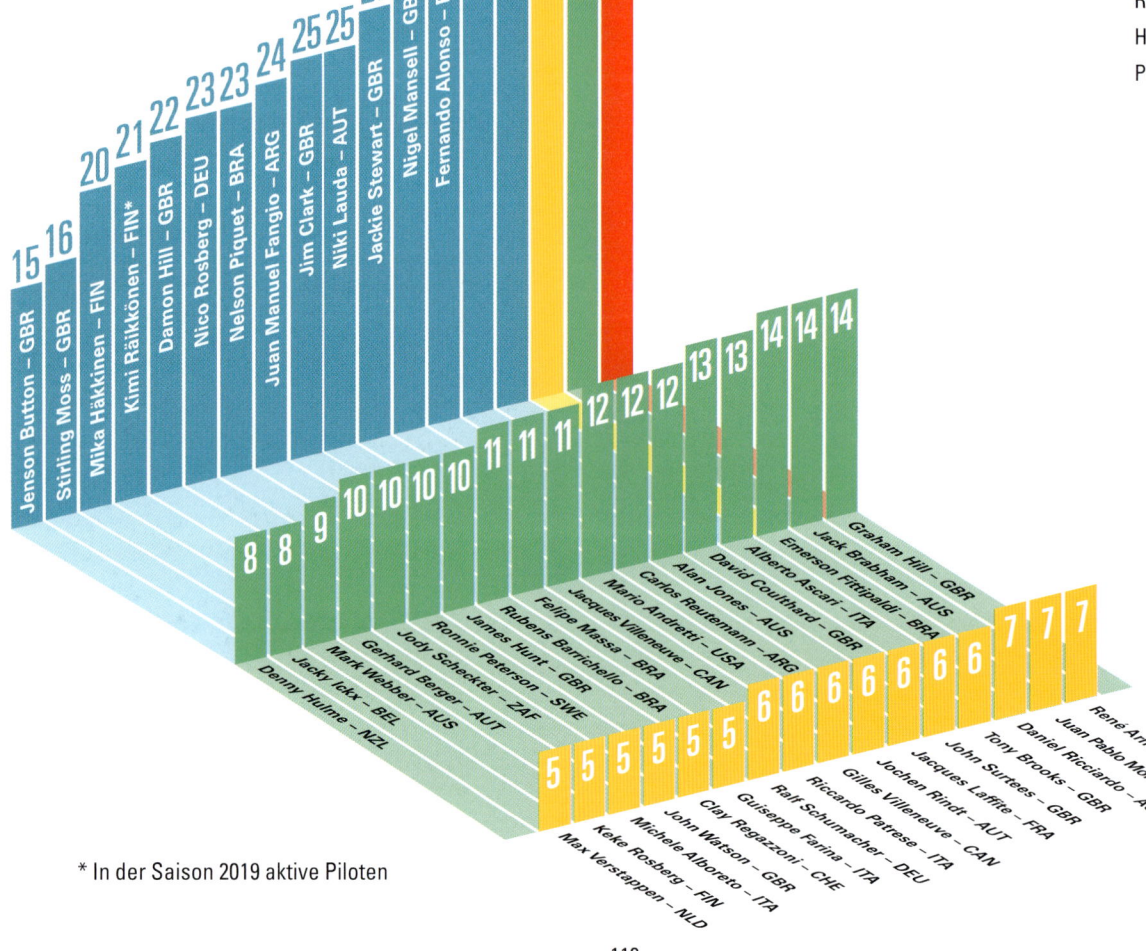

Ranking (Siege)

- 91 – Michael Schumacher – DEU
- 75 – Lewis Hamilton – GBR*
- 52 – Sebastian Vettel – DEU*
- 51 – Alain Prost – FRA
- 41 – Ayrton Senna – BRA
- 32 – Fernando Alonso – ESP
- 31 – Nigel Mansell – GBR
- 27 – Jackie Stewart – GBR
- 25 – Niki Lauda – AUT
- 25 – Jim Clark – GBR
- 24 – Juan Manuel Fangio – ARG
- 23 – Nelson Piquet – BRA
- 23 – Nico Rosberg – DEU
- 22 – Damon Hill – GBR
- 21 – Kimi Räikkönen – FIN*
- 20 – Mika Häkkinen – FIN
- 16 – Stirling Moss – GBR
- 15 – Jenson Button – GBR
- 11 – Denny Hulme – NZL
- 8 – Jacky Ickx – BEL
- 8 – Mark Webber – AUS
- 9 – Gerhard Berger – AUT
- 10 – Jody Scheckter – ZAF
- 10 – Ronnie Peterson – SWE
- 10 – James Hunt – GBR
- 10 – Rubens Barrichello – BRA
- 11 – Felipe Massa – BRA
- 11 – Jacques Villeneuve – CAN
- 12 – Mario Andretti – USA
- 12 – Carlos Reutemann – ARG
- 12 – Alan Jones – AUS
- 13 – David Coulthard – GBR
- 13 – Alberto Ascari – ITA
- 14 – Emerson Fittipaldi – BRA
- 14 – Jack Brabham – AUS
- 14 – Graham Hill – GBR
- 5 – Max Verstappen – NLD
- 5 – Keke Rosberg – FIN
- 5 – John Watson – GBR
- 5 – Michele Alboreto – ITA
- 5 – Clay Regazzoni – CHE
- 6 – Giuseppe Farina – ITA
- 6 – Ralf Schumacher – DEU
- 6 – Riccardo Patrese – ITA
- 6 – Gilles Villeneuve – CAN
- 6 – Jochen Rindt – AUT
- 6 – Jacques Laffite – FRA
- 6 – John Surtees – GBR
- 7 – Tony Brooks – GBR
- 7 – Daniel Ricciardo – AUS*
- 7 – Juan Pablo Montoya – COL
- 7 – René Arnoux – FRA

Top 20 GP DER GP TEILNEHMER

Vom 1. bis zum 1.000. GP
(China, 24. April 2019)

- Rubens Barrichello (BRA) 323
- Fernando Alonso (ESP) 312
- Michael Schumacher (DEU) 307
- Jenson Button (GBR) 306
- Kimi Räikkönen (FIN)* 295
- Felipe Massa (BRA) 269
- Riccardo Patrese (ITA) 256
- Jarno Trulli (ITA) 252
- David Coulthard (GBR) 246
- Lewis Hamilton (GBR)* 232
- Giancarlo Fisichella (ITA) 229
- Sebastian Vettel (DEU)* 222
- Mark Webber (AUS) 215
- Gerhard Berger (AUT) 210
- Andrea de Cesaris (ITA) 208
- Nico Rosberg (DEU) 206
- Nelson Piquet (BRA) 204
- Jean Alesi (FRA) 201
- Alain Prost (FRA) 199
- Michele Alboreto (ITA) 194

Andere aktive Piloten

- 159 Nico Hülkenberg (DEU)
- 158 Sergio Pérez (MEX)
- 153 Daniel Ricciardo (AUS)
- 146 Romain Grosjean (FRA)
- 121 Valtteri Bottas (FIN)
- 84 Carlos Sainz (ESP), Kevin Magnussen (DAN), Max Verstappen (NDL)
- 79 Robert Kubica (POL)
- 75 Daniil Kwjat (RUS)
- 44 Lance Stroll (CAN)
- 29 Pierre Gasly (FRA)
- 24 Charles Leclerc (MCO)
- 5 Antonio Giovinazzi (FRA)
- 3 Alex Albon (THA), Lando Norris (GBR), George Russell (GBR)

ANZAHL DER FÜR DENSELBEN RENNSTALL BESTRITTENEN RENNEN

180 Michael Schumacher — Ferrari
151 Kimi Räikkönen — Ferrari
150 David Coulthard — McLaren
139 Felipe Massa — Ferrari
136 Nico Rosberg — Mercedes
136 Jenson Button — McLaren
132 Jacques Laffite — Ligier
131 Mika Häkkinen — McLaren
129 Mark Webber — Red Bull
122 Lewis Hamilton — Mercedes
113 Sebastian Vettel — Red Bull
110 Lewis Hamilton — McLaren
107 Alain Prost — McLaren
106 Nelson Piquet — Brabham
105 Fernando Alonso — Renault

ANZAHL DER SIEGE MIT DEMSELBEN RENNSTALL

72 Michael Schumacher — Ferrari
54 Lewis Hamilton — Mercedes
38 Sebastian Vettel — Red Bull
35 Ayrton Senna — McLaren
30 Alain Prost — McLaren
28 Nigel Mansell — Williams
25 Jim Clark — Lotus
23 Nico Rosberg — Mercedes
21 Damon Hill — Williams-Renault
21 Lewis Hamilton — McLaren
20 Mika Häkkinen — McLaren
19 Michael Schumacher — Benetton
17 Fernando Alonso — Renault
15 Jackie Stewart — Tyrrell
15 Niki Lauda — Ferrari

Am Steuer gestorben

Opfer ihrer Leidenschaft und eines Sports, dessen Risiko hingenommen wird. Diese Piloten verdienen eine besondere Würdigung.

1.000 Grands Prix und allerhand Tragödien. Die Formel 1 war schon immer gefährlich und ist es trotz aller Sicherheitsbemühungen, die diese Unfälle ausgelöst haben, noch immer. Das Risiko bleibt. Der tödliche Unfall von Jules Bianchi beim Großen Preis von Japan 2014 ist der jüngste Beweis.
Der Aufprall auf ein Bergungsfahrzeug, das dort eigentlich nichts zu suchen hatte, ist so heftig, dass der junge französische Pilot trotz aller Bemühungen nicht mehr zu retten ist. Doch vielleicht hätte das seither im Cockpit installierte Halo-System das Schlimmste verhindern können. Wie auch die hochgezogenen Cockpitwände nach dem Unfall Ayrton Sennas 1994, der stirbt, weil sich ein Teil der Radaufhängung durch seinen Helm bohrt. Bis zum Tod des brasilianischen Champions und des österreichischen Newcomers Roland Ratzenberger einen Tag zuvor in Imola gibt es auf den Rennstrecken der F1 acht Jahre lang keine tödlichen Unfälle (zuletzt Elio de Angelis bei privaten Testfahrten für Paul Ricard 1986). Zwischen den Tragödien von Senna und Bianchi liegen 20 Jahre. In den 70er-Jahren hingegen ereignen sich jährlich erschütternd viele tödliche Unfälle.

»Wenn man donnerstags die Haustür schloss, um zu einem Rennen zu fahren, wusste man nicht, ob man sonntags zurückkehren würde«, resümiert Jacky Ickx, der sich selbst als »Überlebender« sieht. Vor der Ära des Grand Prix fahren die F1-Piloten zu dieser Zeit fast jedes Wochenende ein anderes Rennen. Das erhöht das Risiko.
Auf Initiative der Fédération Internationale de l'Automobile (FIA) und dank der aktiven Bemühungen der Konkurrenten selbst zerlegen sich die Chassis nicht mehr vollständig. Die Piloten sind auch besser geschützt, seitdem die Fahrerkabine nicht mehr aus vernietetem Aluminium, sondern aus Kohlefaser besteht. Häufige Brände wie damals gibt es nicht mehr: Grauenhaft und doch unmöglich es zu umschreiben, hoffte man in solch einem Fall auf den sofortigen Tod des unglückseligen eingeschlossenen Piloten. Die Helme und der Nackenschutz (HANS-System) sind weiterentwickelt, und das Umfeld der Rennstrecken ist dahingehend angepasst, dass ein direkter Aufprall gegen die Begrenzungen, die zwar der Sicherheit dienen sollen, sich aber als tödliche Klingen erweisen können, verhindert wird. Die Beine der überlebenden Piloten werden nicht mehr zerquetscht. Neben den Todesfällen in der F1 bedeuten zertrümmerte Boliden nämlich auch immer wieder schlicht das Grand-Prix-Karriereende (Moss, De Adamich, Regazzoni, Pironi, Jabouille, Laffite, Donnelly …).
Anfänger oder erfahrene Fahrer, Champions oder leidenschaftliche Amateure, Nachwuchstalente des Automobilsports, die umkommen, bevor sie auch nur einen Großen Preis gewinnen oder auf einen Weltmeistertitel hoffen können. Es sind einfach schon zu viele gestorben, beim Rennen oder bei privaten Testfahrten, manche bei ihrem ersten Grand Prix (Jo Schlesser), vor ihrem Publikum, an einem einzigen Wochenende. Sie verdienen eine besondere Würdigung, genau wie die ungeschützten Boxenmechaniker, die Streckenwärter und Zuschauer, die durch außer Kontrolle geratene Boliden, ein Rad oder einen losgelösten Motor umkommen.

Der Automobilsport hat selbst zwei Brüdern mit neun Jahren Abstand das Leben genommen, den Mexikanern Pedro und Ricardo Rodríguez de la Vega. Da sind sie erst 31 und 20 Jahre alt, der jüngste bei einem F1-Rennen verstorbene Pilot.

Onofre Marimón

Bill Vukovich

Stuart Lewis-Evans

Verunglückte Formel-1-Piloten

Anmmerkung: an den Folgen eines Unfalls gestorben, bei Testfahrten oder einem Rennen, bei einem Großen Preis der F1 oder außerhalb der Meisterschaft, in einer anderen Disziplin während der Rennkarriere oder danach.

1950er-Jahre: 33

1950:
Raymond Sommer (44 Jahre, Franzose, Cooper, Cadours, F3-Rennen)

1952:
Cameron Earl (29 Jahre, Brite, ERA F1, MIRA Teststrecke, private Testfahrt. Testfahrer/Ingenieur)
Luigi Fagioli (54 Jahre, Italiener, Lancia Sport, Circuit de Monaco)

1953:
Chet Miller (50 Jahre, Amerikaner, Kurtis Kraft, Training Indy 500)
Carl Scarborough (38 Jahre, Amerikaner, Kurtis Kraft, Indy 500)
Charles de Tornaco (26 Jahre, Belgier, Ferrari, Autodromo di Modena, außerhalb der Meisterschaft)
Felice Bonetto (50 Jahre, Italiener, Lancia, Carrera Panamericana)

1954:
Onofre Marimón (30 Jahre, Argentinier, Maserati, Nürburgring, Training GP von Deutschland)
Guy Mairesse (43 Jahre, Franzose, Talbot-Lago-Prototyp, Monthléry, Coupe du Salon)

1955:
Don Beauman (26 Jahre, Brite, Connaught, Leinster Trophy – IRL)
Alberto Ascari (36 Jahre, Italiener, Ferrari Sport, Monza, Testfahrt)
Manny Ayulo (33 Jahre, Amerikaner, Kuzma, Qualifying Indy 500)
Bill Vukovich (36 Jahre, Amerikaner, Kurtis Kraft, Rennen Indy 500)
Pierre Levegh (49 Jahre, Franzose, Mercedes, 24-Stunden-Rennen von Le Mans)

1956:
Louis Rosier (50 Jahre, Franzose, Ferrari Sportprototyp, Montlhéry, Coupe du Salon)

1957:
Eugenio Castellotti (26 Jahre, Italiener, Ferrari, Autodromo di Modena, private Testfahrt)
Keith Andrews (36 Jahre, Amerikaner, Kurtis Kraft, Training Indy 500)
Alfonso de Portago (28 Jahre, Spanier, Ferrari Sportprototyp, Mille Miglia)
Ken Wharton (40 Jahre, Brite, Ferrari Sport, Ardmore – NZL)
Piero Carini (36 Jahre, Italiener, Ferrari Sport, Sechs-Stunden-Rennen von Forez)
Herbert MacKay-Fraser (30 Jahre, Amerikaner, Lotus, F2-Rennen von Reims)
Bill Whitehouse (48 Jahre, Brite, Cooper, F2-Rennen in Reims)

1958:
Pat O'Connor (29 Jahre, Amerikaner, Kurtis Kraft, Indy 500)
Luigi Musso (33 Jahre, Italiener, Ferrari, Reims, GP von Frankreich)
Peter Collins (26 Jahre, Brite, Ferrari, Nürburgring, GP von Deutschland)
Peter Whitehead (43 Jahre, Brite, Copilot in einem Jaguar, Tour de France für Automobile)
Stuart Lewis-Evans (28 Jahre, Brite, Vanwall, Ain-Diab, GP von Marokko)
Archie Scott-Brown (31 Jahre, Brite, Lister Sport, Circuit de Spa-Francorchamps)

1959:
Jerry Unser (26 Jahre, Amerikaner, Kurtis Kraft, Training Indy 500)
Bob Cortner (32 Jahre, Amerikaner, Cornis, Training Indy 500)
Jean Behra (38 Jahre, Franzose, Porsche Sportprototyp, Berlin, AVUS)
Ivor Bueb (36 Jahre, Brite, Cooper, F2 Auvergne-Trophy, Circuit de Charade)

1960er-Jahre: 25

1960:
Harry Schell (38 Jahre, Amerikaner, Cooper, Silverstone, außerhalb der Meisterschaft)
Chris Bristow (22 Jahre, Brite, Cooper, Spa-Francorchamps, GP von Belgien)
Alan Stacey (26 Jahre, Brite, Lotus, Spa-Francorchamps, GP von Belgien)

1961:
Giulio Cabianca (38 Jahre, Italiener, Cooper, Autodromo di Modena, private Testfahrt)
Wolfgang von Trips (33 Jahre, Deutscher, Ferrari, Monza, GP von Italien)
Tony Bettenhausen (44 Jahre, Amerikaner, Stearly Motor, Testfahrt Indy 500)

Ricardo Rodríguez	Jo Schlesser	François Cevert
Patrick Depailler	Gilles Villeneuve	Elio de Angelis
Ayrton Senna	Jules Bianchi	Clay Regazzoni

1962:
Ricardo Rodríguez (20 Jahre, Mexikaner, Lotus, Mexiko, außerhalb der Meisterschaft)
Gary Hocking (25 Jahre, Rhodesien, Lotus, Westmead/Südafrika, außerhalb der Meisterschaft)
Peter Ryan (22 Jahre, Kanadier, Lotus, Formel Junior in Reims)

1964:
Carel Godin de Beaufort (30 Jahre, Niederländer, Porsche, Nürburgring, Training GP von Deutschland)

1966:
John Taylor (33 Jahre, Brite, Brabham, Nürburgring, GP von Deutschland)
Walt Hansgen (46 Jahre, Amerikaner, Ford MKII, Training 24-Stunden-Rennen von Le Mans)

1967:
Lorenzo Bandini (31 Jahre, Italiener, Ferrari, Monte-Carlo, GP von Monaco)
Bob Anderson (36 Jahre, Brite, Brabham, Silverstone, private Testfahrt)
Georges Berger (48 Jahre, Belgier, Porsche 911, 84-Stunden-Rennen Nürburgring)
Giacomo Russo (29 Jahre, Italiener, Matra F3, Caserta)
Ian Raby (46 Jahre, Brite, Brabham F2, Zandvoort Trophy)

1968:
Jo Schlesser (40 Jahre, Franzose, Honda, Rouen, GP von Frankreich)
Mike Spence (31 Jahre, Brite, Lotus, Training Indy 500)
Jim Clark (32 Jahre, Brite, Lotus, Hockenheim, F2-Deutschland-Trophäe)
Ludovico Scarfiotti (34 Jahre, Italiener, Porsche, Rossfeldrennen)

1969:
Gerhard Mitter (33 Jahre, Deutscher, BMW F2, Nürburgring, Training GP von Deutschland)
Lucien Bianchi (34 Jahre, Belgier, Alfa Romeo Sportprototyp, Training 24-Stunden-Rennen von Le Mans)
Moisés Solana (33 Jahre, Mexikaner, McLaren, Bergrennen in Valle de Bravo, Mexiko)
Paul Hawkins (31 Jahre, Australier, LolaT70, Oulton Park, Tourist Trophy)

1970er-Jahre: 15

1970:
Piers Courage (28 Jahre, Brite, De Tomaso, Zandvoort, GP der Niederlande)
Jochen Rindt (28 Jahre, Österreicher, Lotus, Monza, Qualifying GP von Italien)
Bruce McLaren (32 Jahre, Neuseeländer, Goodwood, private Testfahrt McLaren CanAm)

1971:
Jo Siffert (35 Jahre, Schweizer, BRM, Brands Hatch, außerhalb der Meisterschaft)
Ignazio Giunti (29 Jahre, Italiener, Ferrari Sportprototyp, 1.000-km-Rennen von Buenos Aires)
Ricardo Rodríguez (31 Jahre, Mexikaner, Ferrari Sportprototyp, Norisring, Rennen zur Interserie)

1972:
Jo Bonnier (42 Jahre, Schwede, Lola Sportprototyp, 24-Stunden-Rennen von Le Mans)

1973:
Roger Williamson (25 Jahre, Brite, March, Zandvoort, GP der Niederlande)
François Cevert (29 Jahre, Franzose, Tyrrell, Watkins Glen, Qualifying GP der USA)

1974:
Peter Revson (35 Jahre, Amerikaner, Shadow, Kyalami, private Testfahrt vor dem GP von Südafrika)
Helmut Koinigg (25 Jahre, Österreicher, Surtees, Watkins Glen, GP der USA)
Silvio Moser (33 Jahre, Schweizer, Lola Sportprototyp, 1.000-km-Rennen von Monza)

1975:
Mark Donohue (38 Jahre, Amerikaner, Penske, Österreichring, GP von Österreich)

1977:
Tom Pryce (27 Jahre, Brite, Shadow, Kyalami, GP von Südafrika)

1978:
Ronnie Peterson (34 Jahre, Schwede, Lotus, Monza, GP von Italien)

1980er-Jahre: 8

1980:
Patrick Depailler (35 Jahre, Franzose, Alfa Romeo, Hockenheim, private Testfahrt vor dem GP von Deutschland)

1982:
Gilles Villeneuve (32 Jahre, Kanadier, Ferrari, Zolder, Qualifying GP von Belgien)
Riccardo Paletti (23 Jahre, Italiener, Osella, Montréal, GP von Kanada)

1983:
Rolf Stommelen (39 Jahre, Deutscher, Porsche, Riverside/USA, IMSA-Weltmeisterschaft)

1985:
Stefan Bellof (27 Jahre, Deutscher, Porsche Sportprototyp, 1.000-km-Rennen in Spa-Francorchamps)
Manfred Winkelhock (33 Jahre, Deutscher, Porsche Sportprototyp, 1.000-km-Rennen im Mosport Park)

1986:
Elio de Angelis (28 Jahre, Italiener, Brabham, Le Castellet, private Testfahrt)
Jo Gartner (32 Jahre, Österreicher, Porsche Sportprototyp, 24-Stunden-Rennen von Le Mans)

1990er-Jahre: 2

1994:
Roland Ratzenberger (33 Jahre, Österreicher, Simtek, Imola, Qualifying GP von San Marino)
Ayrton Senna (34 Jahre, Brasilianer, Williams, Imola, GP von San Marino)

2000er-Jahre: 3

2001:
Michele Alboreto (44 Jahre, Italiener, Audi, Lausitzring, private Testfahrt)

2014:
Jules Bianchi (25 Jahre, Franzose, Marussia, Suzuka, GP von Japan. Unfall im Oktober, verstorben im Juli 2015 im Koma)

2015:
Justin Wilson (37 Jahre, Brite, Dallara, Allentown/USA, IndyCar-Rennen)

Das tragische Schicksal von Regazzoni

Der Schweizer Clay Regazzoni wird nahe Lugano im Kanton Tessin geboren. Deshalb und wegen seines Nachnamens hält man ihn häufig für einen Italiener. Und auch, weil er zu den berühmtesten Ferrari-Piloten gehört: einer der wenigen, den die Scuderia nach einer ersten Kündigung ein zweites Mal unter Vertrag nimmt.

1974 verliert »Rega«, Teamkollege von Niki Lauda, beim letzten Großen Preis den Titel gegen Emerson Fittipaldi. Nach einem Zwischenstopp bei Williams findet er zu Ensign, aber beim Großen Preis von Long Beach 1980 (der 132. seiner Karriere) verletzt er sich die Wirbelsäule, als sein Bremspedal abbricht und er in die Auslaufzone rast. Trotz Querschnittslähmung fährt er die Paris-Dakar-Rallye und eröffnet eine Fahrschule für Behinderte. Tragischerweise stirbt er bei einem Verkehrsunfall auf der Schnellstraße zwischen Mailand und Bologna am 15. Dezember 2006.

Saal der Sieger, Ferrari Museum in Maranello

Die 15 Konstrukteurs-Weltmeister 1950–2018

Ferrari, 16
(1961, 1964, 1975, 1976, 1977, 1979, 1982, 1983, 1999, 2000, 2001, 2002, 2003, 2004, 2007, 2008)

Williams, 9
(1980, 1981, 1986, 1987, 1992, 1993, 1994, 1996, 1997)

McLaren, 8
(1974, 1984, 1985, 1988, 1989, 1990, 1991, 1998)

Lotus, 7
(1963, 1965, 1968, 1970, 1972, 1973, 1978)

Mercedes, 5
(2014, 2015, 2016, 2017, 2018)

Red Bull, 4
(2010, 2011, 2012, 2013)

Cooper, 2
(1959, 1960)

Brabham, 2
(1966, 1967)

Renault, 2
(2005, 2006)

Vanwall
(1958)

BRM
(1962)

Matra
(1969)

Tyrrell
(1971)

Benetton
(1995)

Brawn GP
(2009)

Eine sehr europäische F1

Geburtsort der Formel 1 ist Europa. Und Großbritannien ermutigte mit seinem im Automobilsport gewonnenen Know-how schon immer auch die kleinen Motoren- und Chassishersteller, ihr Glück zu versuchen. Daher auch der erste Platz bei der Anzahl der Rennställe pro Land.

Anmerkung: Einige Teams sind absichtlich ausgelassen, wenn sie zu kurzlebig oder für eine Epoche zu wenig repräsentativ sind.

19 ITALIEN TEAMS

12 FRANKREICH TEAMS

9 DEUTSCHLAND TEAMS

6 USA TEAMS

5 JAPAN TEAMS

2 BRASILIEN TEAMS

1 KANADA TEAM

1 ÖSTERREICH TEAM

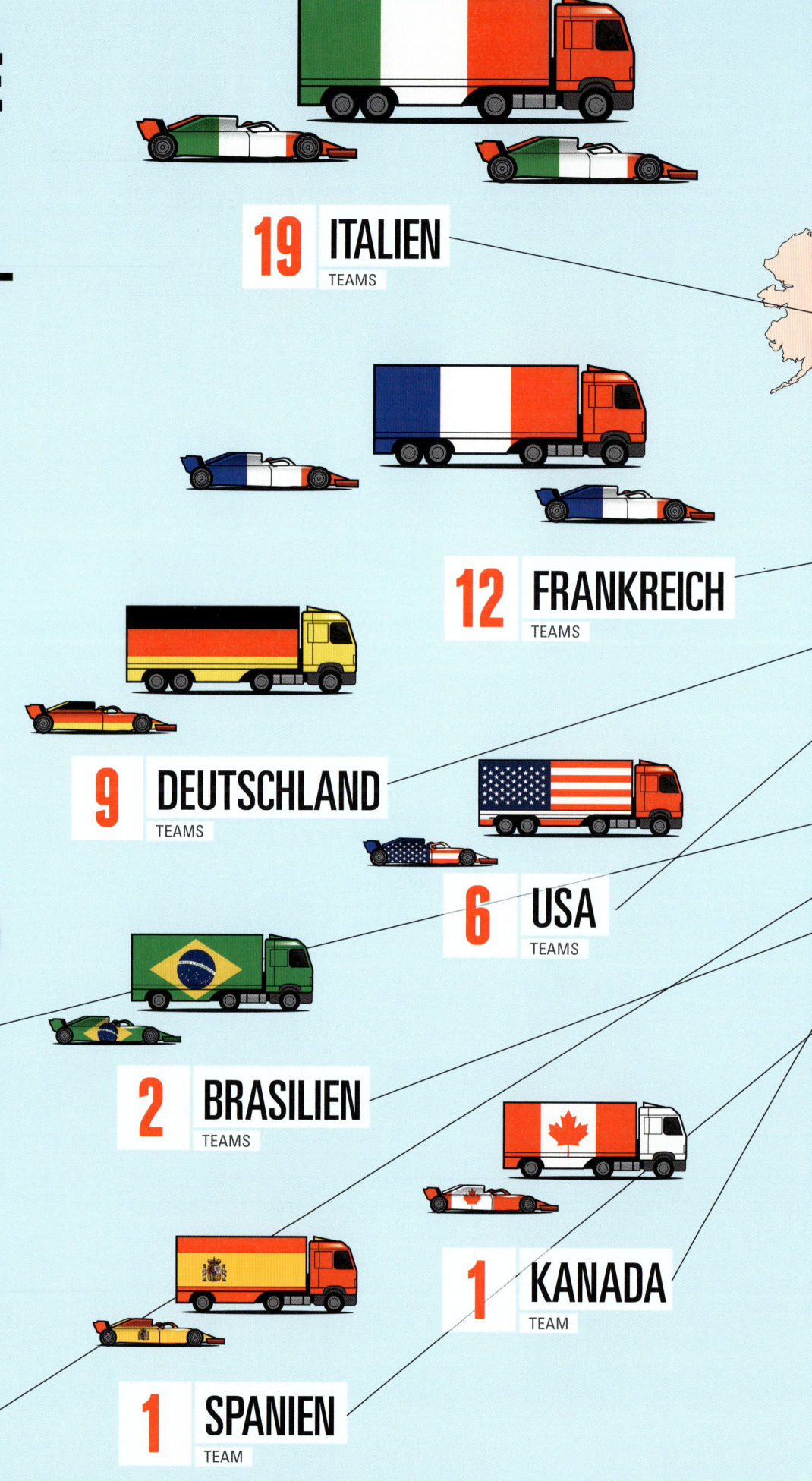

1 SPANIEN TEAM

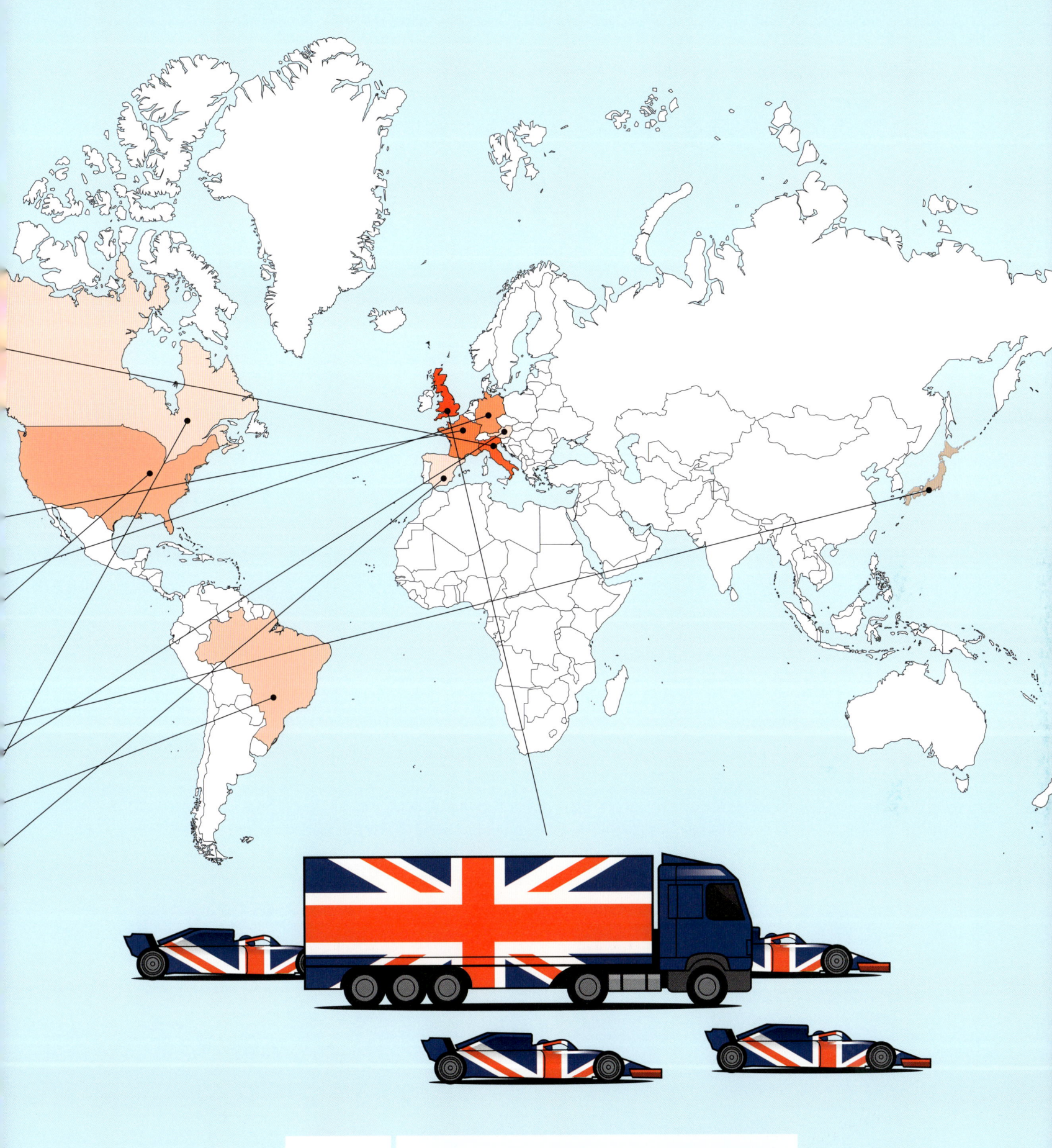

41 GROSSBRITANNIEN
TEAMS

Zwischen Ferrari und Mercedes

Sie duellieren sich seit den ersten Jahren der F1-Weltmeisterschaft. 2019 sind diese beiden legendären Teams noch immer auf der Piste, Rad an Rad. Die Konkurrenz zwischen einer Rennsportmarke und einem bedeutenden Konstrukteur, der aus diesem Wettbewerb ein Instrument seiner Kommunikationspolitik macht. Verbunden durch dieselbe Leidenschaft.

Die Weltmeisterschaft der Formel 1 weist seit 1950 ein großes menschliches und technisches Kapital auf, betrachtet man die Rennställe, die hier mitwirken, die großen Marken und kleinen Konstrukteure, die hier gegeneinander antreten. Wenn auch im Vergleich zu heute damals noch mit denselben Waffen. Der Kampf um die weltweite, wenn auch überaus italienische Vormachtstellung zwischen Alfa Romeo und Ferrari in den ersten Jahren ist schon denkwürdig. Beides offizielle Werksteams, die von zwei wahren Siegern angeführt werden, Juan Manuel Fangio und Alberto Ascari. Und dennoch kann auch eine kleine Simca-Gordini, gebaut von einem Zaubermechaniker in einer bescheidenen Garage im 15. Pariser Arrondissement, stolz ihr Glück versuchen und beim Großen Preis von Frankreich 1950 mit Robert Manzon sogar den vierten Platz machen.

Die stürmische Ankunft von Mercedes mit kurzer Dominanzphase zwischen 1954 und 1955 stellt schon einen Wendepunkt in der Formel 1 dar. Der Rennstall verfügt über viele Mittel, eine fast militärische Organisation, die ersten Rennvorschriften im Dienste des finalen Siegs. Und neben den unumgänglichen deutschen Piloten wirbt man die besten Fahrer dieser Zeit an: Fangio, Stirling Moss ... Ein legendärer Konstrukteur wie Ferrari, der einzig und allein für den Wettkampf lebt, ist besiegt. Mercedes zeigt aber auch Schwächen, und die Risiken der Teilnahme einer Automobilmarke ziehen sich durch die gesamte Geschichte des Grand Prix. Keine oder nur wenig langfristige Investitionen, Rückzüge, sei es, weil man zu viel oder zu wenig erreicht hat. Oder weil die Unternehmenspolitik es so vorschreibt. 1955 kehrt Mercedes der Formel 1 und dem gesamten Wettstreit den Rücken, nachdem eines ihrer Autos beim 24-Stunden-Rennen von Le Mans den Tod von über 80 Zuschauern verursacht hat. Erst in den 90er-Jahren erscheint Mercedes als Teilnehmer in Le Mans langsam wieder auf der Bildfläche und beginnt ab 2010 definitiv ein zweites Formel-1-Leben. Mit dem mehr oder weniger gleichen Ansatz wie 55 Jahre zuvor, um eine noch klarere und drangvollere Dominanz herbeizuführen, so wie es sich seit 2014 bis 2019 zeigt. Für dieses Ziel werden alle Mittel eingesetzt, und nach einer kurzen Warmlaufphase engagiert man den besten Piloten dieser Zeit – Lewis Hamilton. Die Unternehmenstaktik im Dienste des sportlichen und kommerziellen Siegs.

Die Rennställe, sie leben vom Rennen! Es ist ihr Universum, ihr Lebenssinn, ihre Existenzgrundlage, und dies erklärt auch ihre Lebensdauer. Ihre Blütezeit erleben sie in den 60er-Jahren: Cooper, Vanwall, Brabham, Lotus, McLaren ... Oft und in erster Linie Engländer, aber auch passionierte Franzosen (Ligier), bei Ferrari außerdem Italiener, Deutsche, Japaner ... Bis Anfang der 80er-Jahre machen sie die Schönheit der Formel 1 aus, beleben mit ihrer Verschiedenheit den Wettkampf. Zu den großen privaten Teams wie Tyrrell gesellen sich andere kurzlebige Mitwirkende, teils sogar nur für die Dauer eines einzigen nationalen Großen Preises, was einem guten einheimischen Piloten ermöglicht, mindestens einmal im Jahr für sein Publikum zu fahren. An Piloten mangelt es nicht. Der Qualifikationskampf ist heftig, denn er bestimmt nicht nur den Startplatz, sondern schlichtweg das Recht, aufgestellt zu werden, oder eben nicht. Diese Zeit ist geprägt von einzelnen Konstrukteuren, Träumern und Chassis mit Ford-V8-Kundenmotoren. Und es ist eine goldene Epoche, in der sich auf der Piste und im Ohr mit 12.000 Umdrehungen pro Minute ein V8, ein V12, ein V10, ein Ford, ein Matra, ein Ferrari oder Honda, Turbo oder Sauger aneinander messen. Der Beste möge gewinnen. Ein einziger Ingenieur kann den Unterschied herbeiführen. Forschungslabore gibt es noch nicht.

Doch letztendlich müssen die Konstrukteure einen Absatzmarkt finden und Niederlagen wie Lorbeeren mit einem Rennstall teilen. Ron Dennis und McLaren, dann Williams und andere führen die Formel 1 damals in eine neue Ära, indem sie Motorenfabrikanten die Tür öffnen, die einzig die Unsummen für die Entwicklung tragen können. Porsche, Honda ... Renault, nicht zufrieden, die Turbotechnologie im Automobilsport durchgesetzt zu haben, schreibt mit dem V10-Saugmotor Geschichte. Diese Antriebsart wählt auch Mercedes Ende der 90er-Jahre, um beim Grand Prix wieder Fuß zu fassen.

1.000 RENNEN: DIE ERFOLGREICHSTEN RENNSTÄLLE

Die Scuderia Ferrari ist das einzige Team, das seit der ersten Saison 1950 an der Weltmeisterschaft teilnimmt. Daher zählt sie natürlich auch die meisten Siege bei 1.000 Grands Prix. Eine sehr ungleiche Verteilung: Nur 28 Marken triumphieren bei mindestens einem Rennen. Hinter dieser Rennstallstatistik steckt die gesamte Geschichte der F1 und der verschiedenen Dominanzperioden eines Teams.

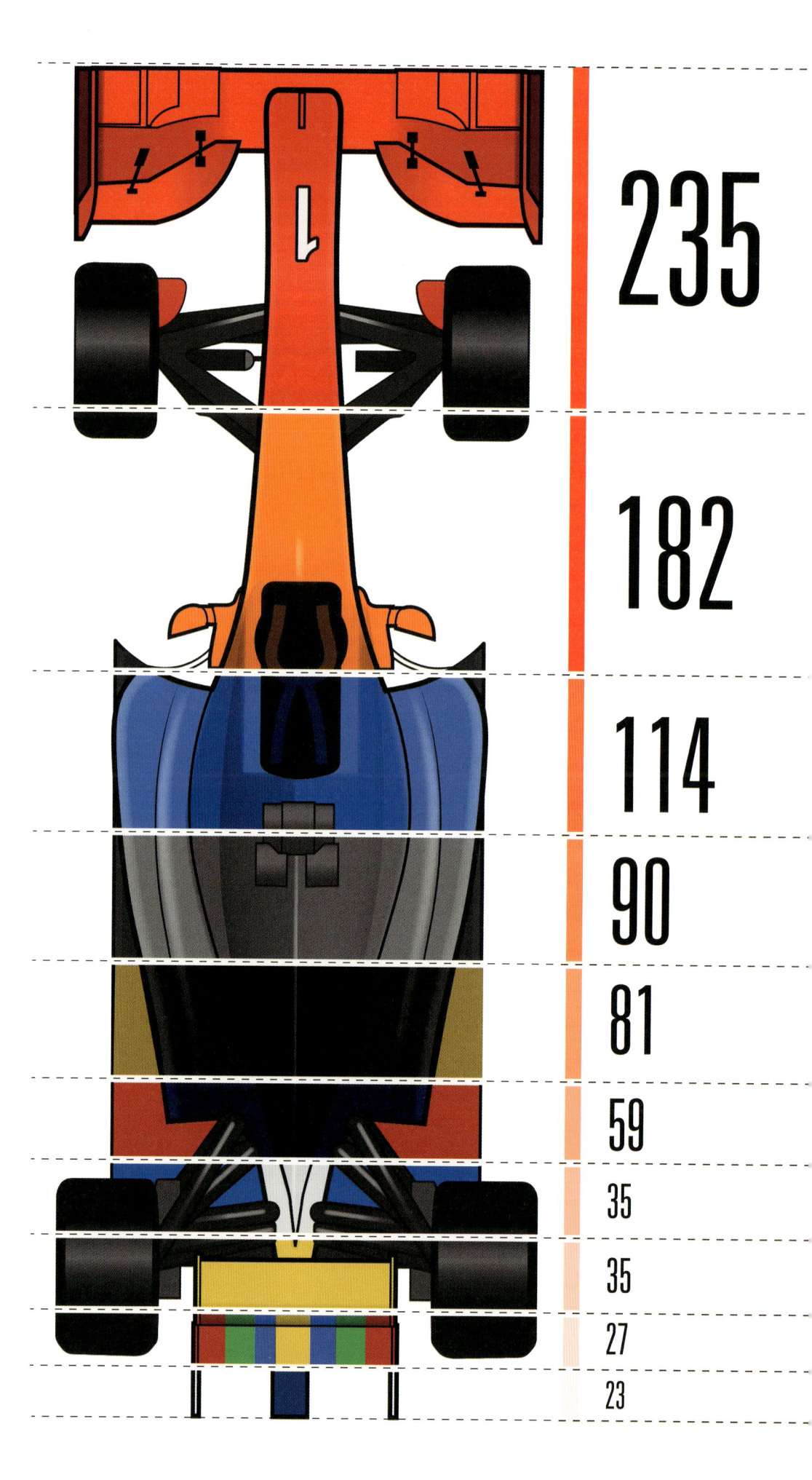

235

182

114

90

81

59

35

35

27

23

DIE TOP 10

Ferrari
Erster Sieg: Großbritannien 1951
Letzter Sieg: USA 2018
Abfolge: 1951: 3, 1952: 7, 1953: 7, 1954: 2, 1955: 1, 1956: 5, 1958: 2, 1959: 2, 1960: 1, 1961: 5, 1963: 1, 1964: 3, 1966: 2, 1968: 1, 1970: 4, 1971: 2, 1972: 1, 1974: 3, 1975: 6, 1976: 6, 1977: 4, 1978: 5, 1979: 6, 1981: 2, 1982: 3, 1983: 4, 1984: 1, 1985: 2, 1987: 2, 1988: 1, 1989: 3, 1990: 6, 1994: 1, 1995: 1, 1996: 3, 1997: 5, 1998: 6, 1999: 6, 2000: 10, 2001: 9, 2002: 15, 2003: 8, 2004: 15, 2005: 1, 2006: 9, 2007: 9, 2008: 8, 2009: 1, 2010: 5, 2011: 1, 2012: 3, 2013: 2, 2015: 3, 2017: 5, 2018: 6
Jahre ohne Siege: 1957, 1962, 1965, 1967, 1969, 1973, 1980, 1986, 1991 bis 1993, 2014, 2016

McLaren
Erster Sieg: Belgien 1968
Letzter Sieg: Brasilien 2012
Abfolge: 1968: 3, 1969: 1, 1972: 1, 1973: 3, 1974: 4, 1975: 3, 1976: 6, 1977: 3, 1981: 1, 1982: 4, 1983: 1, 1984: 12, 1985: 6, 1986: 4, 1987: 3, 1988: 15, 1989: 10, 1990: 6, 1991: 8, 1992: 5, 1993: 5, 1997: 3, 1998: 9, 1999: 7, 2000: 7, 2001: 4, 2002: 1, 2003: 2, 2004: 1, 2005: 10, 2007: 8, 2008: 6, 2009: 2, 2010: 5, 2011: 6, 2012: 7
Jahre ohne Siege: 1970 und 1971, 1978 bis 1980, 1994 bis 1996, 2006, seit 2013

Williams
Erster Sieg: Großbritannien 1979
Letzter Sieg: Spanien 2012
Abfolge: 1979: 5, 1980: 6, 1981: 4, 1982: 1, 1983: 1, 1984: 1, 1985: 4, 1986: 9, 1987: 9, 1989: 2, 1990: 2, 1991: 7, 1992: 10, 1993: 10, 1994: 7, 1995: 5, 1996: 12, 1997: 8, 2001: 4, 2002: 1, 2003: 4, 2004: 1, 2012: 1
Jahre ohne Siege: 1988, 1998 bis 2000, 2005 bis 2011, seit 2013

Mercedes-Benz
Erster Sieg: Frankreich 1954
Letzter Sieg: China 2019 (1.000. GP)
Abfolge: 1954: 4, 1955: 5, 2012: 1, 2013: 3, 2014: 16, 2015: 16, 2016: 19, 2017: 12, 2018: 11, 2019: 15

Lotus
Erster Sieg: Monaco 1960
Letzter Sieg: Australien 2013
Abfolge: 1960: 2, 1961: 3, 1962: 3, 1963: 7, 1964: 3, 1965: 5, 1966: 1, 1967: 4, 1968: 5, 1969: 2, 1970: 6, 1972: 5, 1973: 7, 1974: 3, 1976: 1, 1977: 5, 1978: 8, 1982: 1, 1985: 3, 1986: 2, 1987: 2, 2012: 1, 2013: 1

Red Bull
Erster Sieg: China 2009
Letzter Sieg: Mexiko 2018
Abfolge: 2009: 6, 2010: 9, 2011: 12, 2012: 7, 2013: 13, 2014: 3, 2016: 2, 2017: 3, 2018: 4

Brabham
Erster Sieg: Frankreich 1964 **Letzter Sieg:** Frankreich 1985
Abfolge: 1964: 2, 1966: 4, 1967: 4, 1969: 2, 1970: 1, 1974: 1, 1975: 2, 1978: 2, 1980: 3, 1981: 3, 1982: 2, 1983: 4, 1984: 2, 1985: 1

Renault
Erster Sieg: Frankreich 1979 **Letzter Sieg:** Japan 2008
Abfolge: 1979: 1, 1980: 3, 1981: 3, 1982: 4, 1983: 4, 2003: 1, 2004: 1, 2005: 8, 2006: 8, 2008: 2

Benetton
Erster Sieg: Mexiko 1986 **Letzter Sieg:** Deutschland 1997
Abfolge: 1986: 1, 1989: 1, 1990: 2, 1991: 1, 1992: 1, 1993: 1, 1994: 8, 1995: 11, 1997: 1

Tyrrell
Erster Sieg: Spanien 1971 **Letzter Sieg:** USA Ost 1983
Abfolge: 1971: 7, 1972: 4, 1973: 5, 1974: 2, 1975: 1, 1976: 1, 1978: 1, 1982: 1, 1983: 1

---

17 / BRM
1959: 1, 1962: 4, 1963: 2, 1964: 2, 1965: 3, 1966: 1, 1970: 2, 1971: 2, 1972: 1

16 / Cooper
1958: 2, 1959: 5, 1960: 6, 1962: 1, 1966: 1, 1967: 1

10 / Alfa Romeo
1950: 6, 1951: 4

9 / Maserati
1953: 1, 1954: 2, 1956: 2, 1957: 4

9 / Vanwall
1957: 3, 1958: 6

9 / Matra
1968: 3, 1969: 6

9 / Ligier
1977: 1, 1979: 3, 1980: 2, 1981: 2, 1996: 1

8 / Brawn GP
2009

4 / Jordan
1998: 1, 1999: 2, 2003: 1

3 / March
1970, 1975, 1976

3 / Wolf
1977

3 / Honda
1965, 1967, 2006

DER CLUB DER EINMALIGEN SIEGER

Porsche
Frankreich 1962, Dan Gurney
Eagle
Belgien 1967, Dan Gurney
Hesketh
Niederlande 1975, James Hunt
Penske
Österreich 1976, John Watson
Shadow
Österreich 1977, Alan Jones
Stewart
Europa 1999, Nürburgring, Johnny Herbert
BMW Sauber
Kanada 2008, Robert Kubica
Toro Rosso
Italien 2008, Sebastian Vettel

Statistik bis einschließlich GP von China 2019.

Il Commendatore, Enzo Ferrari

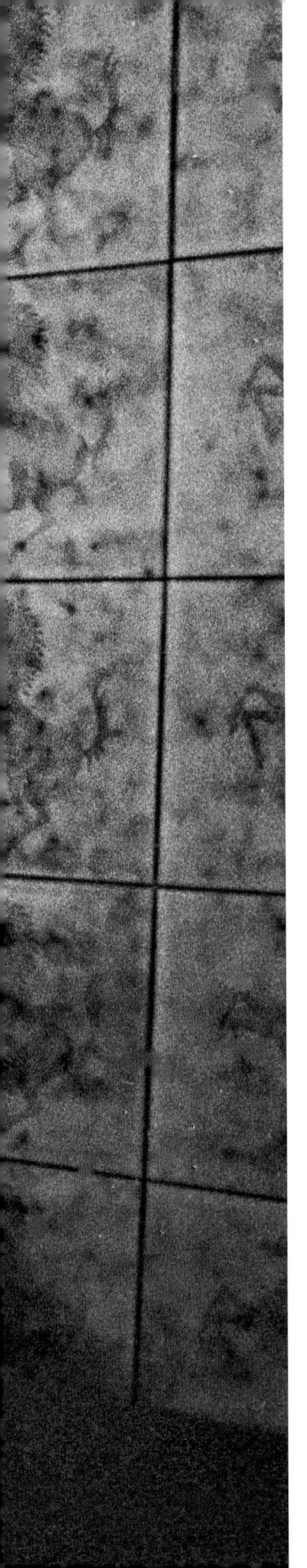

DIE ZEHN BERÜHMTESTEN RENNSTÄLLE DER F1

Sie machen einen großen Teil der Geschichte des Grand Prix seit 1950 aus und haben die beste Erfolgsbilanz. Sie sind (fast) seit Beginn der Weltmeisterschaft dabei und noch immer aktiv, oder bereits Vergangenheit. Erfolgsmodelle der modernen F1. Für diese Teams fahren oder fuhren die besten Piloten. Sie erobern die Herzen der Fans und treiben ihre Kontrahenten in den Wahnsinn.

FERRARI

EINE EINZIGE FARBE: ROT!

Ferrari ist nicht bloß ein F1-Rennstall. Ferrari ist eine Ausnahme. Kulturell, leidenschaftlich. Das Ansehen der Scuderia geht weit über Italien hinaus, sonst hätten die großen Champions nicht alle als Höhepunkt einer bereits erfüllten Karriere (Senna hat es nicht mehr geschafft) für die Scuderia fahren wollen. Prost, Schumacher, Alonso, Vettel … Wenn der Erfolg auch nicht immer garantiert ist. Doch man gibt immer alles. Kein anderer Rennstall hat eine Vergangenheit wie Ferrari, seit den ersten Jahren der Weltmeisterschaft 1950 am Start. Und wenn das italienische Team bei 1.000 Grands Prix nur 973 Teilnahmen verzeichnen kann, so nur aufgrund einiger ungünstiger Umstände hier und da in fast 70 Jahren: eine Regeländerung, ein Zeichen der Trauer oder der Unmut seines Gründers Enzo Ferrari. *L'ingegnere* gründet die Scuderia Ferrari 1929, schon lange bevor er darüber nachdenkt, seine eigenen Rennmodelle und berühmten Sportwagen zu bauen. Die Geburtsstunde der Marke ist das Jahr 1947.

In dieser langen Zeit sammelt Ferrari natürlich auch mit großem Abstand zu den anderen F1-Konstrukteuren die größten Erfolge. Doch in den vielen Jahren des Wettkampfes durchlebt die Scuderia genauso viele Tiefen. Zeiten des finanziellen Abgrunds, die Schmach der Tifosi (die italienischen Fans) und eine nationale Presse, die im römischen Stil durstig nach Palastrevolutionen ist. Mit Ferrari zu gewinnen ist für einen Piloten das Größte, zu oft zu verlieren verurteilt quasi zum Rücktritt. Dies war schon zuzeiten des einflussreichen Enzo Ferrari so und ist es noch heute. Unter diesen Umständen wird jeder Pilot, der einen Sieg nach Maranello bringt (dem Sitz von Ferrari), unvermeidlich ein Held auf Lebenszeit! Jacky Ickx Ende der 60er, Niki Lauda in den 70ern, Michael Schumacher in den 2000er-Jahren. *Ferrarista* (Ferrari-Pilot) für immer. Dazu gehören auch weniger siegreiche Piloten, die mit ihrem fulminanten Fahrkönnen und ihrer Liebe zur Marke das Feuer auf den Tribünen von Monza, Imola oder der ganzen Welt entfachen können: Gilles Villeneuve, René Arnoux, Nigel Mansell, Jean Alesi … Forza Ferrari! Auf geht's, Ferrari! Wie ein Kampfruf.

129

MCLAREN

DER KÖNIGLICHE RENNSTALL VON ENGLAND

McLaren ist nach Ferrari der älteste noch aktive Rennstall der Formel 1. Debüt 1966. Das Zeitalter der einfachen Monopostos: ein Aluminium-Monocoque unter einer Karosserie in Zigarrenform, ein Kundenmotor, eine simple Radaufhängung … Eine Periode, die von mehr oder weniger genialen Konstrukteuren bestimmt ist, die in einem Holzschuppen arbeiten. Bruce McLaren, der seit 1959 Cooper fährt (drei Siege), folgt 1962 dem Beispiel von Jack Brabham, indem er von nun an seine eigenen Formel-1-Boliden baut und pilotiert. Der neuseeländische Pilot beschränkt sich übrigens nicht auf die Formel 1, sondern entwickelt auch Boliden für das Indianapolis 500 und Modelle für den CanAm, diese monströsen Prototypen für Langstreckenrennen in den Vereinigten Staaten. Auf der Testfahrt eines solchen verunglückt McLaren in Goodwood am 2. Juni 1970 tödlich. Seine Marke wird ihn überdauern, denn sein Partner Teddy Mayer gewährleistet erfolgreich den Fortbestand: Er führt erst Emerson Fittipaldi 1974 und dann James Hunt 1976 zum Fahrerweltmeistertitel und schlägt damit Ferrari. In diesen beiden Jahren stellt sich das Team auch jenseits des Atlantiks beim Indianapolis 500 auf.

Dies ist der Schwanengesang, denn McLaren Racing verliert allmählich an Bedeutung und gewinnt zwischen 1977 und 1981 kein einziges Rennen mehr. In der Zwischenzeit übernimmt ein neuer ambitionierter Teammanager den Rennstall, Ron Dennis, der daraus in den 80er-Jahren eine einzigartige Erfolgsmaschine machen wird. McLaren ruft Niki Lauda zurück aus dem Ruhestand und engagiert einen Star: Alain Prost. Der Ingenieur John Barnard entwickelt den ersten Boliden mit Karbon-Monocoque, und Ron Dennis, knallharter Unternehmer, lässt bei Porsche einen Turbomotor bauen. McLaren gewinnt drei Fahrerweltmeistertitel, bevor Dennis den Motorenhersteller Honda ins Boot holt und zwischen 1988 und 1991 erneut vier dominierende Saisons mit Prost und Senna hat. Eine erneutes Ergebnistief und Dennis kurbelt die Maschine mit der Rückkehr von Mercedes in der Formel 1 mithilfe eines neuen Motors wieder an. Wieder ein Geniestreich! Mika Häkkinen nutzt diese Chance (Champion 1989 und 1999), zehn Jahre vor Hamilton (2008). Dann hört Ron Dennis auf. Hamilton und Mercedes auch. Und McLaren verliert seinen Glanz. Das Team fährt ab dem Großen Preis von Brasilien 2012 keine Siege mehr ein.

BP
900m
10

BOSS

HONDA
Shell
BOSS
GOODYEAR

Formula 1
Santander
vodafone
BOSS
Mobil 1
RBS

vodafone
Mobil 1

BRABHAM

DIE RASENDEN KÄNGURUS

Fahrerweltmeister am Steuer seines eigenen Boliden! Dies ist einzigartig. Schon zweifacher Weltmeister 1959 und 1960 (Cooper), wird Jack Brabham mit 40 Jahren der erste dreifache Weltmeister seit der Dominanzphase von Fangio in den 50er-Jahren. 1961 haben die kleinen Cooper, die den Grand Prix mit ihrem Heckmotor revolutioniert haben, keine Erfolgsaussichten mehr. Also lieber ein eigenes Auto bauen. Der Australier Brabham schließt sich 1962 mit dem Konstrukteur und Landsmann Ron Tauranac zusammen – das T von *BT*, das die verschiedenen Modelle zieren wird. Die ersten Saisons sind unstet, doch mit Änderung des Motorenreglments (drei Liter Hubraum) einigt sich Brabham, noch in Australien, mit einem neuen Hersteller in der F1. Repco. Der Brabham-V8 Repco des Besitzers wird die Saison 1966 mit vier Siegen und einem zweiten Platz in neun Rennen dominieren. In dieser und der folgenden Saison erreicht das Team sogar zweimal hintereinander den Doppelsieg: den Fahrerweltmeistertitel erst mit Jack Brabham und dann mit Denny Hulme sowie den Konstrukteursweltmeistertitel. Der alte, entschlossen andersartige Jack überträgt Tauranac seine Anteile und gewinnt 1970 bei seinem letzten Großen Preis (Südafrika) in einem Brabham, dessen Besitzer er nun nicht mehr ist! In der Zwischenzeit konstruiert das Unternehmen auch F3- und F2-Autos und verkauft F1-Chassis an private Teams. Ungefähr 500 Boliden (und einige Prototypen) sind gebaut worden, als Tauranac den Brabham-Rennstall an Bernie Ecclestone verkauft, der daraus sein Sprungbrett an die Spitze der Formula One Constructors Association und später der gesamten Organisation der Disziplin macht. Ecclestone gewinnt einen anderen genialen Konstrukteur für sich, Gordon Murray. Die schönen Autos siegen in den 70er-Jahren mit Carlos Reutemann und Niki Lauda aufs Neue. Doch erst in den 80ern holt der Rennstall mit Nelson Piquet erneut Fahrerweltmeistertitel (1981 und 1983). Die letzten Erfolge. Ecclestone zieht Brabham Ende 1987 aus der F1 zurück, verkauft die Marke 1989 weiter, und die Brabham-Renner landen im große Feld der nicht vorqualifizierten Teilnehmer, als die Grands Prix mehr als ausgebucht sind. Das Kapitel der Formel 1 schließt sich Ende 1992 endgültig.

9
Marlboro
parmalat
parmalat

9
8
SALA
DERRICK WALKER
GOODYEAR
GOODYEAR
7
brabham
CHAMPION

LOTUS

DAS WERK VON COLIN CHAPMAN

Mit Sicherheit wird kein Formel-1-Rennstall derartig durch eine einzige Person verkörpert: Colin Chapman. Ein aristokratischer Brite und brillanter Ingenieur, der mit seinen Ideen die Technik der Formel 1 (Monocoque-Bauweise, innen liegende Bremsen, Bodeneffekt …) revolutionieren wird. Chapman baut anfangs Sport-Kit-Cars – darunter der berühmte Lotus Seven – dann Formel-2-Rennwagen, bevor er 1958 in die Formel 1 einsteigt. Einen Lotus zu fahren hat für einen Briten bald die gleiche Bedeutung wie der Ferrari für einen Italiener: ein absolutes Muss und auch Erfolgsgarantie trotz einer gewissen Fehleranfälligkeit. Je leichter, desto leistungsfähiger das Rennauto, meint Chapman. Das beste Auto habe bereits kurz hinter der Ziellinie seine erste Panne.

Mit Lotus wird Cooper in Vergessenheit geraten. Erst mit den Climax-Motoren, dann mit dem V8 Ford Cosworth. Die Galerie seiner angloschottischen Piloten ist eine Hall of Fame: Innes Ireland, Stirling Moss, John Surtees, Graham Hill, Jim Clark …

Sieben Konstrukteurstitel 1963 bis 1978, sieben Fahrerweltmeistertitel und 81 Siege. Die Boliden selbst sind Legenden: Typ 18, 25, 33, 49, 72, 79 … Gewinnzahlen. Jeder Sieg wird schon kurz hinter dem Mann mit der Zielflagge gewürdigt, wenn Chapman beim Vorbeifahren seines Piloten seine Kappe in die Luft wirft. Doch bald sind nicht nur die Sieger Gesprächsthema bei Ihrer Majestät, sondern auch der Österreicher Jochen Rindt, postum Weltmeister 1970 nach seinem Tod in Monza, der Brasilianer Emerson Fittipaldi (1972) oder der Amerikaner Mario Andretti (1978): Piloten, die mit den sehr populären und schwarz-goldenen von JPS gesponserten Boliden verunglücken. Farben, die Ayrton Senna kurz nach dem Tod Colin Chapmans 1982 (54 Jahre) noch einmal aufleuchten lässt. Das Team wird ihn knappe zehn Siege überleben, bis Lotus durch malaysische Fonds aufgekauft wird. Es folgt der Rückkauf durch Renault und zwei letzte unerwartete Siege mit Kimi Räikkönen 2012 und 2013. Seit Ende 2015 ist Lotus Geschichte.

NGK
TISSOT
GOODYEAR
Valvoline

DUNLOP
DUCKHAMS
John Player Special
TISSOT
VENT TV

WILLIAMS

DER KAMPFGEIST VON SIR FRANK

Für den Williams-Rennstall sind nicht nur die eigenen Boliden gefahren. Frank, sein Gründer, steigt in den Automobilsport ein, indem er seinem Freund Piers Courage ein Brabham-Chassis bereitstellt. Dessen frühzeitiger Tod beim Großen Preis der Niederlande 1970 ist die erste Tragödie in seinem Leben. Anfangs mit kaum einem Heller in der Tasche geht er Partnerschaften mit De Tomaso, March oder Iso ein, bevor der Williams-Rennstall schließlich mit dem Erlös aus dem Weiterverkauf des ursprünglichen Rennstalls an den kanadischen Milliardär Walter Wolf seine eigenen Chassis baut. Das neue Team Williams ist geboren. Mit seinem großartigen Ingenieur und Teilhaber Patrick Head und Fonds aus Saudi-Arabien wird es auch tragfähig. Wir befinden uns am Ende der 70er, und der kleine Williams FW06 mit Bodeneffekt von Alan Jones gewinnt erste Podiumsplätze (1978). Das britische Team wird praktisch ohne Unterbrechung bis 1997 in den ersten Rängen mitspielen (114 Siege, neun Konstrukteursweltmeistertitel, sieben Fahrerweltmeistertitel – der dritte Platz hinter Ferrari und McLaren). Nach den ersten Krönungen von Jones (1980) und Keke Rosberg (1982) wird Williams den Honda-Turbomotor in die F1 einführen, das McLaren-Team von Prost und Lauda herausfordern, die Wettkämpfe durch das brüdermörderische Duell zwischen Nigel Mansell und Nelson Piquet (1986, 1987) beleben. Der Verkehrsunfall im März 1986, aus dem Frank Williams eine Querschnittslähmung davonträgt, hätte für das Team das Aus bedeuten können. Doch ganz im Gegenteil bleibt sein Gründer, der von nun an im Rollstuhl auf die Rennstrecke kommt, voller Kampfgeist, und die Involvierung von Patrick Head hilft, den Weggang von Honda zu McLaren auszustehen und eine neue fruchtbare Partnerschaft mit Renault und seinem berühmten V10-Motor einzugehen: Weltmeistertitel für Nigel Mansell 1992, Alain Prost 1993, Damon Hill 1996 und Jacques Villeneuve 1997 und genauso viele Konstrukteurtitel (plus der von 1994). Doch eine dritte Tragödie trifft Frank Williams schwer: der Tod von Ayrton Senna in einem seiner Boliden am 1. Mai 1994. Trotzdem kämpft Williams heute als letztes unabhängiges Team von Weltrang unter der Leitung von Claire Williams, der Tochter von Sir Frank, nach einer letzten Erfolgsperiode mit BMW (zehn Erfolge zwischen 2001 und 2004) weiter um einen Aufstieg vom Tabellenende.

ISO
FINA
MERZARIO
ISO
20
personal
Lockheed
ISO
20

Rexona
WILLIAMS
RACING
Acronis
PIRELLI
ROKiT
Rexona
WILLIAMS
RACING

TYRRELL

AUF EWIG MIT STEWART

Die Erfolgsquote des Tyrrell-Rennstalls ist nicht gerade außergewöhnlich: 23 Siege bei 430 Grand-Prix-Teilnahmen. Aber seine nachtblauen Boliden sind dennoch fester Bestandteil der großen F1-Geschichte. Nach Beendigung der Partnerschaft mit Matra, in deren Rahmen Jackie Stewart 1969 zum ersten Mal mit dem französischen Chassis Weltmeister wird, holen Ken Tyrrell und sein schottischer Pilot 1971 und 1973 noch zwei weitere Weltmeistertitel, als sie gegen die Lotus-Ford von Emerson Fittipaldi und Ronnie Peterson antreten. Ken Tyrrell, große Ohren, markante Nase und vorstehende Zähne, ist ein begnadeter Talentscout. Zum Beispiel lässt er Jacky Ickx in einem Matra F2 beim Großen Preis von Deutschland debütieren, bevor er Jackie Stewart unter seine Fittiche nimmt. Ein großartiges Duo, das mit François Cevert und der Einführung der eigenen Tyrrell-Boliden 1971 zu einem Trio wird. Die Doppelsiege von Stewart und Cevert in dem eleganten Modell 006 gehören zweifelsfrei zu den schönsten Momenten der F1. Vom Ölkonzern Elf gesponsort, folgen noch weitere französische Piloten: Patrick Depailler, Sieger des Großen Preises von Monaco 1978, Didier Pironi, Philippe Streiff, Jean-Pierre Jarier, Olivier Grouillard. Jedoch erzielen die Tyrrell des Weiteren nur geringfügige Erfolge, wie beim ersten Großen Preis der Formel 1 von Jean Alesi (Frankreich 1989, 4.) und seinem heftigen Kampf mit dem McLaren von Ayrton Senna beim Großen Preis von Phoenix 1990 (2., wie in Monaco). Tyrrell macht sich mit dem Einsatz seines sechsrädrigen Boliden auch zum Sinnbild der abenteuerlichsten Innovationen im Grand Prix. Und durchlebt leider eine weniger ehrenvolle Phase, als der alte Ken den Saugmotor, dessen letzter Repräsentant er angesichts der aufkommenden Turbomotoren ist, mit allen Mitteln verteidigen will und letztendlich des Betrugs überführt wird: Als die Piloten 1984 am Ende eines Rennens zum Tanken halten, befüllt das Team währenddessen den Tank mit Bleikügelchen. Diese Meisterschaft fährt Tyrrell unter dem Minimalgewicht! In der Zeit danach bringt auch der Renault-Turbomotor nicht die erhofften Resultate, und Erfolge werden bis zum Verkauf des Rennstalls 1998 immer seltener.

GOODYEAR
elf
CHAMPION
FIRST NATIONAL CITY TRAVELERS CHECKS

SPLUGEN BIRRA
AUTOBIANCHI A111

LIGIER

VIVE LA FRANCE!

Sicherlich ein unvergessliches Kapitel der französischen Formel 1. Ein Bolide im schönsten Frankreich-Blau. Eine neue Ära für Matra, dessen V12-Motoren Ligier nun wieder einsetzt. Guy Ligier ist ein ehemaliger Pilot, der Frankreich repräsentiert, als das Land in der F1 der 60er noch einer Wüste gleicht. Er vereint die Stärke eines Rugbyspielers mit dem Teamgeist eines Rudersportlers, zwei Sportarten, die er in seiner Jugend auf gutem nationalen Niveau ausübt. Etwas derb, cholerisch, aber sympathisch. Fesselnd. Die ideale Persönlichkeit für die Formel 1 in Frankreich, als er 1976 sein Grand-Prix-Team gründet. Die schönen Sportwagen von Ligier hatten sich, umgebaut zu Protorenntypen, beim 24-Stunden-Rennen von Le Mans schon ausgezeichnet (zweiter Platz in der Gesamtwertung 1975).

Der Konstrukteur Gérard Ducarouge seinerseits wird Boliden entwerfen, die zwar besonders leistungsstark sind, denen es aber teilweise an einer Weiterentwicklung im Laufe der Saison fehlt. Doch sie werden von den besten französischen Piloten gefahren. Der erste ist Jacques Laffite, zu dem Guy Ligier quasi ein Vater-Sohn-Verhältnis hat und der das Auto gerne als »französischen Ferrari« tituliert. Es folgen Patrick Depailler und später Didier Pironi, als das Team auf zwei Autos heranwächst. Nach einem historischen Sieg beim Großen Preis von Schweden 1977 (Laffite) dominieren die eleganten Ligier-Gitanes Anfang der Saison 1979 Ferrari, Williams, Lotus, Renault ... Doch einzig Jacques Laffite, Urheber der sechs von neun Siegen des Teams, kommt dem Heiligen Gral am nächsten, als er beim letzten Großen Preis von 1981 um den Fahrerweltmeistertitel kämpft. Das Team tritt wieder in den Hintergrund. In Nachfolge von Tyrrell wird es indessen mit den Mitteln von Elf wohlwollende Zuflucht für Nachwuchsfahrer beim Grand Prix: François Hesnault, Olivier Grouillard, Franck Lagorce, Erik Comas. Guy Ligier seinerseits zieht sich zurück, veräußert das Team 1992 an Flavio Briatore, der 1996 die besonderen Umstände beim Großen Preis von Monaco zu nutzen weiß, und schließlich beschert Olivier Panis Frankreich den letzten Formel-1-Sieg. 1997 führt Alain Prost Ligier als Prost Grand Prix noch durch eine letzte F1-Saison.

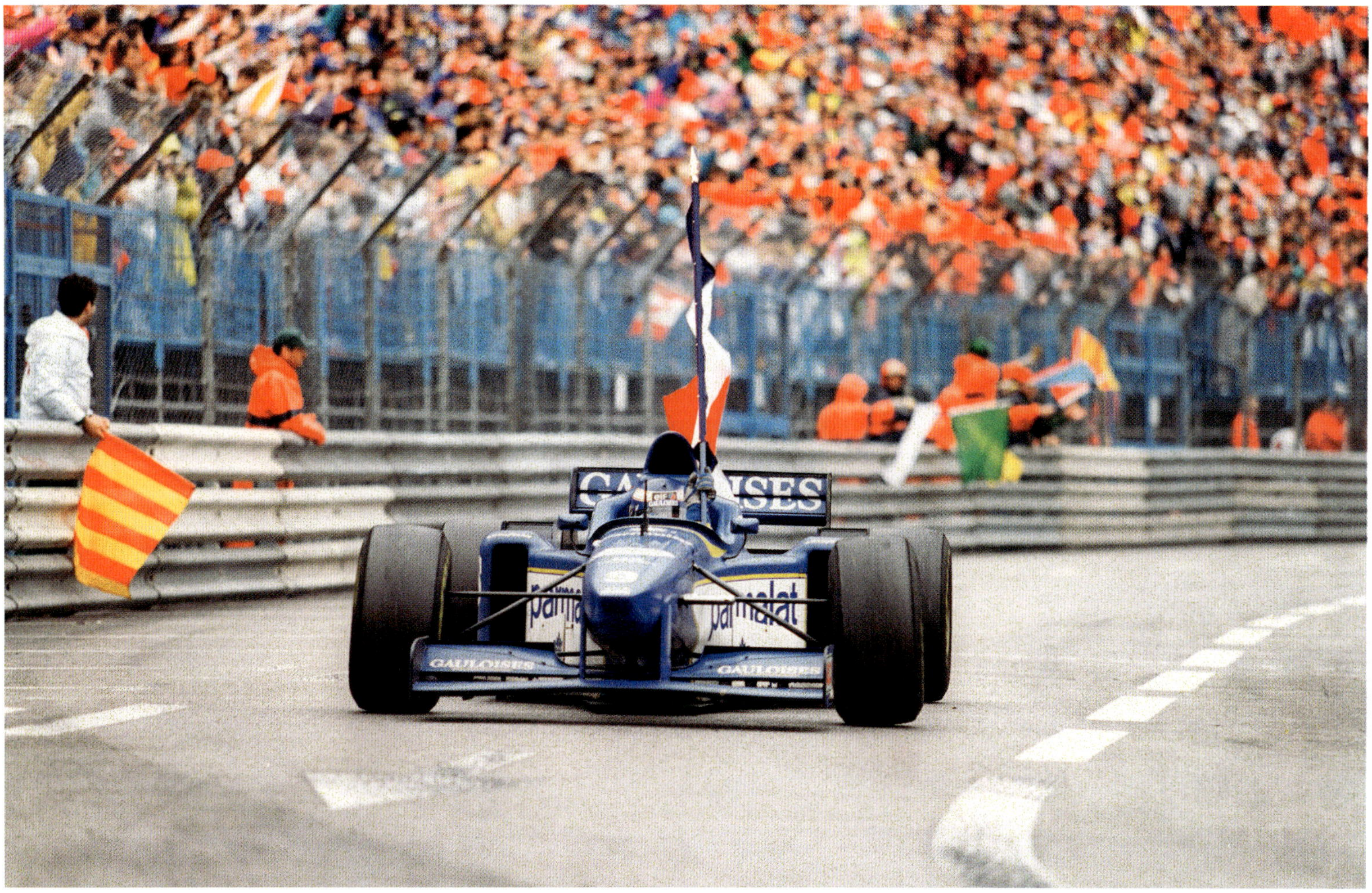
GAULOISES
parmalat
GAULOISES
GAULOISES

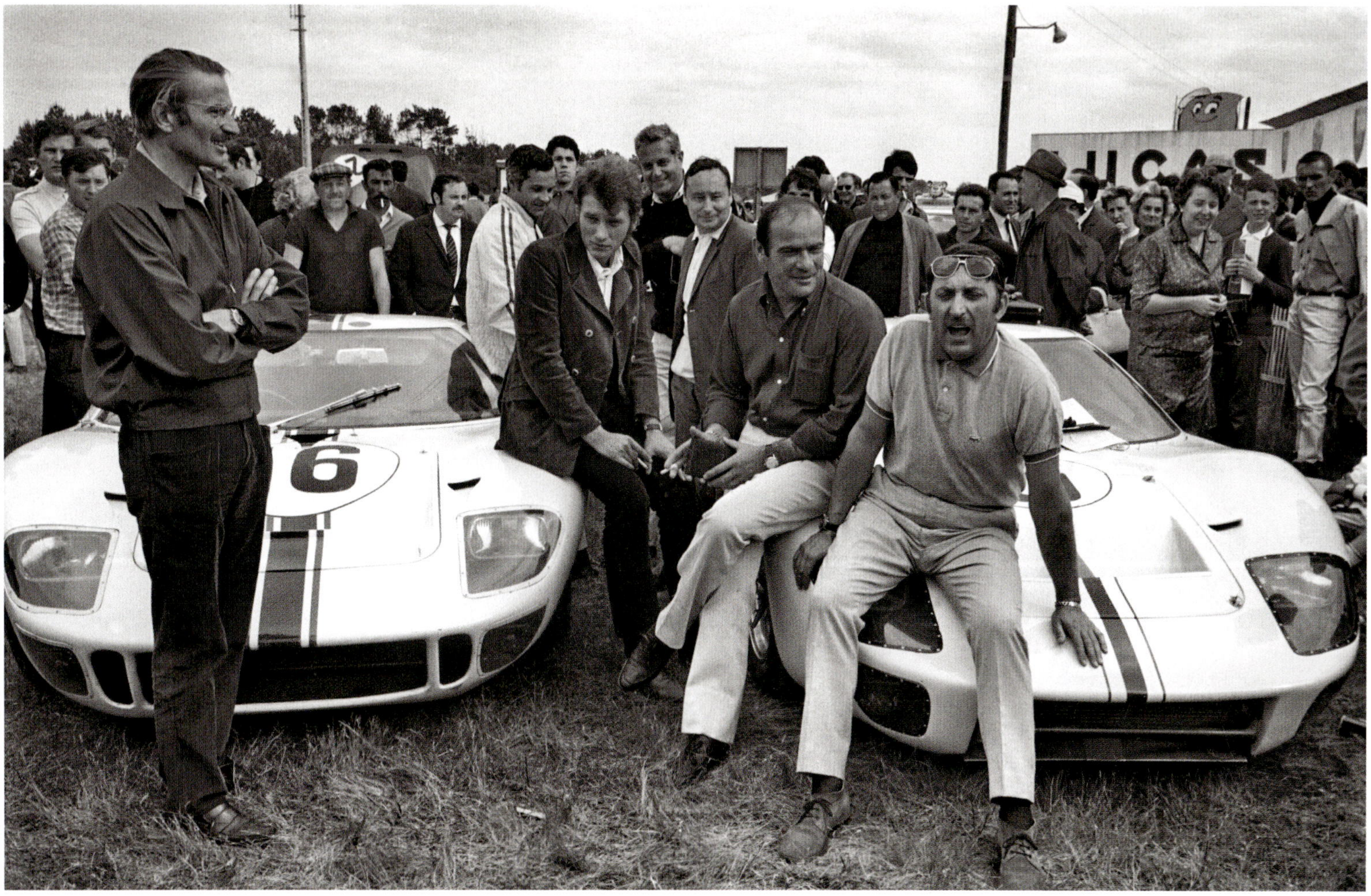

ALFA ROMEO

ERSTER WELTMEISTER

Die Geschichte von Alfa Romeo im Automobilwettkampf reicht zurück bis 1924, lange vor der Gründung der Formel-1-Weltmeisterschaft. Mit der italienischen Marke gewinnen schon Jean-Pierre Wimille, Achille Varzi, Tazio Nuvolari, Rudolf Caracciola, und die Scuderia von Enzo Ferrari gewährleistet ihren Einsatz bis zur Gründung der eigenen Rennsportabteilung, *Alfa Corse*. Die Alfetta Tipo 158 sind unschlagbar, und als nach dem Krieg erneut Rennen ausgetragen werden, holt man sie wieder aus den Garagen. Der 158 und sein Nachfolger Alfetta 159 sind gleich stark: neun aufeinanderfolgende Siege für Giuseppe Farina und Juan Manuel Fangio mit den ersten Weltmeistertiteln 1950 und 1951. Für immer die Wegbereiter.
Jedoch werden die Erfolge von kurzer Dauer sein. Alfa entschließt sich zum Rückzug aus der F1-Weltmeisterschaft, um sich den Sportwagenrennen widmen zu können, wo das Team schon mehrere Erfolge feierte. Im Gegensatz zur Scuderia Ferrari, die bis 1972 beide Disziplinen ausführt, kehrt Alfa Romeo nennenswert aber erst 1976 als Motorenlieferant für Brabham in die F1 zurück, was dann der Auftakt zu einem Einsatz als komplettes Team ab 1979 ist. Das Team ist mit Bruno Giacomelli und Vittorio Brambilla entschlossen italienisch – wie es nicht mal Ferrari bei der Wahl seiner Piloten ist. Leider ist die Pannenstatistik des Boliden katastrophal. Das Drama spitzt sich im Sommer 1980 während einer Trainingsphase am Hockenheimring vor dem Großen Preis von Deutschland zu: Der Franzose Patrick Depailler stirbt in einer Hochgeschwindigkeitskurve, vermutlich aufgrund eines Materialbruchs des Bodeneffektfahrzeugs.
Die fehlende Aufbereitung hindert die Piloten regelmäßig daran, es aufs Podium zu schaffen, wozu das Auto eigentlich fähig wäre: Andrea de Cesaris dreimal 1982 und 1983, Riccardo Patrese 1984. Letztendlich gewinnt nach Fangio beim Großen Preis von Spanien 1951 kein Alfa Romeo mehr in der Formel 1!
Die einzigen Siege verzeichnet Niki Lauda 1978 in einem mit dem italienischen Motor ausgestatteten Brabham. Die Firma zieht sich 1988 ein zweites Mal aus der Formel 1 zurück. 2017 erscheint sie als Sponsor des Sauber-Rennstalls wieder auf der Bildfläche. Dann als Motorenhersteller, eigentlich eine Einheit von Ferrari, bis zum Rückkauf und einem Einsatz unter eigenem Namen im Jahr 2019 (wobei die Anteile noch immer beim Sauber-Team liegen).

STELVIO
ADLER
Alfa Romeo
CARRERA
RICHARD MILLE
SINGHA
SAUBER

RENAULT

VÄTER DES TURBOMOTORS

Als man eine Äquivalenzregel zwischen den Saugmotoren mit drei Litern Hubraum wie dem V8 Ford-Cosworth und den neuen auf 1.500 cm³ begrenzten Turbokompressoren (eine von Lastkraftwagen inspirierte Technologie) herstellt, glaubt die kleine britische Welt der Formel 1, endlich Frieden zu haben. Das würden die Frenchies niemals schaffen! Man muss nur an die weiße Rauchwolke denken, die seit dem Großen Preis von Großbritannien 1977 zu oft aus der Kühlerhaube des ersten Renault F1 hervorstieg, um sich das einzureden. Und darüber lachen zu können. Doch mit der Zeit entwickelt Renault seine Technologie weiter, verfeinert sie mit einem doppelten Lader, was einige Fehler des Turbo reduziert, und gewinnt 1979 sogar beim Großen Preis von Frankreich in Dijon-Prenois (mit Jean-Pierre Jabouille). Einige Jahre später würden die Saugmotoren sogar komplett verboten sein. Turbo verpflichtend! Doch selbst mit einem talentierten Piloten wie Alain Prost wird Renault nicht umgehend Weltmeister. Es sollen 28 Jahre vergehen (und die Regeländerung zugunsten der Sauger!) und einige Auf und Abs eines Formel-1-Teams, das an die sportliche und finanzielle Politik eines großen Konstrukteurs gebunden ist, bis Renault als komplettes Team Weltmeister wird. Neben den Konstrukteurstiteln verdankt die französische Marke ihre zwei Fahrerweltmeistertitel 2005 und 2006 einem anderen großen Piloten: Fernando Alonso kann Michael Schumacher und Ferrari mit Renault auf höchstem Niveau schlagen. Am Ende sind weniger als die Hälfte der 35 Siege des französischen Teams die Frucht des Turbomotors. Und die sechs Titel als Motorenhersteller für die Teams Williams, Benetton und Red Bull werden alle mit einem Saugmotor geholt.

Auf jeden Fall verschwindet Renault nie ganz. Auch als es kein komplettes Team mehr gibt, lässt die Marke die Flamme als Motorenentwickler und unter verschiedenen Namen (Mecachrome, Playlife, Supertec …) weiter lodern und hält eine kompetente Technikzelle aufrecht. In dieser Hinsicht kann sich nur Ferrari mit derartiger Treue zur F1 brüsten. Seit 2016 tritt Renault wieder als vollständiges F1-Team an.

elf
RENAULT elf
15

6 TIMES
WORLD CHAMPION
1992-1997
RENAULT
RENAULT F1
RENAULT F1

elf
SANDOZ
HANJIN
TEAM SPIRIT
RENAULT

15
Renault
Renault elf
MICHELIN

RED BULL
VOLLER ENERGIE

Die Energydrink-Firma tritt quasi von heute auf morgen in die Formel 1 ein. Das Red-Bull-Racing-Team entsteht am Ende der Saison 2004 aus einem Loskauf des Teams Jaguar-Ford mit seiner kompletten Infrastruktur durch Dietrich Mateschitz, österreichischer milliardenschwerer Besitzer der Marke Red Bull. Ergebnisse lassen erst auf sich warten: pro Jahr nur ein Podiumsplatz für David Coulthard oder Mark Webber, bevor Sebastian Vettel beim Großen Preis von China 2009 den ersten Sieg holt. Darauf werden in den nächsten zehn Jahren 59 Siege folgen, bis zum Großen Preis von China 2019 und dem 1.000. Rennen der F1-Weltmeisterschaft, deren fester Bestandteil Red Bull nun ist. Die Marke überbietet schon Brabham, Renault, Benetton und Tyrrell an Grand-Prix-Siegen (6).

Eigentlich verdankt Red Bull seinen Erfolg vier Personen: dem jungen energischen Direktor Christian Horner, Ex-Chef eines F3000-Teams (Arden), dem genialen Ingenieur für Aerodynamik Adrian Newey (Ex-Williams, Ex-McLaren), dem unerbittlichen Berater für Nachwuchsfragen Helmut Marko, selbst ehemaliger Pilot (Sieger des 24-Stunden-Rennens von Le Mans 1971 im Porsche 917) und einem außergewöhnlichen, im Satellitenteam der Toro Rosso ausgebildeten Champion, Sebastian Vettel. In seiner ersten kompletten Saison bei Red Bull gewinnt der deutsche Pilot vier der 38 Grand-Prix-Siege, die er für das österreichische Team einfährt, und im Red Bull-Renault erreicht er seine vier aufeinanderfolgenden Weltmeistertitel (2010 bis 2013). Nach Juan Manuel Fangio und Michael Schumacher ist er der einzige mit einer derartigen Erfolgsserie. Doch seit dem Weggang des Starpiloten zu Ferrari (Ende 2013) werden die Siege seltener (sieben für Ricciardo in fünf Jahren), bis schließlich das neue von Helmut Marko geförderte Juwel eintrifft, auf das Red Bull gewartet hatte: Der Niederländer Max Verstappen hat als jüngster Grand-Prix-Sieger bereits Sebastian Vettel geschlagen (18 Jahre, 7 Monate und 15 Tage).

1
Red Bull
Red Bull

Daniel
Ricciardo
3
Verstappen
33
CITRIX
ASTON MARTIN
TAG Heuer
IBM
SIEMENS
RAUCH
Red Bull
Mobil 1

Die schönsten Formel-1-Autos seit 1950

Sie sind nicht unbedingt die siegreichsten Autos der Geschichte, wenngleich Schönheit häufig auch mit Geschwindigkeit einhergeht. Doch zweifelsfrei gehören diese eleganten Boliden zu den edelsten F1-Autos.

Ferrari 312T
1975
Niki Lauda, Clay Regazzoni
9 Siege, 1 Weltmeistertitel
Konstrukteur: Mauro Forghieri

Einer der ausgefeiltesten Ferraris. Technisch aufgrund seines transversalen Getriebes, ästhetisch aufgrund seiner hohen mit der italienischen Flagge gezierten Lufthutze.

Ferrari 641
1990
Alain Prost, Nigel Mansell
6 Siege
Konstrukteur: John Barnard

An seinem Steuer kämpft Prost bis zum letzten GP um den Weltmeistertitel. Seine klare aerodynamische Linie verdankt der 641 dem Franzosen Henri Durand. Dieses Design verschafft dem 641 seinen Platz im Museum of Modern Art in New York.

Alfa Romeo 158/159

1950/1951

Giuseppe Farina, Juan Manuel Fangio, Luigi Fagioli

10 Siege, 2 Weltmeistertitel

Konstrukteur: Gioacchino Colombo

Diese beiden Modelle, auch *Alfetta* genannt, ähneln sich sehr. Der Tipo 158 wird zum ersten Mal vor dem Zweiten Weltkrieg eingesetzt und dann wieder für die erste Saison der F1-Weltmeisterschaft, die er dominiert.

Maserati 250F

1954 bis 1960

Juan Manuel Fangio, Alberto Ascari, Luigi Villoresi, Stirling Moss, Jean Behra

8 Siege, 1 Weltmeistertitel

Konstrukteur: Gioacchino Colombo

Die Liste der Piloten am Steuer dieses großartigen Maserati ist lang. Seine Karriere bei privaten Rennställen dauert von 1954 bis 1960. Hochphase ist die des Werksteams Mitte der 50er-Jahre, namentlich mit Fangios letztem Titel (1957).

Mercedes-Benz W196

1954/1955

Juan Manuel Fangio, Stirling Moss, Karl Kling, Hans Herrmann

9 Siege, 2 Weltmeistertitel

Konstrukteur: Hans Scherrenberg

Einer der für die erste F1-Periode von Mercedes charakteristischen Silberpfeile, welche die Konkurrenz zwei Jahre lang ausschalten. Das Auto gibt es seinerzeit in zwei Karosserien. Für die schnellsten Strecken in vollverkleideter Stromlinienvariante.

Lotus 49

1967 bis 1970

Jim Clark, Graham Hill, Emerson Fittipaldi, Jochen Rindt, Jo Siffert

12 Siege, 1 Weltmeistertitel

Konstrukteure: Colin Chapman, Maurice Philippe

Der Lotus 49 ist revolutionär: 1967 ist er das erste F1-Auto mit Heckmotor (der neue V8 Ford-Cosworth-DFV), der direkt hinter dem Cockpit an das Monocoque geschraubt ist und nicht mehr in einer Motoraufhängung liegt. 1968 adaptiert das Modell 49B das Prinzip von festen Flügeln an der Nase und einem Heck in Form einer aerodynamischen Abrisskante.

Lotus 72
1970 bis 1975

Graham Hill, Jochen Rindt, Emerson Fittipaldi, Ronnie Peterson
20 Siege, 2 Weltmeistertitel
Konstrukteure: Colin Chapman, Maurice Philippe

Der Lotus mit der längsten F1-Karriere und sieben Neuauflagen. Vom ersten Typ 72 von Jochen Rindt (1970) bis zum Weltmeisterauto von Emerson Fittipaldi (1972) war es aber ein steiniger Weg.

Shadow DN5
1975 bis 1977

Jean-Pierre Jarier, Tom Pryce
2 Podiumsplätze
Konstrukteur: Tony Southgate

Trotz zweier Polepositions von Jean-Pierre Jarier in Argentinien und Brasilien 1975 (sowie einer von Pryce in Großbritannien) ist dieser Bolide nicht der erfolgreichste der 70er-Jahre. Aber besonders aufgrund seiner schwarzen UOP-Lackierung sicherlich einer der auffälligsten und elegantesten.

Tyrrell 005/006
1972 bis 1974

Jackie Stewart, François Cevert, Jody Scheckter, Patrick Depailler
7 Siege, 1 Weltmeistertitel
Konstrukteur: Derek Gardner

Mit ihrer keilförmigen Front, dem verkleidetem Cockpit und der ebenso imposanten wie eleganten Lufthutze ist die Serie 005/006 die schönste von Tyrrell. Und zugleich das leistungsstärkste Auto mit vielen Doppelsiegen für Stewart und Cevert, der am 6. Oktober 1973 am Steuer des Chassis Nr. 6 verunglückt.

March 881 Leyton House
1988 bis 1989

Ivan Capelli, Maurício Gugelmin
3 Podiumsplätze
Konstrukteur: Adrian Newey

Dieses F1-Auto gehört zu den schönsten, wenn auch die türkise Lackierung einen Großteil dazu beiträgt. Der March 881 ist der allererste Entwurf von Adrian Newey, bevor er erst zu Williams wechselt, dann zu McLaren und später zu Red Bull. Der Bolide ist leider zu unzuverlässig, um seiner Schnelligkeit gerecht zu werden.

Brabham BT44
1974 bis 1976

Carlos Pace, Carlos Reutemann
5 Siege
Konstrukteur: Gordon Murray

Mit seinem tiefen Cockpit und den schrägen Seitenkästen sticht der Brabham BT44 aus dem Fahrerfeld hervor. Besonders die B-Version in Martini-Farben ist ästhetisch sehr gut gelungen. Gordon Murray, der bei Brabham sein Debüt gibt, modernisiert das Konzept der von Ron Tauranac für den BT34 entworfenen Kühlerluftschächte an der Nase.

Renault RE 40
1983

Alain Prost, Eddie Cheever
3 Siege
Konstrukteure: Bernard Dudot, Michel Tétu

Sechs Jahre nach Erscheinen des Turbomotors in der F1 beherrscht Renault seine Technologie. Jabouille holt 1979 den ersten Sieg, und Prost ist 1983 dem Weltmeistertitel ganz nahe. Der RE40 ist ein erfolgreiches F1-Auto, kompakt, stark, es wird aber der letzte von einem französischen Champion gefahrene Renault sein.

McLaren MP4/5 B
1990

Ayrton Senna, Gerhard Berger
6 Siege, 1 Weltmeistertitel
Konstrukteur: Neil Oatley

Eine Weiterentwicklung des MP4/5-V10-Honda der Saison 1989. Die B-Version hat noch klarere Linien. Mit ihm schlägt Ayrton Senna den Ferrari 641 von Alain Prost in der Fahrerweltmeisterschaft. Eine Konkurrenz, die verdeutlicht, dass dieses Modell nicht an die Erfolge des MP4/4 und MP4/5 mit dem Duo Prost/Senna heranzureichen vermag.

Ligier JS11, JS11/15
1979 und 1980

Jacques Laffite, Patrick Depailler, Jacky Ickx, Didier Pironi
5 Siege
Konstrukteur: Gérard Ducarouge

Das Team Ligier schafft 1979 tadellos die Wende zum Bodeneffektauto. Dank Jacques Laffite und Patrick Depailler (drei Siege) stehen die blauen Boliden zu Beginn an der Spitze der Meisterschaft. Die JS11 verlieren nie an Schönheit, jedoch an Leistungsstärke, und die Hoffnungen schwinden.

Die extravagantesten Modelle

Nach Höchstleistung strebend, kommen die Konstrukteure seit 1950 auf teilweise verrückte Ideen. Einige Innovationen wie der sechsrädrige Tyrrell bleiben unvergessen, andere sind schnell verpufft.

Tyrrell P34 »Six-Wheeler«
1976/1977

Der Ingenieur Derek Gardner verkleinert die Frontpartie, um den Luftwiderstand auf Geraden zu reduzieren, und versucht als Ausgleich mit vier kleineren Vorderreifen die Bodenhaftung der Reifen zu erhöhen. Dieses Prinzip funktioniert zwar, bringt aber nicht den gewünschten entscheidenden Vorteil. Jody Scheckter und Patrick Depailler feiern immerhin beim Großen Preis von Schweden 1976 einen Doppelsieg, und Tyrrell landet hinter Ferrari und McLaren auf dem Podium (Scheckter wird Dritter und Depailler Vierter) Jedoch wird die Saison 1977 weniger glanzvoll, teilweise weil Goodyear nicht speziell in die Entwicklung von Vorderreifen investiert. Das Projekt wird 1978 eingestellt. Später schaffen es andere sechsrädrige F1-Wagen, jedoch mit vier Hinterreifen, nicht über das Teststadium bei Williams, March und Ferrari hinaus.

Brabham BT46B »Staubsauger«
1978

Entworfen von Gordon Murray unter der Leitung von Bernie Ecclestone, fährt dieser F1-Wagen nur ein Rennen, bevor er verboten wird. Doch durch Niki Laudas Sieg beim Großen Preis von Schweden 1978 wird er unvergesslich. Denn der Brabham BT46B als Konkurrenz zum Lotus 79 funktioniert verdammt gut, indem er mit einem großen Propeller zwischen den Hinterrädern künstlich einen starken Bodeneffekt kreiert!

Lotus 63 Allradantrieb
1969

Dieser Lotus bestreitet 1969 sieben Grands Prix und erreicht mit John Miles und Mario Andretti lediglich einen zehnten Platz in Deutschland. Sein Allradantrieb (später flächendeckendes Prinzip bei Rallyes) erweist sich als zu kompliziert in der Abstimmung und unmaßgeblich auf trockener Piste. Der Matra MS84 von Johnny Servoz-Gavin ist das einzige allradangetriebene F1-Auto, das punktet (Sechster beim GP von Kanada 1969). Der McLaren M9A nimmt an keinem Großen Preis teil, der Cosworth 4WD fährt kein einziges Rennen. In der F1 ist der Vierradantrieb gegenwärtig verboten.

Eifelland
1972

Eigentlich ein von dem deutschen Rennstall umgebauter March 721, der sich durch einen mächtigen zentralen Rückspiegel kennzeichnet.

Tyrrell 025
1997

Der Frontflügel unterhalb der erhöhten Nase wird nur durch einen einzigen Träger gehalten. Die X-Wings auf den Seitenkästen werden 1998 verboten.

Arrows A22
2001

Wie der Tyrrell 025 von Jos Verstappen pilotiert, dem Vater von Max. Die Frontflügel behindern die Sicht, sodass er schnell verboten wird.

Ensign N179
1979

Wegen seines Dreifachkühlers auf der Nase auch »Käsehobel« genannt. Mit Abstand der hässlichste Bolide.

Ligier JS5
1976

Die Lufthutze des ersten F1-Ligier ist eindrucksvoll. Wie eine Schlumpfmütze. Er wird nur bei drei Großen Preisen eingesetzt, da das Reglement seit dem Grand Prix von Spanien hohe Lufthutzen verbietet.

Lotus 56 B »Gasturbine«
1971

Noch eine Idee von Colin Chapman! Eine Gasturbine ersetzt den Verbrennungsmotor. Das System kann beim Indianapolis 500 gewinnen, ist für die F1 jedoch zu schwer. An beiden Seiten des Cockpits 280 Liter Kerosin in den Tanks!

March 711
1971

Mit seinem ovalen Frontflügel in Form eines »Tortenhebers« ist er unverwechselbar. Das Modell ist auch nicht ineffektiv: Ronnie Peterson wird in der Fahrerweltmeisterschaft Zweiter.

Die Podiumsplätze der 1.000 Grands Prix der F1

(Statistik bis einschließlich GP von China 2019)

1950 / 7 GP

GP von Großbritannien, 13. Mai, Silverstone
1 – Giuseppe Farina (ITA), Alfa Romeo
2 – Luigi Fagioli (ITA), Alfa Romeo
3 – Reginald Parnell (GBR), Alfa Romeo

GP von Monaco, 21. Mai, Monaco
1 – Juan Manuel Fangio (ARG), Alfa Romeo
2 – Alberto Ascari (ITA), Ferrari
3 – Louis Chiron (MCO), Maserati

GP der USA, 30. Mai, Indianapolis
1 – John Parsons (USA), Kurtis Kraft
2 – William Holland (USA), Deidt
3 – Maurice Rose (USA), Deidt

GP der Schweiz, 4. Juni, Bremgarten
1 – Giuseppe Farina (ITA), Alfa Romeo
2 – Luigi Fagioli (ITA), Alfa Romeo
3 – Louis Rosier (FRA), Talbot Lago

GP von Belgien, 18. Juni, Spa-Francorchamps
1 – Juan Manuel Fangio (ARG), Alfa Romeo
2 – Luigi Fagioli (ITA), Alfa Romeo
3 – Louis Rosier (FRA), Talbot Lago

GP von Frankreich, 2. Juli, Reims
1 – Juan Manuel Fangio (ARG), Alfa Romeo
2 – Luigi Fagioli (ITA), Alfa Romeo
3 – Peter Whitehead (GBR), Ferrari

GP von Italien, 3. September, Monza
1 – Giuseppe Farina (ITA), Alfa Romeo
2 – Alberto Ascari (ITA) & Dorino Serafini (ITA), Ferrari
3 – Luigi Fagioli (ITA), Alfa Romeo

1951 / 8 GP

GP der Schweiz, 27. Mai, Bremgarten
1 – Juan Manuel Fangio (ARG), Alfa Romeo
2 – Piero Taruffi (ITA), Ferrari
3 – Giuseppe Farina (ITA), Alfa Romeo

GP der USA, 30. Mai, Indianapolis
1 – Lelard Wallard (USA), Kurtis Kraft
2 – Mike Nazaruk (USA), Kurtis Kraft
3 – John McGrath (USA) & Manuel Ayulo (USA), Kurtis Kraft

GP von Belgien, 17. Juni, Spa-Francorchamps
1 – Giuseppe Farina (ITA), Alfa Romeo
2 – Alberto Ascari (ITA), Ferrari
3 – Luigi Villoresi (ITA), Ferrari

GP von Frankreich, 1. Juli, Reims
1 – Juan Manuel Fangio (ARG) & Luigi Fagioli (ITA), Alfa Romeo
2 – Alberto Ascari (ITA) & José Froilán González (ARG), Ferrari
3 – Luigi Villoresi (ITA), Ferrari

GP von Großbritannien, 14. Juli, Silverstone
1 – José Froilán González (ARG), Ferrari
2 – Juan Manuel Fangio (ARG), Alfa Romeo
3 – Luigi Villoresi (ITA), Ferrari

GP von Deutschland, 29. Juli, Nürburgring
1 – Alberto Ascari (ITA), Ferrari
2 – Juan Manuel Fangio (ARG), Alfa Romeo
3 – José Froilán González (ARG), Ferrari

GP von Italien, 3. September, Monza
1 – Alberto Ascari (ITA), Ferrari
2 – José Froilán González (ARG), Ferrari
3 – Felice Bonetto (ITA) & Giuseppe Farina (ITA), Alfa Romeo

GP von Spanien, 28. Oktober, Pedralbes
1 – Juan Manuel Fangio (ARG), Alfa Romeo
2 – José Froilán González (ARG), Ferrari
3 – Giuseppe Farina (ITA), Alfa Romeo

1952 / 8 GP

GP der Schweiz, 18. Mai, Bremgarten
1 – Piero Taruffi (ITA), Ferrari
2 – Rudolf Fischer (CHE), Ferrari
3 – Jean Behra (FRA), Gordini

GP der USA, 30. Mai, Indianapolis
1 – Troy Ruttman (USA), Kuzma
2 – Jim Rathmann (USA), Kurtis Kraft
3 – Sam Hanks (USA), Kurtis Kraft

GP von Belgien, 22. Juni, Spa-Francorchamps
1 – Alberto Ascari (ITA), Ferrari
2 – Giuseppe Farina (ITA), Ferrari
3 – Robert Manzon (FRA), Gordini

GP von Frankreich, 6. Juli, Rouen-les-Essarts
1 – Alberto Ascari (ITA), Ferrari
2 – Giuseppe Farina (ITA), Ferrari
3 – Piero Taruffi (ITA), Ferrari

GP von Großbritannien, 19. Juli, Silverstone
1 – Alberto Ascari (ITA), Ferrari
2 – Piero Taruffi (ITA), Ferrari
3 – Mike Hawthorn (GBR), Cooper

GP von Deutschland, 3. August, Nürburgring
1 – Alberto Ascari (ITA), Ferrari
2 – Giuseppe Farina (ITA), Ferrari
3 – Rudolf Fischer (CHE), Ferrari

GP der Niederlande, 17. August, Zandvoort
1 – Alberto Ascari (ITA), Ferrari
2 – Giuseppe Farina (ITA), Ferrari
3 – Luigi Villoresi (ITA), Ferrari

GP von Italien, 7. September, Monza
1 – Alberto Ascari (ITA), Ferrari
2 – José Froilán González (ARG), Maserati
3 – Luigi Villoresi (ITA), Ferrari

1953 / 9 GP

GP von Argentinien, 18. Januar, Buenos Aires
1 – Alberto Ascari (ITA), Ferrari
2 – Luigi Villoresi (ITA), Ferrari
3 – José Froilán González (ARG), Maserati

GP der USA, 30. Mai, Indianapolis
1 – Bill Vukovich (USA), Kurtis Kraft
2 – Art Cross (USA), Kurtis Kraft
3 – Sam Hanks (USA) & Duane Carter (USA), Kurtis Kraft

GP der Niederlande, 7. Juni, Zandvoort
1 – Alberto Ascari (ITA), Ferrari
2 – Giuseppe Farina (ITA), Ferrari
3 – José Froilán González (ARG) & Felice Bonetto (ITA), Maserati

GP von Belgien, 21. Juni, Spa-Francorchamps
1 – Alberto Ascari (ITA), Ferrari
2 – Luigi Villoresi (ITA), Ferrari
3 – Onofre Marimón (ARG), Maserati

GP von Frankreich, 5. Juli, Reims
1 – Mike Hawthorn (GBR), Ferrari
2 – Juan Manuel Fangio (ARG), Maserati
3 – José Froilán González (ARG), Maserati

GP von Großbritannien, 18. Juli, Silverstone
1 – Alberto Ascari (ITA), Ferrari
2 – Juan Manuel Fangio (ARG), Maserati
3 – Giuseppe Farina (ITA), Ferrari

GP von Deutschland, 2. August, Nürburgring
1 – Giuseppe Farina (ITA), Ferrari
2 – Juan Manuel Fangio (ARG), Maserati
3 – Mike Hawthorn (GBR), Ferrari

GP der Schweiz, 23. August, Bremgarten
1 – Alberto Ascari (ITA), Ferrari
2 – Giuseppe Farina (ITA), Ferrari
3 – Mike Hawthorn (GBR), Ferrari

GP von Italien, 13. September, Monza
1 – Juan Manuel Fangio (ARG), Maserati
2 – Giuseppe Farina (ITA), Ferrari
3 – Luigi Villoresi (ITA), Ferrari

1954 / 9 GP

GP von Argentinien, 17. Januar, Buenos Aires
1 – Juan Manuel Fangio (ARG), Maserati
2 – Giuseppe Farina (ITA), Ferrari
3 – José Froilán González (ARG), Ferrari

GP der USA, 30. Mai, Indianapolis
1 – Bill Vukovich (USA), Kurtis Kraft
2 – Jimmy Bryan (USA), Kuzma
3 – Jack McGrath (USA), Kurtis Kraft

GP von Belgien, 20. Juni, Spa-Francorchamps
1 – Juan Manuel Fangio (ARG), Maserati
2 – Maurice Trintignant (FRA), Ferrari
3 – Stirling Moss (GBR), Maserati

GP von Frankreich, 4. Juli, Reims
1 – Juan Manuel Fangio (ARG), Mercedes
2 – Karl Kling (DEU), Mercedes
3 – Robert Manzon (FRA), Ferrari

GP von Großbritannien, 17. Juli, Silverstone
1 – José Froilán González (ARG), Ferrari
2 – Mike Hawthorn (GBR), Ferrari
3 – Onofre Marimón (ARG), Maserati

GP von Deutschland, 1. August, Nürburgring
1 – Juan Manuel Fangio (ARG), Mercedes
2 – José Froilán González (ARG) & Mike Hawthorn (GBR), Ferrari
3 – Maurice Trintignant (FRA), Ferrari

GP der Schweiz, 22. August, Bremgarten
1 – Juan Manuel Fangio (ARG), Mercedes
2 – José Froilán González (ARG), Ferrari
3 – Hans Herrmann (DEU), Mercedes

GP von Italien, 5. September, Monza
1 – Juan Manuel Fangio (ARG), Mercedes
2 – Mike Hawthorn (GBR), Ferrari
3 – José Froilán González (ARG) & Umberto Maglioli (ITA), Ferrari

GP von Spanien, 24. Oktober, Pedralbes
1 – Mike Hawthorn (GBR), Ferrari
2 – Luigi Musso (ITA), Maserati
3 – Juan Manuel Fangio (ARG), Mercedes

1955 / 7 GP

GP von Argentinien, 16. Januar, Buenos Aires
1 – Juan Manuel Fangio (ARG), Mercedes
2 – José Froilán González (ARG) & Giuseppe Farina (ITA), & Maurice Trintignant (FRA), Ferrari*
3 – Giuseppe Farina (ITA) & Umberto Maglioli (ITA), & Maurice Trintignant (FRA), Ferrari*
* Das Reglement erlaubt einen Fahrerwechsel während des Rennens, erreichte Punkte werden dann geteilt.

GP von Monaco, 22. Mai, Monaco
1 – Maurice Trintignant (FRA), Ferrari
2 – Eugenio Castellotti (ITA), Lancia
3 – Jean Behra (FRA) & Cesare Perdisa (ITA), Maserati

GP der USA, 30. Mai, Indianapolis
1 – Bob Sweikert (USA), Kurtis Kraft
2 – Tony Bettenhausen (USA) & Paul Russo (USA), Kurtis Kraft
3 – Jimmy Davies (USA), Kurtis Kraft

GP von Belgien, 5. Juni, Spa-Francorchamps
1 – Juan Manuel Fangio (ARG), Mercedes
2 – Stirling Moss (GBR), Mercedes
3 – Giuseppe Farina (ITA), Ferrari

GP der Niederlande, 19. Juni, Zandvoort
1 – Juan Manuel Fangio (ARG), Mercedes
2 – Stirling Moss (GBR), Mercedes
3 – Luigi Musso (ITA), Maserati

GP von Großbritannien, 16. Juli, Aintree
1 – Stirling Moss (GBR), Mercedes
2 – Juan Manuel Fangio (ARG) Mercedes
3 – Karl Kling (DEU), Mercedes

GP von Italien, 11. September, Monza
1 – Juan Manuel Fangio (ARG), Mercedes
2 – Piero Taruffi (ITA), Ferrari
3 – Eugenio Castellotti (ITA), Ferrari

1956 / 8 GP

GP von Argentinien, 22. Januar, Buenos Aires
1 – Juan Manuel Fangio (ARG) & Luigi Musso (ITA), Ferrari
2 – Jean Behra (FRA), Maserati
3 – Mike Hawthorn (GBR), Maserati

GP von Monaco, 13. Mai, Monaco
1 – Stirling Moss (GBR), Maserati
2 – Juan Manuel Fangio (ARG) & Peter Collins (GBR), Ferrari
3 – Jean Behra (FRA), Maserati

GP der USA, 30. Mai, Indianapolis
1 – Pat Flaherty (USA), Watson
2 – Sam Hanks (USA), Kurtis Kraft
3 – Don Freeland (USA), Philips

GP von Belgien, 3. Juni, Spa-Francorchamps
1 – Peter Collins (GBR), Ferrari
2 – Paul Frère (BEL), Ferrari
3 – Stirling Moss (GBR) & Cesare Perdisa (ITA), Maserati

GP von Frankreich, 1. Juli, Reims
1 – Peter Collins (GBR), Ferrari
2 – Eugenio Castellotti (ITA), Ferrari
3 – Jean Behra (FRA), Maserati

GP von Großbritannien, 14. Juli, Silverstone
1 – Juan Manuel Fangio (ARG), Ferrari
2 – Alfonso de Portago (ESP) & Peter Collins (GBR), Ferrari
3 – Jean Behra (FRA), Maserati

GP von Deutschland, 5. August, Nürburgring
1 – Juan Manuel Fangio (ARG), Ferrari
2 – Stirling Moss (GBR), Maserati
3 – Jean Behra (FRA), Maserati

GP von Italien, 2. September, Monza
1 – Stirling Moss (GBR), Maserati
2 – Juan Manuel Fangio (ARG) & Peter Collins (GBR), Ferrari
3 – Ronald Flockhart (GBR), Connaught

1957 / 8 GP

GP von Argentinien, 13. Januar, Buenos Aires
1 – Juan Manuel Fangio (ARG), Maserati
2 – Jean Behra (FRA), Maserati
3 – Carlos Menditéguy (ARG), Maserati

GP von Monaco, 19. Mai, Monaco
1 – Juan Manuel Fangio (ARG), Maserati
2 – Tony Brooks (GBR), Vanwall
3 – Masten Gregory (USA), Maserati

GP der USA, 30. Mai, Indianapolis
1 – Sam Hanks (USA), Epperly
2 – Jim Rathmann (USA), Epperly
3 – Jimmy Bryan (USA), Kuzma

GP von Frankreich, 7. Juli, Rouen-les-Essarts
1 – Juan Manuel Fangio (ARG), Maserati
2 – Luigi Musso (ITA), Ferrari
3 – Peter Collins (GBR), Ferrari

GP von Großbritannien, 20. Juli, Aintree
1 – Tony Brooks (GBR) & Stirling Moss (GBR), Vanwall
2 – Luigi Musso (ITA), Ferrari
3 – Mike Hawthorn (GBR), Ferrari

GP von Deutschland, 4. August, Nürburgring
1 – Juan Manuel Fangio (ARG), Maserati
2 – Mike Hawthorn (GBR), Ferrari
3 – Peter Collins (GBR), Ferrari

GP von Pescara, 18. August, Pescara
1 – Stirling Moss (GBR), Vanwall
2 – Juan Manuel Fangio (ARG), Maserati
3 – Harry Schell (USA), Maserati

GP von Italien, 8. September, Monza
1 – Stirling Moss (GBR), Vanwall
2 – Juan Manuel Fangio (ARG), Maserati
3 – Wolfgang von Trips (DEU), Ferrari

1958 / 11 GP

GP von Argentinien, 19. Januar, Buenos Aires
1 – Stirling Moss (GBR), Cooper
2 – Luigi Musso (ITA), Ferrari
3 – Mike Hawthorn (GBR), Ferrari

GP von Monaco, 18. Mai, Monaco
1 – Maurice Trintignant (FRA), Cooper
2 – Luigi Musso (ITA), Ferrari
3 – Peter Collins (GBR), Ferrari

GP der Niederlande, 26. Mai, Zandvoort
1 – Stirling Moss (GBR), Vanwall
2 – Harry Schell (USA), BRM
3 – Jean Behra (FRA), BRM

GP der USA, 30. Mai, Indianapolis
1 – Jimmy Bryan (USA), Epperly
2 – George Amick (USA), Epperly
3 – Johnny Boyd (USA), Kurtis Kraft

GP von Belgien, 15. Juni, Spa-Francorchamps
1 – Tony Brooks (GBR), Vanwall
2 – Mike Hawthorn (GBR), Ferrari
3 – Stuart Lewis-Evans (GBR), Vanwall

GP von Frankreich, 6. Juli, Reims
1 – Mike Hawthorn (GBR), Ferrari
2 – Stirling Moss (GBR), Vanwall
3 – Wolfgang von Trips (DEU), Ferrari

GP von Großbritannien, 19. Juli, Silverstone
1 – Peter Collins (GBR), Ferrari
2 – Mike Hawthorn (GBR), Ferrari
3 – Roy Salvadori (GBR), Cooper

GP von Deutschland, 3. August, Nürburgring
1 – Tony Brooks (GBR), Vanwall
2 – Roy Salvadori (GBR), Cooper
3 – Maurice Trintignant (FRA), Cooper

GP von Portugal, 24. August, Porto
1 – Stirling Moss (GBR), Vanwall
2 – Mike Hawthorn (GBR), Ferrari
3 – Stuart Lewis-Evans (GBR), Vanwall

GP von Italien, 7. September, Monza
1 – Tony Brooks (GBR), Vanwall
2 – Mike Hawthorn (GBR), Ferrari
3 – Phil Hill (USA), Ferrari

GP von Marokko, 19. Oktober, Ain-Diab
1 – Stirling Moss (GBR), Vanwall
2 – Mike Hawthorn (GBR), Ferrari
3 – Phil Hill (USA), Ferrari

1959 / 9 GP

GP von Monaco, 10. Mai, Monaco
1 – Jack Brabham (AUS), Cooper
2 – Tony Brooks (GBR), Ferrari
3 – Maurice Trintignant (FRA), Cooper

GP der USA, 30. Mai, Indianapolis
1 – Roger Ward (USA), Watson
2 – Jim Rathmann (USA), Watson
3 – Johnny Thomson (USA), Lesovsky

GP der Niederlande, 31. Mai, Zandvoort
1 – Jo Bonnier (SWE), BRM
2 – Jack Brabham (AUS), Cooper
3 – Masten Gregory (USA), Cooper

GP von Frankreich, 5. Juli, Reims
1 – Tony Brooks (GBR), Ferrari
2 – Phil Hill (USA), Ferrari
3 – Jack Brabham (AUS), Cooper

GP von Großbritannien, 18. Juli, Aintree
1 – Jack Brabham (AUS), Cooper
2 – Stirling Moss (GBR), BRM
3 – Bruce McLaren (NZL), Cooper

GP von Deutschland, 2. August, Avus
1 – Tony Brooks (GBR), Ferrari
2 – Dan Gurney (USA), Ferrari
3 – Phil Hill (USA), Ferrari

GP von Portugal, 23. August, Monsanto Park
1 – Stirling Moss (GBR), Cooper
2 – Masten Gregory (USA), Cooper
3 – Dan Gurney (USA), Ferrari

GP von Italien, 13. September, Monza
1 – Stirling Moss (GBR), Cooper
2 – Phil Hill (USA), Ferrari
3 – Jack Brabham (AUS), Cooper

GP der USA, 12. Dezember, Sebring
1 – Bruce McLaren (NZL), Cooper
2 – Maurice Trintignant (FRA), Cooper
3 – Tony Brooks (GBR), Ferrari

1960 / 10 GP

GP von Argentinien, 7. Februar, Buenos Aires
1 – Bruce McLaren (NZL), Cooper
2 – Tony Brooks (GBR), Ferrari
3 – Maurice Trintignant (FRA) & Stirling Moss (GBR), Cooper

GP von Monaco, 29. Mai, Monaco
1 – Stirling Moss (GBR), Cooper
2 – Bruce McLaren (NZL), Cooper
3 – Phil Hill (USA), Ferrari

GP der USA, 30. Mai, Indianapolis
1 – Jim Rathmann (USA), Watson
2 – Roger Ward (USA), Watson
3 – Paul Goldsmith (USA), Epperly

GP der Niederlande, 6. Juni, Zandvoort
1 – Jack Brabham (AUS), Cooper
2 – Innes Ireland (GBR), Lotus
3 – Graham Hill (GBR), BRM

GP von Belgien, 19. Juni, Spa-Francorchamps
1 – Jack Brabham (AUS), Cooper
2 – Bruce McLaren (NZL), Cooper
3 – Olivier Gendebien (BEL), Cooper

GP von Frankreich, 3. Juli, Reims
1 – Jack Brabham (AUS), Cooper
2 – Olivier Gendebien (BEL), Cooper
3 – Bruce McLaren (NZL), Cooper

GP von Großbritannien, 16. Juli, Silverstone
1 – Jack Brabham (AUS), Cooper
2 – John Surtees (GBR), Lotus
3 – Innes Ireland (GBR), Lotus

GP von Portugal, 14. August, Porto
1 – Jack Brabham (AUS), Cooper
2 – Bruce McLaren (NZL), Cooper
3 – Jim Clark (GBR), Lotus

GP von Italien, 4. September, Monza
1 – Phil Hill (USA), Ferrari
2 – Richie Ginther (USA), Ferrari
3 – Willy Mairesse (BEL), Ferrari

GP der USA, 20. November, Riverside
1 – Stirling Moss (GBR), Lotus
2 – Innes Ireland (GBR), Lotus
3 – Bruce McLaren (NZL), Cooper

1961 / 8 GP

GP von Monaco, 14. Mai, Monaco
1 – Stirling Moss (GBR), Lotus
2 – Richie Ginther (USA), Ferrari
3 – Phil Hill (USA), Ferrari

GP der Niederlande, 22. Mai, Zandvoort
1 – Wolfgang von Trips (DEU), Ferrari
2 – Phil Hill (USA), Ferrari
3 – Jim Clark (GBR), Lotus

GP von Belgien, 18. Juni, Spa-Francorchamps
1 – Phil Hill (USA), Ferrari
2 – Wolfgang von Trips (DEU), Ferrari
3 – Richie Ginther (USA), Ferrari

GP von Frankreich, 2. Juli, Reims
1 – Giancarlo Baghetti (ITA), Ferrari
2 – Dan Gurney (USA), Porsche
3 – Jim Clark (GBR), Lotus

GP von Großbritannien, 15. Juli, Aintree
1 – Wolfgang von Trips (DEU), Ferrari
2 – Phil Hill (USA), Ferrari
3 – Richie Ginther (USA), Ferrari

GP von Deutschland, 6. August, Nürburgring
1 – Stirling Moss (GBR), Lotus
2 – Wolfgang von Trips (DEU), Ferrari
3 – Phil Hill (USA), Ferrari

GP von Italien, 10. September, Monza
1 – Phil Hill (USA), Ferrari
2 – Dan Gurney (USA), Porsche
3 – Bruce McLaren (NZL), Cooper

GP der USA, 8. Oktober, Watkins Glen
1 – Innes Ireland (GBR), Lotus
2 – Dan Gurney (USA), Porsche
3 – Tony Brooks (GBR), BRM

1962 / 9 GP

GP der Niederlande, 20. Mai, Zandvoort
1 – Graham Hill (GBR), BRM
2 – Trevor Taylor (GBR), Lotus
3 – Phil Hill (USA), Ferrari

GP von Monaco, 3. Juni, Monaco
1 – Bruce McLaren (NZL), Cooper
2 – Phil Hill (USA), Ferrari
3 – Lorenzo Bandini (ITA), Ferrari

GP von Belgien, 17. Juni, Spa-Francorchamps
1 – Jim Clark (GBR), Lotus
2 – Graham Hill (GBR), BRM
3 – Phil Hill (USA), Ferrari

GP von Frankreich, 8. Juli, Rouen-les-Essarts
1 – Dan Gurney (USA), Porsche
2 – Tony Maggs (ZAF), Cooper
3 – Richie Ginther (USA), BRM

GP von Großbritannien, 21. Juli, Aintree
1 – Jim Clark (GBR), Lotus
2 – John Surtees (GBR), Lotus
3 – Bruce McLaren (NZL), Cooper

GP von Deutschland, 5. August, Nürburgring
1 – Graham Hill (GBR), BRM
2 – John Surtees (GBR), Lotus
3 – Dan Gurney (USA), Porsche

GP von Italien, 16. September, Monza
1 – Graham Hill (GBR), BRM
2 – Richie Ginther (USA), BRM
3 – Bruce McLaren (NZL), Cooper

GP der USA, 7. Oktober, Watkins Glen
1 – Jim Clark (GBR), Lotus
2 – Graham Hill (GBR), BRM
3 – Bruce McLaren (NZL), Cooper

GP von Südafrika, 29. Dezember, East London
1 – Graham Hill (GBR), BRM
2 – Bruce McLaren (NZL), Cooper
3 – Tony Maggs (ZAF), Cooper

1963 / 10 GP

GP von Monaco, 26. Mai, Monaco
1 – Graham Hill (GBR), BRM
2 – Richie Ginther (USA), BRM
3 – Bruce McLaren (NZL), Cooper

GP von Belgien, 9. Juni, Spa-Francorchamps
1 – Jim Clark (GBR), Lotus
2 – Bruce McLaren (NZL), Cooper
3 – Dan Gurney (USA), Brabham

GP der Niederlande, 23. Juni, Zandvoort
1 – Jim Clark (GBR), Lotus
2 – Dan Gurney (USA), Brabham
3 – John Surtees (GBR), Ferrari

GP von Frankreich, 30. Juni, Reims
1 – Jim Clark (GBR), Lotus
2 – Tony Maggs (ZAF), Cooper
3 – Graham Hill (GBR), BRM

GP von Großbritannien, 20. Juli, Silverstone
1 – Jim Clark (GBR), Lotus
2 – John Surtees (GBR), Ferrari
3 – Graham Hill (GBR), BRM

GP von Deutschland, 4. August, Nürburgring
1 – John Surtees (GBR), Ferrari
2 – Jim Clark (GBR), Lotus
3 – Richie Ginther (USA), BRM

GP von Italien, 8. September, Monza
1 – Jim Clark (GBR), Lotus
2 – Richie Ginther (USA), BRM
3 – Bruce McLaren (NZL), Cooper

GP der USA, 6. Oktober, Watkins Glen
1 – Graham Hill (GBR), BRM
2 – Richie Ginther (USA), BRM
3 – Jim Clark (GBR), Lotus

GP von Mexiko, 27. Oktober, Mexiko-Stadt
1 – Jim Clark (GBR), Lotus
2 – Jack Brabham (AUS), Brabham
3 – Richie Ginther (USA), BRM

GP von Südafrika, 28. Dezember, East London
1 – Jim Clark (GBR), Lotus
2 – Dan Gurney (USA), Brabham
3 – Graham Hill (GBR), BRM

1964 / 10 GP

GP von Monaco, 10. Mai, Monaco
1 – Graham Hill (GBR), BRM
2 – Richie Ginther (USA), BRM
3 – Peter Arundell (GBR), Lotus

GP der Niederlande, 24. Mai, Zandvoort
1 – Jim Clark (GBR), Lotus
2 – John Surtees (GBR), Ferrari
3 – Peter Arundell (GBR), Lotus

GP von Belgien, 14. Juni, Spa-Francorchamps
1 – Jim Clark (GBR), Lotus
2 – Bruce McLaren (NZL), Cooper
3 – Jack Brabham (AUS), Brabham

GP von Frankreich, 28. Juni, Rouen-les-Essarts
1 – Dan Gurney (USA), Brabham
2 – Graham Hill (GBR), BRM
3 – Jack Brabham (AUS), Brabham

GP von Großbritannien, 11. Juli, Brands Hatch
1 – Jim Clark (GBR), Lotus
2 – Graham Hill (GBR), BRM
3 – John Surtees (GBR), Ferrari

GP von Deutschland, 2. August, Nürburgring
1 – John Surtees (GBR), Ferrari
2 – Graham Hill (GBR), BRM
3 – Lorenzo Bandini (ITA), Ferrari

GP von Österreich, 23. August, Zeltweg
1 – Lorenzo Bandini (ITA), Ferrari
2 – Richie Ginther (USA), BRM
3 – Bob Anderson (GBR), Brabham

GP von Italien, 6. September, Monza
1 – John Surtees (GBR), Ferrari
2 – Bruce McLaren (NZL), Cooper
3 – Lorenzo Bandini (ITA), Ferrari

GP der USA, 4. Oktober, Watkins Glen
1 – Graham Hill (GBR), BRM
2 – John Surtees (GBR), Ferrari
3 – Jo Siffert (CHE), Brabham

GP von Mexiko, 25. Oktober, Mexiko-Stadt
1 – Dan Gurney (USA), Brabham
2 – John Surtees (GBR), Ferrari
3 – Lorenzo Bandini (ITA), Ferrari

1965 / 10 GP

GP von Südafrika, 1. Januar, East London
1 – Jim Clark (GBR), Lotus
2 – John Surtees (GBR), Ferrari
3 – Graham Hill (GBR), BRM

GP von Monaco, 30. Mai, Monaco
1 – Graham Hill (GBR), BRM
2 – Lorenzo Bandini (ITA), Ferrari
3 – Jackie Stewart (GBR), BRM

GP von Belgien, 13. Juni, Spa-Francorchamps
1 – Jim Clark (GBR), Lotus
2 – Jackie Stewart (GBR), BRM
3 – Bruce McLaren (NZL), Cooper

GP von Frankreich, 27. Juni, Clermont-Ferrand
1 – Jim Clark (GBR), Lotus
2 – Jackie Stewart (GBR), BRM
3 – John Surtees (GBR), Ferrari

GP von Großbritannien, 10. Juli, Silverstone
1 – Jim Clark (GBR), Lotus
2 – Graham Hill (GBR), BRM
3 – John Surtees (GBR), Ferrari

GP der Niederlande, 18. Juli, Zandvoort
1 – Jim Clark (GBR), Lotus
2 – Jackie Stewart (GBR), BRM
3 – Dan Gurney (USA), Brabham

GP von Deutschland, 1. August, Nürburgring
1 – Jim Clark (GBR), Lotus
2 – Graham Hill (GBR), BRM
3 – Dan Gurney (USA), Brabham

GP von Italien, 12. September, Monza
1 – Jackie Stewart (GBR), BRM
2 – Graham Hill (GBR), BRM
3 – Dan Gurney (USA), Brabham

GP der USA, 3. Oktober, Watkins Glen
1 – Graham Hill (GBR), BRM
2 – Dan Gurney (USA), Brabham
3 – Jack Brabham (AUS), Brabham

GP von Mexiko, 24. Oktober, Mexiko-Stadt
1 – Richie Ginther (USA), Honda
2 – Dan Gurney (USA), Brabham
3 – Mike Spence (GBR), Lotus

1966 / 9 GP

GP von Monaco, 22. Mai, Monaco
1 – Jackie Stewart (GBR), BRM
2 – Lorenzo Bandini (ITA), Ferrari
3 – Graham Hill (GBR), BRM

GP von Belgien, 12. Juni, Spa-Francorchamps
1 – John Surtees (GBR), Ferrari
2 – Jochen Rindt (AUT), Cooper
3 – Lorenzo Bandini (ITA), Ferrari

GP von Frankreich, 3. Juli, Reims
1 – Jack Brabham (AUS), Brabham
2 – Mike Parkes (GBR), Ferrari
3 – Denny Hulme (NZL), Brabham

GP von Großbritannien, 16. Juli, Brands Hatch
1 – Jack Brabham (AUS), Brabham
2 – Denny Hulme (NZL), Brabham
3 – Graham Hill (GBR), BRM

GP der Niederlande, 24. Juli, Zandvoort
1 – Jack Brabham (AUS), Brabham
2 – Graham Hill (GBR), BRM
3 – Jim Clark (GBR), Lotus

GP von Deutschland, 7. August, Nürburgring
1 – Jack Brabham (AUS), Brabham
2 – John Surtees (GBR), Cooper
3 – Jochen Rindt (AUT), Cooper

GP von Italien, 4. September, Monza
1 – Ludovico Scarfiotti (ITA), Ferrari
2 – Mike Parkes (GBR), Ferrari
3 – Denny Hulme (NZL), Brabham

GP der USA, 2. Oktober, Watkins Glen
1 – Jim Clark (GBR), Lotus
2 – Jochen Rindt (AUT), Cooper
3 – John Surtees (GBR), Cooper

GP von Mexiko, 23. Oktober, Mexiko-Stadt
1 – John Surtees (GBR), Cooper
2 – Jack Brabham (AUS), Brabham
3 – Denny Hulme (NZL), Brabham

1967 / 11 GP

GP von Südafrika, 2. Januar, Kyalami
1 – Pedro Rodríguez (MEX), Cooper
2 – John Love (ZWE), Cooper
3 – John Surtees (GBR), Honda

GP von Monaco, 7. Mai, Monaco
1 – Denny Hulme (NZL), Brabham
2 – Graham Hill (GBR), Lotus
3 – Chris Amon (NZL), Ferrari

GP der Niederlande, 4. Juni, Zandvoort
1 – Jim Clark (GBR), Lotus
2 – Jack Brabham (AUS), Brabham
3 – Denny Hulme (NZL), Brabham

GP von Belgien, 18. Juni, Spa-Francorchamps
1 – Dan Gurney (USA), Eagle
2 – Jackie Stewart (GBR), BRM
3 – Chris Amon (NZL), Ferrari

GP von Frankreich, 2. Juli, Le Mans
1 – Jack Brabham (AUS), Brabham
2 – Denny Hulme (NZL), Brabham
3 – Jackie Stewart (GBR), BRM

GP von Großbritannien, 15. Juli, Silverstone
1 – Jim Clark (GBR), Lotus
2 – Denny Hulme (NZL), Brabham
3 – Chris Amon (NZL), Ferrari

GP von Deutschland, 6. August, Nürburgring
1 – Denny Hulme (NZL), Brabham
2 – Jack Brabham (AUS), Brabham
3 – Chris Amon (NZL), Ferrari

GP von Kanada, 27. August, Mosport Park
1 – Jack Brabham (AUS), Brabham
2 – Denny Hulme (NZL), Brabham
3 – Dan Gurney (USA), Eagle

GP von Italien, 10. September, Monza
1 – John Surtees (GBR), Honda
2 – Jack Brabham (AUS), Brabham
3 – Jim Clark (GBR), Lotus

GP der USA, 1. Oktober, Watkins Glen
1 – Jim Clark (GBR), Lotus
2 – Graham Hill (GBR), Lotus
3 – Denny Hulme (NZL), Brabham

GP von Mexiko, 22. Oktober, Mexiko-Stadt
1 – Jim Clark (GBR), Lotus
2 – Jack Brabham (AUS), Brabham
3 – Denny Hulme (NZL), Brabham

1968 / 12 GP

GP von Südafrika, 1. Januar, Kyalami
1 – Jim Clark (GBR), Lotus
2 – Graham Hill (GBR), Lotus
3 – Jochen Rindt (AUT), Brabham

GP von Spanien, 12. Mai, Jarama
1 – Graham Hill (GBR), Lotus
2 – Denny Hulme (NZL), McLaren
3 – Brian Redman (GBR), Cooper

GP von Monaco, 26. Mai, Monaco
1 – Graham Hill (GBR), Lotus
2 – Richard Attwood (GBR), BRM
3 – Lucien Bianchi (BEL), Cooper

GP von Belgien, 9. Juni, Spa-Francorchamps
1 – Bruce McLaren (NZL), McLaren
2 – Pedro Rodríguez (MEX), BRM
3 – Jacky Ickx (BEL), Ferrari

GP der Niederlande, 23. Juni, Zandvoort
1 – Jackie Stewart (GBR), Matra
2 – Jean-Pierre Beltoise (FRA), Matra
3 – Pedro Rodríguez (MEX), BRM

GP von Frankreich, 7. Juli, Rouen-les-Essarts
1 – Jacky Ickx (BEL), Ferrari
2 – John Surtees (GBR), Honda
3 – Jackie Stewart (GBR), Matra

GP von Großbritannien, 20. Juli, Brands Hatch
1 – Jo Siffert (CHE), Lotus
2 – Chris Amon (NZL), Ferrari
3 – Jacky Ickx (BEL), Ferrari

GP von Deutschland / Europa, 4. August, Nürburgring
1 – Jackie Stewart (GBR), Matra
2 – Graham Hill (GBR), Lotus
3 – Jochen Rindt (AUT), Brabham

GP von Italien, 8. September, Monza
1 – Denny Hulme (NZL), McLaren
2 – Johnny Servoz-Gavin (FRA), Matra
3 – Jacky Ickx (BEL), Ferrari

GP von Kanada, 22. September, Mont-Tremblant
1 – Denny Hulme (NZL), McLaren
2 – Bruce McLaren (NZL), McLaren
3 – Pedro Rodríguez (MEX), BRM

GP der USA, 6. Oktober, Watkins Glen
1 – Jackie Stewart (GBR), Matra
2 – Graham Hill (GBR), Lotus
3 – John Surtees (GBR), Honda

GP von Mexiko, 3. November, Mexiko-Stadt
1 – Graham Hill (GBR), Lotus
2 – Bruce McLaren (NZL), McLaren
3 – Jackie Oliver (GBR), Lotus

1969 / 11 GP

GP von Südafrika, 1. März, Kyalami
1 – Jackie Stewart (GBR), Matra
2 – Graham Hill (GBR), Lotus
3 – Denny Hulme (NZL), McLaren

GP von Spanien, 4. Mai, Montjuïc Park
1 – Jackie Stewart (GBR), Matra
2 – Bruce McLaren (NZL), McLaren
3 – Jean-Pierre Beltoise (FRA), Matra

GP von Monaco, 18. Mai, Monaco
1 – Graham Hill (GBR), Lotus
2 – Piers Courage (GBR), Brabham
3 – Jo Siffert (CHE), Lotus

GP der Niederlande, 21. Juni, Zandvoort
1 – Jackie Stewart (GBR), Matra
2 – Jo Siffert (CHE), Lotus
3 – Chris Amon (NZL), Ferrari

GP von Frankreich, 6. Juli, Clermont-Ferrand
1 – Jackie Stewart (GBR), Matra
2 – Jean-Pierre Beltoise (FRA), Matra
3 – Jacky Ickx (BEL), Brabham

GP von Großbritannien, 19. Juli, Silverstone
1 – Jackie Stewart (GBR), Matra
2 – Jacky Ickx (BEL), Brabham
3 – Bruce McLaren (NZL), McLaren

GP von Deutschland, 3. August, Nürburgring
1 – Jacky Ickx (BEL), Brabham
2 – Jackie Stewart (GBR), Matra
3 – Bruce McLaren (NZL), McLaren

GP von Italien, 7. September, Monza
1 – Jackie Stewart (GBR), Matra
2 – Jochen Rindt (AUT), Lotus
3 – Jean-Pierre Beltoise (FRA), Matra

GP von Kanada, 20. September, Mosport Park
1 – Jacky Ickx (BEL), Brabham
2 – Jack Brabham (AUS), Brabham
3 – Jochen Rindt (AUT), Lotus

GP der USA, 5. Oktober, Watkins Glen
1 – Jochen Rindt (AUT), Lotus
2 – Piers Courage (GBR), Brabham
3 – John Surtees (GBR), BRM

GP von Mexiko, 19. Oktober, Mexiko-Stadt
1 – Denny Hulme (NZL), McLaren
2 – Jacky Ickx (BEL), Brabham
3 – Jack Brabham (AUS), Brabham

1970 / 13 GP

GP von Südafrika, 7. März, Kyalami
1 – Jack Brabham (AUS), Brabham
2 – Denny Hulme (NZL), McLaren
3 – Jackie Stewart (GBR), March

GP von Spanien 19. April, Jarama
1 – Jackie Stewart (GBR), March
2 – Bruce McLaren (NZL), McLaren
3 – Mario Andretti (USA), March

GP von Monaco, 10. Mai, Monaco
1 – Jochen Rindt (AUT), Lotus
2 – Jack Brabham (AUS), Brabham
3 – Henri Pescarolo (FRA), Matra

GP von Belgien, 7. Juni, Spa-Francorchamps
1 – Pedro Rodríguez (MEX), BRM
2 – Chris Amon (NZL), March
3 – Jean-Pierre Beltoise (FRA), Matra

GP der Niederlande, 21. Juni, Zandvoort
1 – Jochen Rindt (AUT), Lotus
2 – Jackie Stewart (GBR), March
3 – Jacky Ickx (BEL), Ferrari

GP von Frankreich, 5. Juli, Clermont-Ferrand
1 – Jochen Rindt (AUT), Lotus
2 – Chris Amon (NZL), March
3 – Jack Brabham (AUS), Brabham

GP von Großbritannien, 18. Juli, Brands Hatch
1 – Jochen Rindt (AUT), Lotus
2 – Jack Brabham (AUS), Brabham
3 – Denny Hulme (NZL), McLaren

GP von Deutschland, 2. August, Hockenheim
1 – Jochen Rindt (AUT), Lotus
2 – Jacky Ickx (BEL), Ferrari
3 – Denny Hulme (NZL), McLaren

GP von Österreich, 16. August, Österreichring
1 – Jacky Ickx (BEL), Ferrari
2 – Clay Regazzoni (CHE), Ferrari
3 – Rolf Stommelen (DEU), Brabham

GP von Italien, 6. September, Monza
1 – Clay Regazzoni (CHE), Ferrari
2 – Jackie Stewart (GBR), March
3 – Jean-Pierre Beltoise (FRA), Matra

GP von Kanada, 20. September, Mont-Tremblant
1 – Jacky Ickx (BEL), Ferrari
2 – Clay Regazzoni (CHE), Ferrari
3 – Chris Amon (NZL), March

GP der USA, 4. Oktober, Watkins Glen
1 – Emerson Fittipaldi (BRA), Lotus
2 – Pedro Rodríguez (MEX), BRM
3 – Reine Wisell (CHE), Lotus

GP von Mexiko, 25. Oktober, Mexiko-Stadt
1 – Jacky Ickx (BEL), Ferrari
2 – Clay Regazzoni (CHE), Ferrari
3 – Denny Hulme (NZL), McLaren

1971 / 11 GP

GP von Südafrika, 6. März, Kyalami
1 – Mario Andretti (USA), Ferrari
2 – Jackie Stewart (GBR), Tyrrell
3 – Clay Regazzoni (CHE), Ferrari

GP von Spanien, 18. April, Montjuïc Park
1 – Jackie Stewart (GBR), Tyrrell
2 – Jacky Ickx (BEL), Ferrari
3 – Chris Amon (NZL), Matra

GP von Monaco, 23. Mai, Monaco
1 – Jackie Stewart (GBR), Tyrrell
2 – Ronnie Peterson (CHE), March
3 – Jacky Ickx (BEL), Ferrari

GP der Niederlande, 20. Juni, Zandvoort
1 – Jacky Ickx (BEL), Ferrari
2 – Pedro Rodríguez (MEX), BRM
3 – Clay Regazzoni (CHE), Ferrari

GP von Frankreich, 4. Juli, Paul Ricard
1 – Jackie Stewart (GBR), Tyrrell
2 – François Cevert (FRA), Tyrrell
3 – Emerson Fittipaldi (BRA), Lotus

GP von Großbritannien, 17. Juli, Silverstone
1 – Jackie Stewart (GBR), Tyrrell
2 – Ronnie Peterson (CHE), March
3 – Emerson Fittipaldi (BRA), Lotus

GP von Deutschland, 1. August, Nürburgring
1 – Jackie Stewart (GBR), Tyrrell
2 – François Cevert (FRA), Tyrrell
3 – Clay Regazzoni (CHE), Ferrari

GP von Österreich, 15. August, Österreichring
1 – Jo Siffert (CHE), BRM
2 – Emerson Fittipaldi (BRA), Lotus
3 – Jack Brabham (AUS), Brabham

GP von Italien, 5. September, Monza
1 – Peter Gethin (GBR), BRM
2 – Ronnie Peterson (CHE), March
3 – François Cevert (FRA), Tyrrell

GP von Kanada, 19. September, Mosport Park
1 – Jackie Stewart (GBR), Tyrrell
2 – Ronnie Peterson (CHE), March
3 – Mark Donohue (USA), McLaren

GP der USA, 3. Oktober, Watkins Glen
1 – François Cevert (FRA), Tyrrell
2 – Jo Siffert (CHE), BRM
3 – Ronnie Peterson (CHE), March

1972 / 12 GP

GP von Argentinien, 23. Januar, Buenos Aires
1 – Jackie Stewart (GBR), Tyrrell
2 – Denny Hulme (NZL), McLaren
3 – Jacky Ickx (BEL), Ferrari

GP von Südafrika, 4. März, Kyalami
1 – Denny Hulme (NZL), McLaren
2 – Emerson Fittipaldi (BRA), Lotus
3 – Peter Revson (USA), McLaren

GP von Spanien, 1. Mai, Jarama
1 – Emerson Fittipaldi (BRA), Lotus
2 – Jacky Ickx (BEL), Ferrari
3 – Clay Regazzoni (CHE), Ferrari

GP von Monaco, 14. Mai, Monaco
1 – Jean-Pierre Beltoise (FRA), BRM
2 – Jacky Ickx (BEL), Ferrari
3 – Emerson Fittipaldi (BRA), Lotus

GP von Belgien, 4. Juni, Nivelles-Baulers
1 – Emerson Fittipaldi (BRA), Lotus
2 – François Cevert (FRA), Tyrrell
3 – Denny Hulme (NZL), McLaren

GP von Frankreich, 2. Juli, Clermont-Ferrand
1 – Jackie Stewart (GBR), Tyrrell
2 – Emerson Fittipaldi (BRA), Lotus
3 – Chris Amon (NZL), Matra

GP von Großbritannien, 15. Juli, Brands Hatch
1 – Emerson Fittipaldi (BRA), Lotus
2 – Jackie Stewart (GBR), Tyrrell
3 – Peter Revson (USA), McLaren

GP von Deutschland, 30. Juli, Nürburgring
1 – Jacky Ickx (BEL), Ferrari
2 – Clay Regazzoni (CHE), Ferrari
3 – Ronnie Peterson (CHE), March

GP von Österreich, 13. August, Österreichring
1 – Emerson Fittipaldi (BRA), Lotus
2 – Denny Hulme (NZL), McLaren
3 – Peter Revson (USA), McLaren

GP von Italien, 10. September, Monza
1 – Emerson Fittipaldi (BRA), Lotus
2 – Mike Hailwood (GBR), Surtees
3 – Denny Hulme (NZL), McLaren

GP von Kanada, 24. September, Mosport Park
1 – Jackie Stewart (GBR), Tyrrell
2 – Peter Revson (USA), McLaren
3 – Denny Hulme (NZL), McLaren

GP der USA, 8. Oktober, Watkins Glen
1 – Jackie Stewart (GBR), Tyrrell
2 – François Cevert (FRA), Tyrrell
3 – Denny Hulme (NZL), McLaren

1973 / 15 GP

GP von Argentinien, 28. Januar, Buenos Aires
1 – Emerson Fittipaldi (BRA), Lotus
2 – François Cevert (FRA), Tyrrell
3 – Jackie Stewart (GBR), Tyrrell

GP von Brasilien, 11. Februar, Interlagos
1 – Emerson Fittipaldi (BRA), Lotus
2 – Jackie Stewart (GBR), Tyrrell
3 – Denny Hulme (NZL), McLaren

GP von Südafrika, 3. März, Kyalami
1 – Jackie Stewart (GBR), Tyrrell
2 – Peter Revson (USA), McLaren
3 – Emerson Fittipaldi (BRA), Lotus

GP von Spanien, 29. April, Montjuïc Park
1 – Emerson Fittipaldi (BRA), Lotus
2 – François Cevert (FRA), Tyrrell
3 – George Follmer (USA), Shadow

GP von Belgien, 20. Mai, Zolder
1 – Jackie Stewart (GBR), Tyrrell
2 – François Cevert (FRA), Tyrrell
3 – Emerson Fittipaldi (BRA), Lotus

GP von Monaco, 3. Juni, Monaco
1 – Jackie Stewart (GBR), Tyrrell
2 – Emerson Fittipaldi (BRA), Lotus
3 – Ronnie Peterson (CHE), Lotus

GP von Schweden, 17. Juni, Anderstorp
1 – Denny Hulme (NZL), McLaren
2 – Ronnie Peterson (CHE), Lotus
3 – François Cevert (FRA), Tyrrell

GP von Frankreich, 1. Juli, Paul Ricard
1 – Ronnie Peterson (CHE), Lotus
2 – François Cevert (FRA), Tyrrell
3 – Carlos Reutemann (ARG), Brabham

GP von Großbritannien, 14. Juli, Silverstone
1 – Peter Revson (USA), McLaren
2 – Ronnie Peterson (CHE), Lotus
3 – Denny Hulme (NZL), McLaren

GP der Niederlande, 29. Juli, Zandvoort
1 – Jackie Stewart (GBR), Tyrrell
2 – François Cevert (FRA), Tyrrell
3 – James Hunt (GBR), March

GP von Deutschland, 5. August, Nürburgring
1 – Jackie Stewart (GBR), Tyrrell
2 – François Cevert (FRA), Tyrrell
3 – Jacky Ickx (BEL), McLaren

GP von Österreich, 19. August, Österreichring
1 – Ronnie Peterson (SWE), Lotus
2 – Jackie Stewart (GBR), Tyrrell
3 – Carlos Pace (BRA), Surtees

GP von Italien, 9. September, Monza
1 – Ronnie Peterson (CHE), Lotus
2 – Emerson Fittipaldi (BRA), Lotus
3 – Peter Revson (USA), McLaren

GP von Kanada, 23. September, Mosport Park
1 – Peter Revson (USA), McLaren
2 – Emerson Fittipaldi (BRA), Lotus
3 – Jackie Oliver (GBR), Shadow

GP der USA, 7. Oktober, Watkins Glen
1 – Ronnie Peterson (CHE), Lotus
2 – James Hunt (GBR), March
3 – Carlos Reutemann (ARG), Brabham

1974 / 15 GP

GP von Argentinien, 13. Januar, Buenos Aires
1 – Denny Hulme (NZL), McLaren
2 – Niki Lauda (AUT), Ferrari
3 – Clay Regazzoni (CHE), Ferrari

GP von Brasilien, 27. Januar, Interlagos
1 – Emerson Fittipaldi (BRA), McLaren
2 – Clay Regazzoni (CHE), Ferrari
3 – Jacky Ickx (BEL), Lotus

GP von Südafrika, 30. März, Kyalami
1 – Carlos Reutemann (ARG), Brabham
2 – Jean-Pierre Beltoise (FRA), BRM
3 – Mike Hailwood (GBR), McLaren

GP von Spanien 28. April, Jarama
1 – Niki Lauda (AUT), Ferrari
2 – Clay Regazzoni (CHE), Ferrari
3 – Emerson Fittipaldi (BRA), McLaren

GP von Belgien, 12. Mai, Nivelles-Baulers
1 – Emerson Fittipaldi (BRA), McLaren
2 – Niki Lauda (AUT), Ferrari
3 – Jody Scheckter (ZAF), Tyrrell

GP von Monaco, 26. Mai, Monaco
1 – Ronnie Peterson (CHE), Lotus
2 – Jody Scheckter (ZAF), Tyrrell
3 – Jean-Pierre Jarier (FRA), Shadow

GP von Schweden, 9. Juni, Anderstorp
1 – Jody Scheckter (ZAF), Tyrrell
2 – Patrick Depailler (FRA), Tyrrell
3 – James Hunt (GBR), Hesketh

GP der Niederlande, 23. Juni, Zandvoort
1 – Niki Lauda (AUT), Ferrari
2 – Clay Regazzoni (CHE), Ferrari
3 – Emerson Fittipaldi (BRA), McLaren

GP von Frankreich, 7. Juli, Dijon-Prenois
1 – Ronnie Peterson (CHE), Lotus
2 – Niki Lauda (AUT), Ferrari
3 – Clay Regazzoni (CHE), Ferrari

GP von Großbritannien, 20. Juli, Brands Hatch
1 – Jody Scheckter (ZAF), Tyrrell
2 – Emerson Fittipaldi (BRA), McLaren
3 – Jacky Ickx (BEL), Lotus

GP von Deutschland, 4. August, Nürburgring
1 – Clay Regazzoni (CHE), Ferrari
2 – Jody Scheckter (ZAF), Tyrrell
3 – Carlos Reutemann (ARG), Brabham

GP von Österreich, 18. August, Österreichring
1 – Carlos Reutemann (ARG), Brabham
2 – Denny Hulme (NZL), McLaren
3 – James Hunt (GBR), Hesketh

GP von Italien, 8. September, Monza
1 – Ronnie Peterson (CHE), Lotus
2 – Emerson Fittipaldi (BRA), McLaren
3 – Jody Scheckter (ZAF), Tyrrell

GP von Kanada, 22. September, Mosport Park
1 – Emerson Fittipaldi (BRA), McLaren
2 – Clay Regazzoni (CHE), Ferrari
3 – Ronnie Peterson (CHE), Lotus

GP der USA, 6. Oktober, Watkins Glen
1 – Carlos Reutemann (ARG), Brabham
2 – Carlos Pace (BRA), Brabham
3 – James Hunt (GBR), Hesketh

1975 / 14 GP

GP von Argentinien, 12. Januar, Buenos Aires
1 – Emerson Fittipaldi (BRA), McLaren
2 – James Hunt (GBR), Hesketh
3 – Carlos Reutemann (ARG), Brabham

GP von Brasilien, 26. Januar, Interlagos
1 – Carlos Pace (BRA), Brabham
2 – Emerson Fittipaldi (BRA), McLaren
3 – Jochen Mass (DEU), McLaren

GP von Südafrika, 1. März, Kyalami
1 – Jody Scheckter (ZAF), Tyrrell
2 – Carlos Reutemann (ARG), Brabham
3 – Patrick Depailler (FRA), Tyrrell

GP von Spanien, 27. April, Montjuïc Park
1 – Jochen Mass (DEU), McLaren
2 – Jacky Ickx (BEL), Lotus
3 – Carlos Reutemann (ARG), Brabham

GP von Monaco, 11. Mai, Monaco
1 – Niki Lauda (AUT), Ferrari
2 – Emerson Fittipaldi (BRA), McLaren
3 – Carlos Pace (BRA), Brabham

GP von Belgien, 25. Mai, Zolder
1 – Niki Lauda (AUT), Ferrari
2 – Jody Scheckter (ZAF), Tyrrell
3 – Carlos Reutemann (ARG), Brabham

GP von Schweden, 8. Juni, Anderstorp
1 – Niki Lauda (AUT), Ferrari
2 – Carlos Reutemann (ARG), Brabham
3 – Clay Regazzoni (CHE), Ferrari

GP der Niederlande, 22. Juni, Zandvoort
1 – James Hunt (GBR), Hesketh
2 – Niki Lauda (AUT), Ferrari
3 – Clay Regazzoni (CHE), Ferrari

GP von Frankreich, 6. Juli, Paul Ricard
1 – Niki Lauda (AUT), Ferrari
2 – James Hunt (GBR), Hesketh
3 – Jochen Mass (DEU), McLaren

GP von Großbritannien, 19. Juli, Silverstone
1 – Emerson Fittipaldi (BRA), McLaren
2 – Carlos Pace (BRA), Brabham
3 – Jody Scheckter (ZAF), Tyrrell

GP von Deutschland, 3. August, Nürburgring
1 – Carlos Reutemann (ARG), Brabham
2 – Jacques Laffite (FRA), Williams
3 – Niki Lauda (AUT), Ferrari

GP von Österreich, 17. August, Österreichring
1 – Vittorio Brambilla (ITA), March
2 – James Hunt (GBR), Hesketh
3 – Tom Pryce (GBR), Shadow

GP von Italien, 7. September, Monza
1 – Clay Regazzoni (CHE), Ferrari
2 – Emerson Fittipaldi (BRA), McLaren
3 – Niki Lauda (AUT), Ferrari

GP der USA, 5. Oktober, Watkins Glen
1 – Niki Lauda (AUT), Ferrari
2 – Emerson Fittipaldi (BRA), McLaren
3 – Jochen Mass (DEU), McLaren

1976 / 16 GP

GP von Brasilien, 25. Januar, Interlagos
1 – Niki Lauda (AUT), Ferrari
2 – Patrick Depailler (ГЛА), Tyrrell
3 – Tom Pryce (GBR), Shadow

GP von Südafrika, 6. März, Kyalami
1 – Niki Lauda (AUT), Ferrari
2 – James Hunt (GBR), McLaren
3 – Jochen Mass (DEU), McLaren

GP der USA West, 28. März, Long Beach
1 – Clay Regazzoni (CHE), Ferrari
2 – Niki Lauda (AUT), Ferrari
3 – Patrick Depailler (FRA), Tyrrell

GP von Spanien, 2. Mai, Jarama
1 – James Hunt (GBR), McLaren
2 – Niki Lauda (AUT), Ferrari
3 – Gunnar Nilsson (SWE), Lotus

GP von Belgien, 16. Mai, Zolder
1 – Niki Lauda (AUT), Ferrari
2 – Clay Regazzoni (CHE), Ferrari
3 – Jacques Laffite (FRA), Ligier

GP von Monaco, 30. Mai, Monaco
1 – Niki Lauda (AUT), Ferrari
2 – Jody Scheckter (ZAF), Tyrrell
3 – Patrick Depailler (FRA), Tyrrell

GP von Schweden, 13. Juni, Anderstorp
1 – Jody Scheckter (ZAF), Tyrrell
2 – Patrick Depailler (FRA), Tyrrell
3 – Niki Lauda (AUT), Ferrari

GP von Frankreich, 4. Juli, Paul Ricard
1 – James Hunt (GBR), McLaren
2 – Patrick Depailler (FRA), Tyrrell
3 – John Watson (GBR), Penske

GP von Großbritannien, 18. Juli, Brands Hatch
1 – Niki Lauda (AUT), Ferrari
2 – Jody Scheckter (ZAF), Tyrrell
3 – John Watson (GBR), Penske

GP von Deutschland, 1. August, Nürburgring
1 – James Hunt (GBR), McLaren
2 – Jody Scheckter (ZAF), Tyrrell
3 – Jochen Mass (DEU), McLaren

GP von Österreich, 15. August, Österreichring
1 – John Watson (GBR), Penske
2 – Jacques Laffite (FRA), Ligier
3 – Gunnar Nilsson (SWE), Lotus

GP der Niederlande, 29. August, Zandvoort
1 – James Hunt (GBR), McLaren
2 – Clay Regazzoni (CHE), Ferrari
3 – Mario Andretti (USA), Lotus

GP von Italien, 12. September, Monza
1 – Ronnie Peterson (CHE), March
2 – Clay Regazzoni (CHE), Ferrari
3 – Jacques Laffite (FRA), Ligier

GP von Kanada, 3. Oktober, Mosport Park
1 – James Hunt (GBR), McLaren
2 – Patrick Depailler (FRA), Tyrrell
3 – Mario Andretti (USA), Lotus

GP der USA Ost, 10. Oktober, Watkins Glen
1 – James Hunt (GBR), McLaren
2 – Jody Scheckter (ZAF), Tyrrell
3 – Niki Lauda (AUT), Ferrari

GP von Japan 24. Oktober, Fuji
1 – Mario Andretti (USA), Lotus
2 – Patrick Depailler (FRA), Tyrrell
3 – James Hunt (GBR), McLaren

1977 / 17 GP

GP von Argentinien, 9. Januar, Buenos Aires
1 – Jody Scheckter (ZAF), Wolf
2 – Carlos Pace (BRA), Brabham
3 – Carlos Reutemann (ARG), Ferrari

GP von Brasilien, 23. Januar, Interlagos
1 – Carlos Reutemann (ARG), Ferrari
2 – James Hunt (GBR), McLaren
3 – Niki Lauda (AUT), Ferrari

GP von Südafrika, 5. März, Kyalami
1 – Niki Lauda (AUT), Ferrari
2 – Jody Scheckter (ZAF), Wolf
3 – Patrick Depailler (FRA), Tyrrell

GP der USA West, 3. April, Long Beach
1 – Mario Andretti (USA), Lotus
2 – Niki Lauda (AUT), Ferrari
3 – Jody Scheckter (ZAF), Wolf

GP von Spanien, 8. Mai, Jarama
1 – Mario Andretti (USA), Lotus
2 – Carlos Reutemann (ARG), Ferrari
3 – Jody Scheckter (ZAF), Wolf

GP von Monaco, 22. Mai, Monaco
1 – Jody Scheckter (ZAF), Wolf
2 – Niki Lauda (AUT), Ferrari
3 – Carlos Reutemann (ARG), Ferrari

GP von Belgien, 5. Juni, Zolder
1 – Gunnar Nilsson (SWE), Lotus
2 – Niki Lauda (AUT), Ferrari
3 – Ronnie Peterson (CHE), Tyrrell

GP von Schweden, 19. Juni, Anderstorp
1 – Jacques Laffite (FRA), Ligier
2 – Jochen Mass (DEU), McLaren
3 – Carlos Reutemann (ARG), Ferrari

GP von Frankreich, 3. Juli, Dijon-Prenois
1 – Mario Andretti (USA), Lotus
2 – John Watson (GBR), Brabham
3 – James Hunt (GBR), McLaren

GP von Großbritannien, 16. Juli, Silverstone
1 – James Hunt (GBR), McLaren
2 – Niki Lauda (AUT), Ferrari
3 – Gunnar Nilsson (SWE), Lotus

GP von Deutschland, 31. Juli, Hockenheim
1 – Niki Lauda (AUT), Ferrari
2 – Jody Scheckter (ZAF), Wolf
3 – Hans-Joachim Stuck (DEU), Brabham

GP von Österreich, 14. August, Österreichring
1 – Alan Jones (AUS), Shadow
2 – Niki Lauda (AUT), Ferrari
3 – Hans-Joachim Stuck (DEU), Brabham

GP der Niederlande, 28. August, Zandvoort
1 – Niki Lauda (AUT), Ferrari
2 – Jacques Laffite (FRA), Ligier
3 – Jody Scheckter (ZAF), Wolf

GP von Italien, 11. September, Monza
1 – Mario Andretti (USA), Lotus
2 – Niki Lauda (AUT), Ferrari
3 – Alan Jones (AUS), Shadow

GP der USA Ost, 2. Oktober, Watkins Glen
1 – James Hunt (GBR), McLaren
2 – Mario Andretti (USA), Lotus
3 – Jody Scheckter (ZAF), Wolf

GP von Kanada, 9. Oktober, Mosport Park
1 – Jody Scheckter (ZAF), Wolf
2 – Patrick Depailler (FRA), Tyrrell
3 – Jochen Mass (DEU), McLaren

GP von Japan 23. Oktober, Fuji
1 – James Hunt (GBR), McLaren
2 – Carlos Reutemann (ARG), Ferrari
3 – Patrick Depailler (FRA), Tyrrell

1978 / 16 GP

GP von Argentinien, 15. Januar, Buenos Aires
1 – Mario Andretti (USA), Lotus
2 – Niki Lauda (AUT), Brabham
3 – Patrick Depailler (FRA), Tyrrell

GP von Brasilien, 29. Januar, Jacarepagua
1 – Carlos Reutemann (ARG), Ferrari
2 – Emerson Fittipaldi (BRA), Copersucar
3 – Niki Lauda (AUT), Brabham

GP von Südafrika, 4. März, Kyalami
1 – Ronnie Peterson (CHE), Lotus
2 – Patrick Depailler (FRA), Tyrrell
3 – John Watson (GBR), Brabham

GP der USA West, 2. April, Long Beach
1 – Carlos Reutemann (ARG), Ferrari
2 – Mario Andretti (USA), Lotus
3 – Patrick Depailler (FRA), Tyrrell

GP von Monaco, 7. Mai, Monaco
1 – Patrick Depailler (FRA), Tyrrell
2 – Niki Lauda (AUT), Brabham
3 – Jody Scheckter (ZAF), Wolf

GP von Belgien, 21. Mai, Zolder
1 – Mario Andretti (USA), Lotus
2 – Ronnie Peterson (CHE), Lotus
3 – Carlos Reutemann (ARG), Ferrari

GP von Spanien 4. Juni, Jarama
1 – Mario Andretti (USA), Lotus
2 – Ronnie Peterson (CHE), Lotus
3 – Jacques Laffite (FRA), Ligier

GP von Schweden, 17. Juni, Anderstorp
1 – Niki Lauda (AUT), Brabham
2 – Riccardo Patrese (ITA), Arrows
3 – Ronnie Peterson (CHE), Lotus

GP von Frankreich, 2. Juli, Paul Ricard
1 – Mario Andretti (USA), Lotus
2 – Ronnie Peterson (CHE), Lotus
3 – James Hunt (GBR), McLaren

GP von Großbritannien, 16. Juli, Brands Hatch
1 – Carlos Reutemann (ARG), Ferrari
2 – Niki Lauda (AUT), Brabham
3 – John Watson (GBR), Brabham

GP von Deutschland, 30. Juli, Hockenheim
1 – Mario Andretti (USA), Lotus
2 – Jody Scheckter (ZAF), Wolf
3 – Jacques Laffite (FRA), Ligier

GP von Österreich, 13. August, Österreichring
1 – Ronnie Peterson (CHE), Lotus
2 – Patrick Depailler (FRA), Tyrrell
3 – Montréal (CAN), Ferrari

GP der Niederlande, 27. August, Zandvoort
1 – Mario Andretti (USA), Lotus
2 – Ronnie Peterson (CHE), Lotus
3 – Niki Lauda (AUT), Brabham

GP von Italien, 10. September, Monza
1 – Niki Lauda (AUT), Brabham
2 – John Watson (GBR), Brabham
3 – Carlos Reutemann (ARG), Ferrari

GP der USA Ost, 1. Oktober, Watkins Glen
1 – Carlos Reutemann (ARG), Ferrari
2 – Alan Jones (AUS), Williams
3 – Jody Scheckter (ZAF), Wolf

GP von Kanada, 8. Oktober, Montréal
1 – Montréal (CAN), Ferrari
2 – Jody Scheckter (ZAF), Wolf
3 – Carlos Reutemann (ARG), Ferrari

1979 / 15 GP

GP von Argentinien, 21. Januar, Buenos Aires
1 – Jacques Laffite (FRA), Ligier
2 – Carlos Reutemann (ARG), Lotus
3 – John Watson (GBR), McLaren

GP von Brasilien, 4. Februar, Interlagos
1 – Jacques Laffite (FRA), Ligier
2 – Patrick Depailler (FRA), Ligier
3 – Carlos Reutemann (ARG), Lotus

GP von Südafrika, 3. März, Kyalami
1 – Montréal (CAN), Ferrari
2 – Jody Scheckter (ZAF), Ferrari
3 – Jean-Pierre Jarier (FRA), Tyrrell

GP der USA West, 8. April, Long Beach
1 – Montréal (CAN), Ferrari
2 – Jody Scheckter (ZAF), Ferrari
3 – Alan Jones (AUS), Williams

GP von Spanien 29. April, Jarama
1 – Patrick Depailler (FRA), Ligier
2 – Carlos Reutemann (ARG), Lotus
3 – Mario Andretti (USA), Lotus

GP von Belgien, 13. Mai, Zolder
1 – Jody Scheckter (ZAF), Ferrari
2 – Jacques Laffite (FRA), Ligier
3 – Didier Pironi (FRA), Tyrrell

GP von Monaco, 27. Mai, Monaco
1 – Jody Scheckter (ZAF), Ferrari
2 – Clay Regazzoni (CHE), Williams
3 – Carlos Reutemann (ARG), Lotus

GP von Frankreich, 1. Juli, Dijon-Prenois
1 – Jean-Pierre Jabouille (FRA), Renault
2 – Montréal (CAN), Ferrari
3 – René Arnoux (FRA), Renault

GP von Großbritannien, 14. Juli, Silverstone
1 – Clay Regazzoni (CHE), Williams
2 – René Arnoux (FRA), Renault
3 – Jean-Pierre Jarier (FRA), Tyrrell

GP von Deutschland, 29. Juli, Hockenheim
1 – Alan Jones (AUS), Williams
2 – Clay Regazzoni (CHE), Williams
3 – Jacques Laffite (FRA), Ligier

GP von Österreich, 12. August, Österreichring
1 – Alan Jones (AUS), Williams
2 – Montréal (CAN), Ferrari
3 – Jacques Laffite (FRA), Ligier

GP der Niederlande, 26. August, Zandvoort
1 – Alan Jones (AUS), Williams
2 – Jody Scheckter (ZAF), Ferrari
3 – Jacques Laffite (FRA), Ligier

GP von Italien, 9. September, Monza
1 – Jody Scheckter (ZAF), Ferrari
2 – Montréal (CAN), Ferrari
3 – Clay Regazzoni (CHE), Williams

GP von Kanada, 30. September, Montréal
1 – Alan Jones (AUS), Williams
2 – Montréal (CAN), Ferrari
3 – Clay Regazzoni (CHE), Williams

GP der USA Ost, 7. Oktober, Watkins Glen
1 – Montréal (CAN), Ferrari
2 – René Arnoux (FRA), Renault
3 – Didier Pironi (FRA), Tyrrell

1980 / 14 GP

GP von Argentinien, 13. Januar, Buenos Aires
1 – Alan Jones (AUS), Williams
2 – Nelson Piquet (BRA), Brabham
3 – Keke Rosberg (FIN), Fittipaldi

GP von Brasilien, 27. Januar, Interlagos
1 – René Arnoux (FRA), Renault
2 – Elio de Angelis (ITA), Lotus
3 – Alan Jones (AUS), Williams

GP von Südafrika, 1. März, Kyalami
1 – René Arnoux (FRA), Renault
2 – Jacques Laffite (FRA), Ligier
3 – Didier Pironi (FRA), Ligier

GP der USA West, 30.März, Long Beach
1 – Nelson Piquet (BRA), Brabham
2 – Riccardo Patrese (ITA), Arrows
3 – Emerson Fittipaldi (BRA), Fittipaldi

GP von Belgien, 4. Mai, Zolder
1 – Didier Pironi (FRA), Ligier
2 – Alan Jones (AUS), Williams
3 – Carlos Reutemann (ARG), Williams

GP von Monaco, 18. Mai, Monaco
1 – Carlos Reutemann (ARG), Williams
2 – Jacques Laffite (FRA), Ligier
3 – Nelson Piquet (BRA), Brabham

GP von Frankreich, 29. Juni, Paul Ricard
1 – Alan Jones (AUS), Williams
2 – Didier Pironi (FRA), Ligier
3 – Jacques Laffite (FRA), Ligier

GP von Großbritannien, 13. Juli, Brands Hatch
1 – Alan Jones (AUS), Williams
2 – Nelson Piquet (BRA), Brabham
3 – Carlos Reutemann (ARG), Williams

GP von Deutschland, 10. August, Hockenheim
1 – Jacques Laffite (FRA), Ligier
2 – Carlos Reutemann (ARG), Williams
3 – Alan Jones (AUS), Williams

GP von Österreich, 17. August, Österreichring
1 – Jean-Pierre Jabouille (FRA), Renault
2 – Alan Jones (AUS), Williams
3 – Carlos Reutemann (ARG), Williams

GP der Niederlande, 31. August, Zandvoort
1 – Nelson Piquet (BRA), Brabham
2 – René Arnoux (FRA), Renault
3 – Jacques Laffite (FRA), Ligier

GP von Italien, 14. September, Imola
1 – Nelson Piquet (BRA), Brabham
2 – Alan Jones (AUS), Williams
3 – Carlos Reutemann (ARG), Williams

GP von Kanada, 28. September, Montréal
1 – Alan Jones (AUS), Williams
2 – Carlos Reutemann (ARG), Williams
3 – Didier Pironi (FRA), Ligier

GP der USA Ost, 5. Oktober, Watkins Glen
1 – Alan Jones (AUS), Williams
2 – Carlos Reutemann (ARG), Williams
3 – Didier Pironi (FRA), Ligier

1981 / 15 GP

GP der USA West, 15.März, Long Beach
1 – Alan Jones (AUS), Williams
2 – Carlos Reutemann (ARG), Williams
3 – Nelson Piquet (BRA), Brabham

GP von Brasilien, 29. März, Jacarepagua
1 – Carlos Reutemann (ARG), Williams
2 – Alan Jones (AUS), Williams
3 – Riccardo Patrese (ITA), Arrows

GP von Argentinien, 12. April, Buenos Aires
1 – Nelson Piquet (BRA), Brabham
2 – Carlos Reutemann (ARG), Williams
3 – Alain Prost (FRA), Renault

GP von San Marino, 3. Mai, Imola
1 – Nelson Piquet (BRA), Brabham
2 – Riccardo Patrese (ITA), Arrows
3 – Carlos Reutemann (ARG), Williams

GP von Belgien, 17. Mai, Zolder
1 – Carlos Reutemann (ARG), Williams
2 – Jacques Laffite (FRA), Ligier
3 – Nigel Mansell (GBR), Lotus

GP von Monaco, 31. Mai, Monaco
1 – Montréal (CAN), Ferrari
2 – Alan Jones (AUS), Williams
3 – Jacques Laffite (FRA), Ligier

GP von Spanien 21. Juni, Jarama
1 – Montréal (CAN), Ferrari
2 – Jacques Laffite (FRA), Ligier
3 – John Watson (GBR), McLaren

GP von Frankreich, 5. Juli, Dijon-Prenois
1 – Alain Prost (FRA), Renault
2 – John Watson (GBR), McLaren
3 – Nelson Piquet (BRA), Brabham

GP von Großbritannien, 18. Juli, Silverstone
1 – John Watson (GBR), McLaren
2 – Carlos Reutemann (ARG), Williams
3 – Jacques Laffite (FRA), Ligier

GP von Deutschland, 2. August, Hockenheim
1 – Nelson Piquet (BRA), Brabham
2 – Alain Prost (FRA), Renault
3 – Jacques Laffite (FRA), Ligier

GP von Österreich, 16. August, Österreichring
1 – Jacques Laffite (FRA), Ligier
2 – René Arnoux (FRA), Renault
3 – Nelson Piquet (BRA), Brabham

GP der Niederlande, 30. August, Zandvoort
1 – Alain Prost (FRA), Renault
2 – Nelson Piquet (BRA), Brabham
3 – Alan Jones (AUS), Williams

GP von Italien, 13. September, Monza
1 – Alain Prost (FRA), Renault
2 – Alan Jones (AUS), Williams
3 – Carlos Reutemann (ARG), Williams

GP von Kanada, 27. September, Montréal
1 – Jacques Laffite (FRA), Ligier
2 – John Watson (GBR), McLaren
3 – Montréal (CAN), Ferrari

GP von Las Vegas, 17. Oktober, Las Vegas
1 – Alan Jones (AUS), Williams
2 – Alain Prost (FRA), Renault
3 – Bruno Giacomelli (ITA), Alfa Romeo

1982 / 16 GP

GP von Südafrika, 23. Januar, Kyalami
1 – Alain Prost (FRA), Renault
2 – Carlos Reutemann (ARG), Williams
3 – René Arnoux (FRA), Renault

GP von Brasilien, 21. März, Jacarepagua
1 – Alain Prost (FRA), Renault
2 – John Watson (GBR), McLaren
3 – Nigel Mansell (GBR), Lotus

GP der USA West, 4. April, Long Beach
1 – Niki Lauda (AUT), McLaren
2 – Keke Rosberg (FIN), Williams
3 – Riccardo Patrese (ITA), Brabham

GP von San Marino, 25. April, Imola
1 – Didier Pironi (FRA), Ferrari
2 – Montréal (CAN), Ferrari
3 – Michele Alboreto (ITA), Tyrrell

GP von Belgien, 9. Mai, Zolder
1 – John Watson (GBR), McLaren
2 – Keke Rosberg (FIN), Williams
3 – Eddie Cheever (USA), Ligier

GP von Monaco, 23. Mai, Monaco
1 – Riccardo Patrese (ITA), Brabham
2 – Didier Pironi (FRA), Ferrari
3 – Andrea de Cesaris (ITA), Alfa Romeo

GP der USA Ost, 6. Juni, Detroit
1 – John Watson (GBR), McLaren
2 – Eddie Cheever (USA), Ligier
3 – Didier Pironi (FRA) Ferrari

GP von Kanada, 13. Juni, Montréal
1 – Nelson Piquet (BRA), Brabham
2 – Riccardo Patrese (ITA), Brabham
3 – John Watson (GBR), McLaren

GP der Niederlande, 3. Juli, Zandvoort
1 – Didier Pironi (FRA), Ferrari
2 – Nelson Piquet (BRA), Brabham
3 – Keke Rosberg (FIN), Williams

GP von Großbritannien, 18. Juli, Brands Hatch
1 – Niki Lauda (AUT), McLaren
2 – Didier Pironi (FRA), Ferrari
3 – Patrick Tambay (FRA), Ferrari

GP von Frankreich, 25. Juli, Paul Ricard
1 – René Arnoux (FRA), Renault
2 – Alain Prost (FRA), Renault
3 – Didier Pironi (FRA) Ferrari

GP von Deutschland, 8. August, Hockenheim
1 – Patrick Tambay (FRA), Ferrari
2 – René Arnoux (FRA), Renault
3 – Keke Rosberg (FIN), Williams

GP von Österreich, 15. August, Österreichring
1 – Elio de Angelis (ITA), Lotus
2 – Keke Rosberg (FIN), Williams
3 – Jacques Laffite (FRA), Ligier

GP der Schweiz, 29. August, Dijon-Prenois
1 – Keke Rosberg (FIN), Williams
2 – Alain Prost (FRA), Renault
3 – Niki Lauda (AUT), McLaren

GP von Italien, 12. September, Monza
1 – René Arnoux (FRA), Renault
2 – Patrick Tambay (FRA), Ferrari
3 – Mario Andretti (USA), Ferrari

GP von Las Vegas, 25. September, Las Vegas
1 – Michele Alboreto (ITA), Tyrrell
2 – John Watson (GBR), McLaren
3 – Eddie Cheever (USA), Ligier

1983 / 15 GP

GP von Brasilien, 13. März, Jacarepagua
1 – Nelson Piquet (BRA), Brabham
3 – Niki Lauda (AUT), McLaren

GP der USA West, 27.März, Long Beach
1 – John Watson (GBR), McLaren
2 – Niki Lauda (AUT), McLaren
3 – René Arnoux (FRA), Ferrari

GP von Frankreich, 17. April, Paul Ricard
1 – Alain Prost (FRA), Renault
2 – Nelson Piquet (BRA), Brabham
3 – Eddie Cheever (USA), Renault

GP von San Marino, 1. Mai, Imola
1 – Patrick Tambay (FRA), Ferrari
2 – Alain Prost (FRA), Renault
3 – René Arnoux (FRA), Ferrari

GP von Monaco, 15. Mai, Monaco
1 – Keke Rosberg (FIN), Williams
2 – Nelson Piquet (BRA), Brabham
3 – Alain Prost (FRA), Renault

GP von Belgien, 22. Mai, Spa-Francorchamps
1 – Alain Prost (FRA), Renault
2 – Patrick Tambay (FRA), Ferrari
3 – Eddie Cheever (USA), Renault

GP der USA Ost, 5. Juni, Detroit
1 – Michele Alboreto (ITA), Tyrrell
2 – Keke Rosberg (FIN), Williams
3 – John Watson (GBR), McLaren

GP von Kanada, 12. Juni, Montréal
1 – René Arnoux (FRA), Ferrari
2 – Eddie Cheever (USA), Renault
3 – Patrick Tambay (FRA), Ferrari

GP von Großbritannien, 16. Juli, Silverstone
1 – Alain Prost (FRA), Renault
2 – Nelson Piquet (BRA), Brabham
3 – Patrick Tambay (FRA), Ferrari

GP von Deutschland, 7. August, Hockenheim
1 – René Arnoux (FRA), Ferrari
2 – Andrea de Cesaris (ITA), Alfa Romeo
3 – Riccardo Patrese (ITA), Brabham

GP von Österreich, 14. August, Österreichring
1 – Alain Prost (FRA), Renault
2 – René Arnoux (FRA), Ferrari
3 – Nelson Piquet (BRA), Brabham

GP von Italien, 11. September, Monza
1 – Nelson Piquet (BRA), Brabham
2 – René Arnoux (FRA), Ferrari
3 – Eddie Cheever (USA), Renault

GP von Großbritannien, 25. September, Brands Hatch
1 – Nelson Piquet (BRA), Brabham
2 – Alain Prost (FRA), Renault
3 – Nigel Mansell (GBR), Lotus

GP von Südafrika, 15. Oktober, Kyalami
1 – Riccardo Patrese (ITA), Brabham
2 – Andrea de Cesaris (ITA), Alfa Romeo
3 – Nelson Piquet (BRA), Brabham

1984 / 15 GP

GP von Brasilien, 25. März, Jacarepagua
1 – Alain Prost (FRA), McLaren
2 – Keke Rosberg (FIN), Williams
3 – Elio de Angelis (ITA), Lotus

GP von Südafrika, 7. April, Kyalami
1 – Niki Lauda (AUT), McLaren
2 – Alain Prost (FRA), McLaren
3 – Derek Warwick (GBR), Renault

GP von Belgien, 29. April, Zolder
1 – Michele Alboreto (ITA), Ferrari
2 – Derek Warwick (GBR), Renault
3 – René Arnoux (FRA), Ferrari

GP von San Marino, 6. Mai, Imola
1 – Alain Prost (FRA), McLaren
2 – René Arnoux (FRA), Ferrari
3 – Elio de Angelis (ITA), Lotus

GP von Frankreich, 20. Mai, Dijon-Prenois
1 – Niki Lauda (AUT), McLaren
2 – Patrick Tambay (FRA), Renault
3 – Nigel Mansell (GBR), Lotus

GP von Monaco, 3. Juni, Monaco
1 – Alain Prost (FRA), McLaren
2 – Ayrton Senna (BRA), Toleman
3 – René Arnoux (FRA), Ferrari

GP von Kanada, 17. Juni, Montréal
1 – Nelson Piquet (BRA), Brabham
2 – Niki Lauda (AUT), McLaren
3 – Alain Prost (FRA), McLaren

GP der USA Ost, 24. Juni, Detroit
1 – Nelson Piquet (BRA), Brabham
2 – Elio de Angelis (ITA), Lotus
3 – Teo Fabi (ITA), Brabham

GP der USA West, 8. Juli, Dallas
1 – Keke Rosberg (FIN), Williams
2 – René Arnoux (FRA), Ferrari
3 – Elio de Angelis (ITA), Lotus

GP von Großbritannien, 22. Juli, Brands Hatch
1 – Niki Lauda (AUT), McLaren
2 – Derek Warwick (GBR), Renault
3 – Ayrton Senna (BRA), Toleman

GP von Deutschland, 5. August, Hockenheim
1 – Alain Prost (FRA), McLaren
2 – Niki Lauda (AUT), McLaren
3 – Derek Warwick (GBR), Renault

GP von Österreich, 19. August, Österreichring
1 – Niki Lauda (AUT), McLaren
2 – Nelson Piquet (BRA), Brabham
3 – Michele Alboreto (ITA), Ferrari

GP der Niederlande, 26. August, Zandvoort
1 – Alain Prost (FRA), McLaren
2 – Niki Lauda (AUT), McLaren
3 – Nigel Mansell (GBR), Lotus

GP von Italien, 9. September, Monza
1 – Niki Lauda (AUT), McLaren
2 – Michele Alboreto (ITA), Ferrari
3 – Riccardo Patrese (ITA), Alfa Romeo

GP von Europa, 7. Oktober, Nürburgring
1 – Alain Prost (FRA), McLaren
2 – Michele Alboreto (ITA), Ferrari
3 – Nelson Piquet (BRA), Brabham

GP von Portugal, 21. Oktober, Estoril
1 – Alain Prost (FRA), McLaren
2 – Niki Lauda (AUT), McLaren
3 – Ayrton Senna (BRA), Toleman

1985 / 16 GP

GP von Brasilien, 7. April, Jacarepagua
1 – Alain Prost (FRA), McLaren
2 – Michele Alboreto (ITA), Ferrari
3 – Elio de Angelis (ITA), Lotus

GP von Portugal, 21. April, Estoril
1 – Ayrton Senna (BRA), Lotus
2 – Michele Alboreto (ITA), Ferrari
3 – Patrick Tambay (FRA), Renault

GP von San Marino, 5. Mai, Imola
1 – Elio de Angelis (ITA), Lotus
2 – Thierry Boutsen (BEL), Arrows
3 – Patrick Tambay (FRA), Renault

GP von Monaco, 19. Mai, Monaco
1 – Alain Prost (FRA), McLaren
2 – Michele Alboreto (ITA), Ferrari
3 – Elio de Angelis (ITA), Lotus

GP von Kanada, 16. Juni, Montréal
1 – Michele Alboreto (ITA), Ferrari
2 – Stefan Johansson (SWE), Ferrari
3 – Alain Prost (FRA), McLaren

GP der USA, 23. Juni, Detroit
1 – Keke Rosberg (FIN), Williams
2 – Stefan Johansson (SWE), Ferrari
3 – Michele Alboreto (ITA), Ferrari

GP von Frankreich, 7. Juli, Le Castellet
1 – Nelson Piquet (BRA), Brabham
2 – Keke Rosberg (FIN), Williams
3 – Nigel Mansell (GBR), Lotus

GP von Großbritannien, 21. Juli, Silverstone
1 – Alain Prost (FRA), McLaren
2 – Michele Alboreto (ITA), Ferrari
3 – Alain Prost (FRA), McLaren

GP von Deutschland, 4. August, Nürburgring
1 – Michele Alboreto (ITA), Ferrari
2 – Alain Prost (FRA), McLaren
3 – Jacques Laffite (FRA), Ligier

GP von Österreich, 18. August, Österreichring
1 – Alain Prost (FRA), McLaren
2 – Ayrton Senna (BRA), Lotus
3 – Michele Alboreto (ITA), Ferrari

GP der Niederlande, 25. August, Zandvoort
1 – Niki Lauda (AUT), McLaren
2 – Alain Prost (FRA), McLaren
3 – Ayrton Senna (BRA), Lotus

GP von Italien, 8. September, Monza
1 – Alain Prost (FRA), McLaren
2 – Nelson Piquet (BRA), Brabham
3 – Ayrton Senna (BRA), Lotus

GP von Belgien, 15. September, Spa-Francorchamps
1 – Ayrton Senna (BRA), Lotus
2 – Nigel Mansell (GBR), Williams
3 – Alain Prost (FRA), McLaren

GP von Europa, 6. Oktober, Brands Hatch
1 – Nigel Mansell (GBR), Williams
2 – Ayrton Senna (BRA), Lotus
3 – Keke Rosberg (FIN), Williams

GP von Südafrika, 19. Oktober, Kyalami
1 – Nigel Mansell (GBR), Williams
2 – Keke Rosberg (FIN), Williams
3 – Alain Prost (FRA), McLaren

GP von Australien, 3. November, Adelaide
1 – Keke Rosberg (FIN), Williams
2 – Jacques Laffite (FRA), Ligier
3 – Philippe Streiff (FRA), Ligier

1986 / 16 GP

GP von Brasilien, 23. März, Jacarepagua
1 – Nelson Piquet (BRA), Williams
2 – Ayrton Senna (BRA), Lotus
3 – Jacques Laffite (FRA), Ligier

GP von Spanien, 13. April, Jerez de la Frontera
1 – Ayrton Senna (BRA), Lotus
2 – Nigel Mansell (GBR), Williams
3 – Alain Prost (FRA), McLaren

GP von San Marino, 27. April, Imola
1 – Alain Prost (FRA), McLaren
2 – Nelson Piquet (BRA), Williams
3 – Gerhard Berger (AUT), Benetton

GP von Monaco, 11. Mai, Monaco
1 – Alain Prost (FRA), McLaren
2 – Keke Rosberg (FIN), McLaren
3 – Ayrton Senna (BRA), Lotus

GP von Belgien, 25. Mai, Spa-Francorchamps
1 – Nigel Mansell (GBR), Williams
2 – Ayrton Senna (BRA), Lotus
3 – Stefan Johansson (SWE), Ferrari

GP von Kanada, 15. Juni, Montréal
1 – Nigel Mansell (GBR), Williams
2 – Alain Prost (FRA), McLaren
3 – Nelson Piquet (BRA), Williams

GP der USA, 22. Juni, Detroit
1 – Ayrton Senna (BRA), Lotus
2 – Jacques Laffite (FRA), Ligier
3 – Alain Prost (FRA), McLaren

GP von Frankreich, 6. Juli, Paul Ricard
1 – Nigel Mansell (GBR), Williams
2 – Alain Prost (FRA), McLaren
3 – Nelson Piquet (BRA), Williams

GP von Großbritannien, 13. Juli, Brands Hatch
1 – Nigel Mansell (GBR), Williams
2 – Nelson Piquet (BRA), Williams
3 – Alain Prost (FRA), McLaren

GP von Deutschland, 27. Juli, Hockenheim
1 – Nelson Piquet (BRA), Williams
2 – Ayrton Senna (BRA), Lotus
3 – Nigel Mansell (GBR), Williams

GP von Ungarn, 10. August, Hungaroring
1 – Nelson Piquet (BRA), Williams
2 – Ayrton Senna (BRA), Lotus
3 – Nigel Mansell (GBR), Williams

GP von Österreich, 17. August, Österreichring
1 – Alain Prost (FRA), McLaren
2 – Michele Alboreto (ITA), Ferrari
3 – Stefan Johansson (SWE), Ferrari

GP von Italien, 7. September, Monza
1 – Nelson Piquet (BRA), Williams
2 – Nigel Mansell (GBR), Williams
3 – Stefan Johansson (SWE), Ferrari

GP von Portugal, 21. September, Estoril
1 – Nigel Mansell (GBR), Williams
2 – Alain Prost (FRA), McLaren
3 – Nelson Piquet (BRA), Williams

GP von Mexiko, 12. Oktober, Mexiko-Stadt
1 – Gerhard Berger (AUT), Benetton
2 – Alain Prost (FRA), McLaren
3 – Ayrton Senna (BRA), Lotus

GP von Australien, 26. Oktober, Adelaide
1 – Alain Prost (FRA), McLaren
2 – Nelson Piquet (BRA), Williams
3 – Stefan Johansson (SWE), Ferrari

1987 / 16 GP

GP von Brasilien, 12. April, Jacarepagua
1 – Alain Prost (FRA), McLaren
2 – Nelson Piquet (BRA), Williams
3 – Stefan Johansson (SWE), McLaren

GP von San Marino, 3. Mai, Imola
1 – Nigel Mansell (GBR), Williams
2 – Ayrton Senna (BRA), Lotus
3 – Michele Alboreto (ITA), Ferrari

GP von Belgien, 17. Mai, Spa-Francorchamps
1 – Alain Prost (FRA), McLaren
2 – Stefan Johansson (SWE), McLaren
3 – Andrea de Cesaris (ITA), Brabham

GP von Monaco, 31. Mai, Monaco
1 – Ayrton Senna (BRA), Lotus
2 – Nelson Piquet (BRA), Williams
3 – Michele Alboreto (ITA), Ferrari

GP der USA, 21. Juni, Detroit
1 – Ayrton Senna (BRA), Lotus
2 – Nelson Piquet (BRA), Williams
3 – Alain Prost (FRA), McLaren

GP von Frankreich, 5. Juli, Paul Ricard
1 – Nigel Mansell (GBR), Williams
2 – Nelson Piquet (BRA), Williams
3 – Alain Prost (FRA), McLaren

GP von Großbritannien, 12. Juli, Silverstone
1 – Nigel Mansell (GBR), Williams
2 – Nelson Piquet (BRA), Williams
3 – Ayrton Senna (BRA), Lotus

GP von Deutschland, 26. Juli, Hockenheim
1 – Nelson Piquet (BRA), Williams
2 – Stefan Johansson (SWE), McLaren
3 – Ayrton Senna (BRA), Lotus

GP von Ungarn, 9. August, Hungaroring
1 – Nelson Piquet (BRA), Williams
2 – Ayrton Senna (BRA), Lotus
3 – Alain Prost (FRA), McLaren

GP von Österreich, 16. August, Red Bull Ring
1 – Nigel Mansell (GBR), Williams
2 – Nelson Piquet (BRA), Williams
3 – Teo Fabi (ITA), Benetton

GP von Italien, 6. September, Monza
1 – Nelson Piquet (BRA), Williams
2 – Ayrton Senna (BRA), Lotus
3 – Nigel Mansell (GBR), Williams

GP von Portugal, 20. September, Estoril
1 – Alain Prost (FRA), McLaren
2 – Gerhard Berger (AUT), Ferrari
3 – Nelson Piquet (BRA), Williams

GP von Spanien, 27. September, Jerez de la Frontera
1 – Nigel Mansell (GBR), Williams
2 – Alain Prost (FRA), McLaren
3 – Stefan Johansson (SWE), McLaren

GP von Mexiko, 18. Oktober, Mexiko-Stadt
1 – Nigel Mansell (GBR), Williams
2 – Nelson Piquet (BRA), Williams
3 – Riccardo Patrese (ITA), Brabham

GP von Japan, 1. November, Suzuka
1 – Gerhard Berger (AUT), Ferrari
2 – Ayrton Senna (BRA), Lotus
3 – Stefan Johansson (SWE), McLaren

GP von Australien, 15. November, Adelaide
1 – Gerhard Berger (AUT), Ferrari
2 – Michele Alboreto (ITA), Ferrari
3 – Thierry Boutsen (BEL), Benetton

1988 / 16 GP

GP von Brasilien, 3. April, Jacarepagua
1 – Alain Prost (FRA), McLaren
2 – Gerhard Berger (AUT), Ferrari
3 – Nelson Piquet (BRA), Lotus

GP von San Marino, 1. Mai, Imola
1 – Ayrton Senna (BRA), McLaren
2 – Alain Prost (FRA), McLaren
3 – Nelson Piquet (BRA), Lotus

GP von Monaco, 15. Mai, Monaco
1 – Alain Prost (FRA), McLaren
2 – Gerhard Berger (AUT), Ferrari
3 – Michele Alboreto (ITA), Ferrari

GP von Mexiko, 29. Mai, Mexiko-Stadt
1 – Alain Prost (FRA), McLaren
2 – Ayrton Senna (BRA), McLaren
3 – Gerhard Berger (AUT), Ferrari

GP von Kanada, 12. Juni, Montréal
1 – Ayrton Senna (BRA), McLaren
2 – Alain Prost (FRA), McLaren
3 – Thierry Boutsen (BEL), Benetton

GP der USA, 19. Juni, Detroit
1 – Ayrton Senna (BRA), McLaren
2 – Alain Prost (FRA), McLaren
3 – Thierry Boutsen (BEL), Benetton

GP von Frankreich, 3. Juli, Paul Ricard
1 – Alain Prost (FRA), McLaren
2 – Ayrton Senna (BRA), McLaren
3 – Michele Alboreto (ITA), Ferrari

GP von Großbritannien, 10. Juli, Silverstone
1 – Ayrton Senna (BRA), McLaren
2 – Nigel Mansell (GBR), Williams
3 – Alessandro Nannini (ITA), Benetton

GP von Deutschland, 24. Juli, Hockenheim
1 – Ayrton Senna (BRA), McLaren
2 – Alain Prost (FRA), McLaren
3 – Gerhard Berger (AUT), Ferrari

GP von Ungarn, 7. August, Hungaroring
1 – Ayrton Senna (BRA), McLaren
2 – Alain Prost (FRA), McLaren
3 – Thierry Boutsen (BEL), Benetton

GP von Belgien, 28. August, Spa-Francorchamps
1 – Ayrton Senna (BRA), McLaren
2 – Alain Prost (FRA), McLaren
3 – Ivan Capelli (ITA), March

GP von Italien, 11. September, Monza
1 – Gerhard Berger (AUT), Ferrari
2 – Michele Alboreto (ITA), Ferrari
3 – Eddie Cheever (USA), Arrows

GP von Portugal, 25. September, Estoril
1 – Alain Prost (FRA), McLaren
2 – Ivan Capelli (ITA), March
3 – Thierry Boutsen (BEL), Benetton

GP von Spanien, 2. Oktober, Jerez de la Frontera
1 – Alain Prost (FRA), McLaren
2 – Nigel Mansell (GBR), Williams
3 – Alessandro Nannini (ITA), Benetton

GP von Japan, 30. Oktober, Suzuka
1 – Ayrton Senna (BRA), McLaren
2 – Alain Prost (FRA), McLaren
3 – Thierry Boutsen (BEL), Benetton

GP von Australien, 13. November, Adelaide
1 – Alain Prost (FRA), McLaren
2 – Ayrton Senna (BRA), McLaren
3 – Nelson Piquet (BRA), Lotus

1989 / 16 GP

GP von Brasilien, 26. März, Jacarepagua
1 – Nigel Mansell (GBR), Ferrari
2 – Alain Prost (FRA), McLaren
3 – Maurício Gugelmin (BRA), March

GP von San Marino, 23. April, Imola
1 – Ayrton Senna (BRA), McLaren
2 – Alain Prost (FRA), McLaren
3 – Alessandro Nannini (ITA), Benetton

GP von Monaco, 7. Mai, Monaco
1 – Ayrton Senna (BRA), McLaren
2 – Alain Prost (FRA), McLaren
3 – Stefano Modena (ITA), Brabham

GP von Mexiko, 28. Mai, Mexiko-Stadt
1 – Ayrton Senna (BRA), McLaren
2 – Riccardo Patrese (ITA), Williams
3 – Michele Alboreto (ITA), Tyrrell

GP der USA, 4. Juni, Phoenix
1 – Alain Prost (FRA), McLaren
2 – Riccardo Patrese (ITA), Williams
3 – Eddie Cheever (USA), Arrows

GP von Kanada, 18. Juni, Montréal
1 – Thierry Boutsen (BEL), Williams
2 – Riccardo Patrese (ITA), Williams
3 – Andrea de Cesaris (ITA), Dallara

GP von Frankreich, 9. Juli, Paul Ricard
1 – Alain Prost (FRA), McLaren
2 – Nigel Mansell (GBR), Ferrari
3 – Riccardo Patrese (ITA), Williams

GP von Großbritannien, 16. Juli, Silverstone
1 – Alain Prost (FRA), McLaren
2 – Nigel Mansell (GBR), Ferrari
3 – Alessandro Nannini (ITA), Benetton

GP von Deutschland, 30. Juli, Hockenheim
1 – Ayrton Senna (BRA), McLaren
2 – Alain Prost (FRA), McLaren
3 – Nigel Mansell (GBR), Ferrari

GP von Ungarn, 13. August, Hungaroring
1 – Nigel Mansell (GBR), Ferrari
2 – Ayrton Senna (BRA), McLaren
3 – Thierry Boutsen (BEL), Williams

GP von Belgien, 27. August, Spa-Francorchamps
1 – Ayrton Senna (BRA), McLaren
2 – Alain Prost (FRA), McLaren
3 – Nigel Mansell (GBR), Ferrari

GP von Italien, 10. September, Monza
1 – Alain Prost (FRA), McLaren
2 – Gerhard Berger (AUT), Ferrari
3 – Thierry Boutsen (BEL), Williams

GP von Portugal, 24. September, Estoril
1 – Gerhard Berger (AUT), Ferrari
2 – Alain Prost (FRA), McLaren
3 – Stefan Johansson (SWE), Onyx

GP von Spanien, 1. Oktober, Jerez de la Frontera
1 – Ayrton Senna (BRA), McLaren
2 – Gerhard Berger (AUT), Ferrari
3 – Alain Prost (FRA), McLaren

GP von Japan, 22. Oktober, Suzuka
1 – Alessandro Nannini (ITA), Benetton
2 – Riccardo Patrese (ITA), Williams
3 – Thierry Boutsen (BEL), Williams

GP von Australien, 5. November, Adelaide
1 – Thierry Boutsen (BEL), Williams
2 – Alessandro Nannini (ITA), Benetton
3 – Riccardo Patrese (ITA), Williams

1990 / 16 GP

GP der USA, 11. März, Phoenix
1 – Ayrton Senna (BRA), McLaren
2 – Jean Alesi (FRA), Tyrrell
3 – Thierry Boutsen (BEL), Williams

GP von Brasilien, 25. März, Interlagos
1 – Alain Prost (FRA), Ferrari
2 – Gerhard Berger (AUT), McLaren
3 – Ayrton Senna (BRA), McLaren

GP von San Marino, 13. Mai, Imola
1 – Riccardo Patrese (ITA), Williams
2 – Gerhard Berger (AUT), McLaren
3 – Alessandro Nannini (ITA), Benetton

GP von Monaco, 27. Mai, Monaco
1 – Ayrton Senna (BRA), McLaren
2 – Jean Alesi (FRA), Tyrrell
3 – Gerhard Berger (AUT), McLaren

GP von Kanada, 10. Juni, Montréal
1 – Ayrton Senna (BRA), McLaren
2 – Nelson Piquet (BRA), Benetton
3 – Nigel Mansell (GBR), Ferrari

GP von Mexiko, 24. Juni, Mexiko-Stadt
1 – Alain Prost (FRA), Ferrari
2 – Nigel Mansell (GBR), Ferrari
3 – Gerhard Berger (AUT), McLaren

GP von Frankreich, 8. Juli, Paul Ricard
1 – Alain Prost (FRA), Ferrari
2 – Ivan Capelli (ITA), March
3 – Ayrton Senna (BRA), McLaren

GP von Großbritannien, 15. Juli, Silverstone
1 – Alain Prost (FRA), Ferrari
2 – Thierry Boutsen (BEL), Williams
3 – Ayrton Senna (BRA), McLaren

GP von Deutschland, 29. Juli, Hockenheim
1 – Ayrton Senna (BRA), McLaren
2 – Alessandro Nannini (ITA), Benetton
3 – Gerhard Berger (AUT), McLaren

GP von Ungarn, 12. August, Hungaroring
1 – Thierry Boutsen (BEL), Williams
2 – Ayrton Senna (BRA), McLaren
3 – Nelson Piquet (BRA), Benetton

GP von Belgien, 26. August, Spa-Francorchamps
1 – Ayrton Senna (BRA), McLaren
2 – Alain Prost (FRA), Ferrari
3 – Gerhard Berger (AUT), McLaren

GP von Italien, 9. September, Monza
1 – Ayrton Senna (BRA), McLaren
2 – Alain Prost (FRA), Ferrari
3 – Gerhard Berger (AUT), McLaren

GP von Portugal, 23. September, Estoril
1 – Nigel Mansell (GBR), Ferrari
2 – Ayrton Senna (BRA), McLaren
3 – Alain Prost (FRA), Ferrari

GP von Spanien, 30. September, Jerez de la Frontera
1 – Alain Prost (FRA), Ferrari
2 – Nigel Mansell (GBR), Ferrari
3 – Alessandro Nannini (ITA), Benetton

GP von Japan, 22. Oktober, Suzuka
1 – Nelson Piquet (BRA), Benetton
2 – Roberto Moreno (BRA), Benetton
3 – Aguri Suzuki (JPN), Lola

GP von Australien, 4. November, Adelaide
1 – Nelson Piquet (BRA), Benetton
2 – Nigel Mansell (GBR), Ferrari
3 – Alain Prost (FRA), Ferrari

1991 / 16 GP

GP der USA, 10. März, Phoenix
1 – Ayrton Senna (BRA), McLaren
2 – Alain Prost (FRA), Ferrari
3 – Nelson Piquet (BRA), Benetton

GP von Brasilien, 24. März, Interlagos
1 – Ayrton Senna (BRA), McLaren
2 – Riccardo Patrese (ITA), Williams
3 – Gerhard Berger (AUT), McLaren

GP von San Marino, 28. April, Imola
1 – Ayrton Senna (BRA), McLaren
2 – Gerhard Berger (AUT), McLaren
3 – JJ Lehto (FIN), Dallara

GP von Monaco, 12. Mai, Monaco
1 – Ayrton Senna (BRA), McLaren
2 – Nigel Mansell (GBR), Williams
3 – Jean Alesi (FRA), Ferrari

GP von Kanada, 2. Juni, Montréal
1 – Nelson Piquet (BRA), Benetton
2 – Stefano Modena (ITA), Tyrrell
3 – Riccardo Patrese (ITA), Williams

GP von Mexiko, 16. Juni, Mexiko-Stadt
1 – Riccardo Patrese (ITA), Williams
2 – Nigel Mansell (GBR), Williams
3 – Ayrton Senna (BRA), McLaren

GP von Frankreich, 7. Juli, Magny-Cours
1 – Nigel Mansell (GBR), Williams
2 – Alain Prost (FRA), Ferrari
3 – Ayrton Senna (BRA), McLaren

GP von Großbritannien, 14. Juli, Silverstone
1 – Nigel Mansell (GBR), Williams
2 – Gerhard Berger (AUT), McLaren
3 – Alain Prost (FRA), Ferrari

GP von Deutschland, 28. Juli, Hockenheim
1 – Nigel Mansell (GBR), Williams
2 – Riccardo Patrese (ITA), Williams
3 – Jean Alesi (FRA), Ferrari

GP von Ungarn, 11. August, Hungaroring
1 – Ayrton Senna (BRA), McLaren
2 – Nigel Mansell (GBR), Williams
3 – Riccardo Patrese (ITA), Williams

GP von Belgien, 25. August, Spa-Francorchamps
1 – Ayrton Senna (BRA), McLaren
2 – Gerhard Berger (AUT), McLaren
3 – Nelson Piquet (BRA), Benetton

GP von Italien, 8. September, Monza
1 – Nigel Mansell (GBR), Williams
2 – Ayrton Senna (BRA), McLaren
3 – Alain Prost (FRA), Ferrari

GP von Portugal, 22. September, Estoril
1 – Riccardo Patrese (ITA), Williams
2 – Ayrton Senna (BRA), McLaren
3 – Jean Alesi (FRA), Ferrari

GP von Spanien, 29. September, Catalunya
1 – Nigel Mansell (GBR), Williams
2 – Alain Prost (FRA), Ferrari
3 – Riccardo Patrese (ITA), Williams

GP von Japan, 20. Oktober, Suzuka
1 – Gerhard Berger (AUT), McLaren
2 – Ayrton Senna (BRA), McLaren
3 – Riccardo Patrese (ITA), Williams

GP von Australien, 3. November, Adelaide
1 – Ayrton Senna (BRA), McLaren
2 – Nigel Mansell (GBR), Williams
3 – Gerhard Berger (AUT), McLaren

1992 / 16 GP

GP von Südafrika, 1. März, Kyalami
1 – Nigel Mansell (GBR), Williams
2 – Riccardo Patrese (ITA), Williams
3 – Ayrton Senna (BRA), McLaren

GP von Mexiko, 22. März, Mexiko-Stadt
1 – Nigel Mansell (GBR), Williams
2 – Riccardo Patrese (ITA), Williams
3 – Michael Schumacher (DEU), Benetton

GP von Brasilien, 5. April, Interlagos
1 – Nigel Mansell (GBR), Williams
2 – Riccardo Patrese (ITA), Williams
3 – Michael Schumacher (DEU), Benetton

GP von Spanien, 3. Mai, Catalunya
1 – Nigel Mansell (GBR), Williams
2 – Michael Schumacher (DEU), Benetton
3 – Jean Alesi (FRA), Ferrari

GP von San Marino, 17. Mai, Imola
1 – Nigel Mansell (GBR), Williams
2 – Riccardo Patrese (ITA), Williams
3 – Ayrton Senna (BRA), McLaren

GP von Monaco, 31. Mai, Monaco
1 – Ayrton Senna (BRA), McLaren
2 – Nigel Mansell (GBR), Williams
3 – Riccardo Patrese (ITA), Williams

GP von Kanada, 14. Juni, Montréal
1 – Gerhard Berger (AUT), McLaren
2 – Michael Schumacher (DEU), Benetton
3 – Jean Alesi (FRA), Ferrari

GP von Frankreich, 5. Juli, Magny-Cours
1 – Nigel Mansell (GBR), Williams
2 – Riccardo Patrese (ITA), Williams
3 – Martin Brundle (GBR), Benetton

GP von Großbritannien, 12. Juli, Silverstone
1 – Nigel Mansell (GBR), Williams
2 – Riccardo Patrese (ITA), Williams
3 – Martin Brundle (GBR), Benetton

GP von Deutschland, 26. Juli, Hockenheim
1 – Nigel Mansell (GBR), Williams
2 – Ayrton Senna (BRA), McLaren
3 – Michael Schumacher (DEU), Benetton

GP von Ungarn, 16. August, Hungaroring
1 – Ayrton Senna (BRA), McLaren
2 – Nigel Mansell (GBR), Williams
3 – Gerhard Berger (AUT), McLaren

GP von Belgien, 30. August, Spa-Francorchamps
1 – Michael Schumacher (DEU), Benetton
2 – Nigel Mansell (GBR), Williams
3 – Riccardo Patrese (ITA), Williams

GP von Italien, 13. September, Monza
1 – Ayrton Senna (BRA), McLaren
2 – Martin Brundle (GBR), Benetton
3 – Michael Schumacher (DEU), Benetton

GP von Portugal, 27. September, Estoril
1 – Nigel Mansell (GBR), Williams
2 – Gerhard Berger (AUT), McLaren
3 – Ayrton Senna (BRA), McLaren

GP von Japan, 25. Oktober, Suzuka
1 – Riccardo Patrese (ITA), Williams
2 – Gerhard Berger (AUT), McLaren
3 – Martin Brundle (GBR), Benetton

GP von Australien, 8. November, Adelaide
1 – Gerhard Berger (AUT), McLaren
2 – Michael Schumacher (DEU), Benetton
3 – Martin Brundle (GBR), Benetton

1993 / 16 GP

GP von Südafrika, 14. März, Kyalami
1 – Alain Prost (FRA), Williams
2 – Ayrton Senna (BRA), McLaren
3 – Mark Blundell (GBR), Ligier

GP von Brasilien, 28. März, Interlagos
1 – Ayrton Senna (BRA), McLaren
2 – Damon Hill (GBR), Williams
3 – Michael Schumacher (DEU), Benetton

GP von Europa, 11. April, Donington Park
1 – Ayrton Senna (BRA), McLaren
2 – Damon Hill (GBR), Williams
3 – Alain Prost (FRA), Williams

GP von San Marino, 25. April, Imola
1 – Alain Prost (FRA), Williams
2 – Michael Schumacher (DEU), Benetton
3 – Martin Brundle (GBR), Ligier

GP von Spanien, 9. Mai, Catalunya
1 – Alain Prost (FRA), Williams
2 – Ayrton Senna (BRA), McLaren
3 – Michael Schumacher (DEU), Benetton

GP von Monaco, 23. Mai, Monaco
1 – Ayrton Senna (BRA), McLaren
2 – Damon Hill (GBR), Williams
3 – Jean Alesi (FRA), Ferrari

GP von Kanada, 13. Juni, Montréal
1 – Alain Prost (FRA), Williams
2 – Michael Schumacher (DEU), Benetton
3 – Damon Hill (GBR), Williams

GP von Frankreich, 4. Juli, Magny-Cours
1 – Alain Prost (FRA), Williams
2 – Damon Hill (GBR), Williams
3 – Michael Schumacher (DEU), Benetton

GP von Großbritannien, 11. Juli, Silverstone
1 – Alain Prost (FRA), Williams
2 – Michael Schumacher (DEU), Benetton
3 – Riccardo Patrese (ITA), Benetton

GP von Deutschland, 25. Juli, Hockenheim
1 – Alain Prost (FRA), Williams
2 – Michael Schumacher (DEU), Benetton
3 – Mark Blundell (GBR), Ligier

GP von Ungarn, 15. August, Hungaroring
1 – Damon Hill (GBR), Williams
2 – Riccardo Patrese (ITA), Benetton
3 – Gerhard Berger (AUT), Ferrari

GP von Belgien, 29. August, Spa-Francorchamps
1 – Damon Hill (GBR), Williams
2 – Michael Schumacher (DEU), Benetton
3 – Alain Prost (FRA), Williams

GP von Italien, 12. September, Monza
1 – Damon Hill (GBR), Williams
2 – Jean Alesi (FRA), Ferrari
3 – Michael Andretti (USA), McLaren

GP von Portugal, 26. September, Estoril
1 – Michael Schumacher (DEU), Benetton
2 – Alain Prost (FRA), Williams
3 – Damon Hill (GBR), Williams

GP von Japan, 24. Oktober, Suzuka
1 – Ayrton Senna (BRA), McLaren
2 – Alain Prost (FRA), Williams
3 – Mika Häkkinen (FIN), McLaren

GP von Australien, 7. November, Adelaide
1 – Ayrton Senna (BRA), McLaren
2 – Alain Prost (FRA), Williams
3 – Damon Hill (GBR), Williams

1994 / 16 GP

GP von Brasilien, 27. März, Interlagos
1 – Michael Schumacher (DEU), Benetton
2 – Damon Hill (GBR), Williams
3 – Jean Alesi (FRA), Ferrari

GP des Pazifik, 17. April, Tanaka
1 – Michael Schumacher (DEU), Benetton
2 – Gerhard Berger (AUT), Ferrari
3 – Rubens Barrichello (BRA), Jordan

GP von San Marino, 1. Mai, Imola
1 – Michael Schumacher (DEU), Benetton
2 – Nicola Larini (ITA), Ferrari
3 – Mika Häkkinen (FIN), McLaren

GP von Monaco, 15. Mai, Monaco
1 – Michael Schumacher (DEU), Benetton
2 – Martin Brundle (GBR), McLaren
3 – Gerhard Berger (AUT), Ferrari

GP von Spanien, 29. Mai, Catalunya
1 – Damon Hill (GBR), Williams
2 – Michael Schumacher (DEU), Benetton
3 – Mark Blundell (GBR), Tyrrell

GP von Kanada, 12. Juni, Montréal
1 – Michael Schumacher (DEU), Benetton
2 – Damon Hill (GBR), Williams
3 – Jean Alesi (FRA), Ferrari

GP von Frankreich, 3. Juli, Magny-Cours
1 – Michael Schumacher (DEU), Benetton
2 – Damon Hill (GBR), Williams
3 – Gerhard Berger (AUT), Ferrari

GP von Großbritannien, 10. Juli, Silverstone
1 – Damon Hill (GBR), Williams
2 – Jean Alesi (FRA), Ferrari
3 – Mika Häkkinen (FIN), McLaren

GP von Deutschland, 31. Juli, Hockenheim
1 – Gerhard Berger (AUT), Ferrari
2 – Olivier Panis (FRA), Ligier
3 – Eric Bernard (FRA), Ligier

GP von Ungarn, 14. August, Hungaroring
1 – Michael Schumacher (DEU), Benetton
2 – Damon Hill (GBR), Williams
3 – Jos Verstappen (NLD), Benetton

GP von Belgien, 28. August, Spa-Francorchamps
1 – Damon Hill (GBR), Williams
2 – Mika Häkkinen (FIN), McLaren
3 – Jos Verstappen (NLD), Benetton

GP von Italien, 11. September, Monza
1 – Damon Hill (GBR), Williams
2 – Gerhard Berger (AUT), Ferrari
3 – Mika Häkkinen (FIN), McLaren

GP von Portugal, 25. September, Estoril
1 – Damon Hill (GBR), Williams
2 – David Coulthard (GBR), Williams
3 – Mika Häkkinen (FIN), McLaren

GP von Europa, 16. Oktober, Jerez de la Frontera
1 – Michael Schumacher (DEU), Benetton
2 – Damon Hill (GBR), Williams
3 – Mika Häkkinen (FIN), McLaren

GP von Japan, 6. November, Suzuka
1 – Damon Hill (GBR), Williams
2 – Michael Schumacher (DEU), Benetton
3 – Jean Alesi (FRA), Ferrari

GP von Australien, 13. November, Adelaide
1 – Nigel Mansell (GBR), Williams
2 – Gerhard Berger (AUT), Ferrari
3 – Martin Brundle (GBR), McLaren,

1995 / 17 GP

GP von Brasilien, 26. März, Interlagos
1 – Michael Schumacher (DEU), Benetton
2 – David Coulthard (GBR), Williams
3 – Gerhard Berger (AUT), Ferrari

GP von Argentinien, 9. April, Buenos Aires
1 – Damon Hill (GBR), Williams
2 – Jean Alesi (FRA), Ferrari
3 – Michael Schumacher (DEU), Benetton

GP von San Marino, 30. April, Imola
1 – Damon Hill (GBR), Williams
2 – Jean Alesi (FRA), Ferrari
3 – Gerhard Berger (AUT), Ferrari

GP von Spanien, 14. Mai, Catalunya
1 – Michael Schumacher (DEU), Benetton
2 – Johnny Herbert (GBR), Benetton
3 – Gerhard Berger (AUT), Ferrari

GP von Monaco, 28. Mai, Monaco
1 – Michael Schumacher (DEU), Benetton
2 – Damon Hill (GBR), Williams
3 – Gerhard Berger (AUT), Ferrari

GP von Kanada, 11. Juni, Montréal
1 – Jean Alesi (FRA), Ferrari
2 – Rubens Barrichello (BRA), Jordan
3 – Eddie Irvine (IRL), Jordan

GP von Frankreich, 2. Juli, Magny-Cours
1 – Michael Schumacher (DEU), Benetton
2 – Damon Hill (GBR), Williams
3 – David Coulthard (GBR), Williams

GP von Großbritannien, 16. Juli, Silverstone
1 – Johnny Herbert (GBR), Benetton
2 – Jean Alesi (FRA), Ferrari
3 – David Coulthard (GBR), Williams

GP von Deutschland, 30. Juli, Hockenheim
1 – Michael Schumacher (DEU), Benetton
2 – David Coulthard (GBR), Williams
3 – Gerhard Berger (AUT), Ferrari

GP von Ungarn, 13. August, Hungaroring
1 – Damon Hill (GBR), Williams
2 – David Coulthard (GBR), Williams
3 – Gerhard Berger (AUT), Ferrari

GP von Belgien, 27. August, Spa-Francorchamps
1 – Michael Schumacher (DEU), Benetton
2 – Damon Hill (GBR), Williams
3 – Martin Brundle (GBR), Ligier

GP von Italien, 10. September, Monza
1 – Jonny Herbert (GBR), Benetton
2 – Mika Häkkinen (FIN), McLaren
3 – Heinz-Harald Frentzen (DEU), Sauber

GP von Portugal, 24. September, Estoril
1 – David Coulthard (GBR), Williams
2 – Michael Schumacher (DEU), Benetton
3 – Damon Hill (GBR), Williams

GP von Europa, 1. Oktober, Nürburgring
1 – Michael Schumacher (DEU), Benetton
2 – Jean Alesi (FRA), Ferrari
3 – David Coulthard (GBR), Williams

GP des Pazifik, 22. Oktober, Tanaka
1 – Michael Schumacher (DEU), Benetton
2 – David Coulthard (GBR), Williams
3 – Damon Hill (GBR), Williams

GP von Japan, 29. Oktober, Suzuka
1 – Michael Schumacher (DEU), Benetton
2 – Mika Häkkinen (FIN), McLaren
3 – Johnny Herbert (GBR), Benetton

GP von Australien, 12. November, Adelaide
1 – Damon Hill (GBR), Williams
2 – Olivier Panis (FRA), Ligier
3 – Gianni Morbidelli (ITA), Arrows

1996 / 16 GP

GP von Australien, 10. März, Albert Park
1 – Damon Hill (GBR), Williams
2 – Jacques Villeneuve (CAN), Williams
3 – Eddie Irvine (IRL), Ferrari

GP von Brasilien, 31. März, Interlagos
1 – Damon Hill (GBR), Williams
2 – Jean Alesi (FRA), Benetton
3 – Michael Schumacher (DEU), Ferrari

GP von Argentinien, 7. April, Buenos Aires
1 – Damon Hill (GBR), Williams
2 – Jacques Villeneuve (CAN), Williams
3 – Jean Alesi (FRA), Benetton

GP von Europa, 28. April, Nürburgring
1 – Jacques Villeneuve (CAN), Williams
2 – Michael Schumacher (DEU), Ferrari
3 – David Coulthard (GBR), McLaren

GP von San Marino, 5. Mai, Imola
1 – Damon Hill (GBR), Williams
2 – Michael Schumacher (DEU), Ferrari
3 – Gerhard Berger (AUT), Benetton

GP von Monaco, 19. Mai, Monaco
1 – Olivier Panis (FRA), Ligier
2 – David Coulthard (GBR), McLaren
3 – Johnny Herbert (GBR), Sauber

GP von Spanien, 2. Juni, Catalunya
1 – Michael Schumacher (DEU), Ferrari
2 – Jean Alesi (FRA), Benetton
3 – Jacques Villeneuve (CAN), Williams

GP von Kanada, 16. Juni, Montréal
1 – Damon Hill (GBR), Williams
2 – Jacques Villeneuve (CAN), Williams
3 – Jean Alesi (FRA), Benetton

GP von Frankreich, 30. Juni, Magny-Cours
1 – Damon Hill (GBR), Williams
2 – Jacques Villeneuve (CAN), Williams
3 – Jean Alesi (FRA), Benetton

GP von Großbritannien, 14. Juli, Silverstone
1 – Jacques Villeneuve (CAN), Williams
2 – Gerhard Berger (AUT), Benetton
3 – Mika Häkkinen (FIN), McLaren

GP von Deutschland, 28. Juli, Hockenheim
1 – Damon Hill (GBR), Williams
2 – Jean Alesi (FRA), Benetton
3 – Jacques Villeneuve (CAN), Williams

GP von Ungarn, 11. August, Hungaroring
1 – Jacques Villeneuve (CAN), Williams
2 – Damon Hill (GBR), Williams
3 – Jean Alesi (FRA), Benetton

GP von Belgien, 25. August, Spa-Francorchamps
1 – Michael Schumacher (DEU), Ferrari
2 – Jacques Villeneuve (CAN), Williams
3 – Mika Häkkinen (FIN), McLaren

GP von Italien, 8. September, Monza
1 – Michael Schumacher (DEU), Ferrari
2 – Jean Alesi (FRA), Benetton
3 – Mika Häkkinen (FIN), McLaren

GP von Portugal, 22. September, Estoril
1 – Jacques Villeneuve (CAN), Williams
2 – Damon Hill (GBR), Williams
3 – Michael Schumacher (DEU), Ferrari

GP von Japan, 13. Oktober, Suzuka
1 – Damon Hill (GBR), Williams
2 – Michael Schumacher (DEU), Ferrari
3 – Mika Häkkinen (FIN), McLaren

1997 / 17 GP

GP von Australien, 9. März, Albert Park
1 – David Coulthard (GBR), McLaren
2 – Michael Schumacher (DEU), Ferrari
3 – Mika Häkkinen (FIN), McLaren

GP von Brasilien, 30. März, Interlagos
1 – Jacques Villeneuve (CAN), Williams
2 – Gerhard Berger (AUT), Benetton
3 – Olivier Panis (FRA), Prost

GP von Argentinien, 13. April, Buenos Aires
1 – Jacques Villeneuve (CAN), Williams
2 – Eddie Irvine (IRL), Ferrari
3 – Ralf Schumacher (DEU), Jordan

GP von San Marino, 27. April, Imola
1 – Heinz-Harald Frentzen (DEU), Williams
2 – Michael Schumacher (DEU), Ferrari
3 – Eddie Irvine (IRL), Ferrari

GP von Monaco, 11. Mai, Monaco
1 – Michael Schumacher (DEU), Ferrari
2 – Rubens Barrichello (BRA), Stewart
3 – Eddie Irvine (IRL), Ferrari

GP von Spanien, 25. Mai, Catalunya
1 – Jacques Villeneuve (CAN), Williams
2 – Olivier Panis (FRA), Prost
3 – Jean Alesi (FRA), Benetton

GP von Kanada, 15. Juni, Montréal
1 – Michael Schumacher (DEU), Ferrari
2 – Jean Alesi (FRA), Benetton
3 – Giancarlo Fisichella (ITA), Jordan

GP von Frankreich, 29. Juni, Magny-Cours
1 – Michael Schumacher (DEU), Ferrari
2 – Heinz-Harald Frentzen (DEU), Williams
3 – Eddie Irvine (IRL), Ferrari

GP von Großbritannien, 13. Juli, Silverstone
1 – Jacques Villeneuve (CAN), Williams
2 – Jean Alesi (FRA), Benetton
3 – Alexander Wurz (AUT), Benetton

GP von Deutschland, 27. Juli, Hockenheim
1 – Gerhard Berger (AUT), Benetton
2 – Michael Schumacher (DEU), Ferrari
3 – Mika Häkkinen (FIN), McLaren

GP von Ungarn, 10. August, Hungaroring
1 – Jacques Villeneuve (CAN), Williams
2 – Damon Hill (GBR), Arrows
3 – Johnny Herbert (GBR), Sauber

GP von Belgien, 24. August, Spa-Francorchamps
1 – Michael Schumacher (DEU), Ferrari
2 – Giancarlo Fisichella (ITA), Jordan
3 – Heinz-Harald Frentzen (DEU), Williams

GP von Italien, 7. September, Monza
1 – David Coulthard (GBR), McLaren
2 – Jean Alesi (FRA), Benetton
3 – Heinz-Harald Frentzen (DEU), Williams

GP von Österreich, 21. September, Österreichring
1 – Jacques Villeneuve (CAN), Williams
2 – David Coulthard (GBR), McLaren
3 – Heinz-Harald Frentzen (DEU), Williams

GP von Luxemburg, 28. September, Nürburgring
1 – Jacques Villeneuve (CAN), Williams
2 – Jean Alesi (FRA), Benetton
3 – Heinz-Harald Frentzen (DEU), Williams

GP von Japan, 12. Oktober, Suzuka
1 – Michael Schumacher (DEU), Ferrari
2 – Heinz-Harald Frentzen (DEU), Williams
3 – Eddie Irvine (IRL), Ferrari

GP von Europa, 26. Oktober, Jerez de la Frontera
1 – Mika Häkkinen (FIN), McLaren
2 – David Coulthard (GBR), McLaren
3 – Jacques Villeneuve (CAN), Williams

1998 / 16 GP

GP von Australien, 8. März, Albert Park
1 – Mika Häkkinen (FIN), McLaren
2 – David Coulthard (GBR), McLaren
3 – Heinz-Harald Frentzen (DEU), Williams

GP von Brasilien, 29. März, Interlagos
1 – Mika Häkkinen (FIN), McLaren
2 – David Coulthard (GBR), McLaren
3 – Michael Schumacher (DEU), Ferrari

GP von Argentinien, 12. April, Buenos Aires
1 – Michael Schumacher (DEU), Ferrari
2 – Mika Häkkinen (FIN), McLaren
3 – Eddie Irvine (IRL), Ferrari

GP von San Marino, 26. April, Imola
1 – David Coulthard (GBR), McLaren
2 – Michael Schumacher (DEU), Ferrari
3 – Eddie Irvine (IRL), Ferrari

GP von Spanien, 10. Mai, Catalunya
1 – Mika Häkkinen (FIN), McLaren
2 – David Coulthard (GBR), McLaren
3 – Michael Schumacher (DEU), Ferrari

GP von Monaco, 24. Mai, Monaco
1 – Mika Häkkinen (FIN), McLaren
2 – Giancarlo Fisichella (ITA), Benetton
3 – Eddie Irvine (IRL), Ferrari

GP von Kanada, 7. Juni, Montréal
1 – Michael Schumacher (DEU), Ferrari
2 – Giancarlo Fisichella (ITA), Benetton
3 – Eddie Irvine (IRL), Ferrari

GP von Frankreich, 28. Juni, Magny-Cours
1 – Michael Schumacher (DEU), Ferrari
2 – Eddie Irvine (IRL), Ferrari
3 – Mika Häkkinen (FIN), McLaren

GP von Großbritannien, 12. Juli, Silverstone
1 – Michael Schumacher (DEU), Ferrari
2 – Mika Häkkinen (FIN), McLaren
3 – Eddie Irvine (IRL), Ferrari

GP von Österreich, 26. Juli, Österreichring
1 – Mika Häkkinen (FIN), McLaren
2 – David Coulthard (GBR), McLaren
3 – Michael Schumacher (DEU), Ferrari

GP von Deutschland, 2. August, Hockenheim
1 – Mika Häkkinen (FIN), McLaren
2 – David Coulthard (GBR), McLaren
3 – Jacques Villeneuve (CAN), Williams

GP von Ungarn, 16. August, Hungaroring
1 – Michael Schumacher (DEU), Ferrari
2 – David Coulthard (GBR), McLaren
3 – Jacques Villeneuve (CAN), Williams

GP von Belgien, 30. August, Spa-Francorchamps
1 – Damon Hill (GBR), Jordan
2 – Ralf Schumacher (DEU), Jordan
3 – Jean Alesi (FRA), Sauber

GP von Italien, 13. September, Monza
1 – Michael Schumacher (DEU), Ferrari
2 – Eddie Irvine (IRL), Ferrari
3 – Ralf Schumacher (DEU), Jordan

GP von Luxemburg, 27. September, Nürburgring
1 – Mika Häkkinen (FIN), McLaren
2 – Michael Schumacher (DEU), Ferrari
3 – David Coulthard (GBR), McLaren

GP von Japan, 1. November, Suzuka
1 – Mika Häkkinen (FIN), McLaren
2 – Eddie Irvine (IRL), Ferrari
3 – David Coulthard (GBR), McLaren

1999 / 16 GP

GP von Australien, 7. März, Albert Park
1 – Eddie Irvine (IRL), Ferrari
2 – Heinz-Harald Frentzen (DEU), Jordan
3 – Ralf Schumacher (DEU), Williams

GP von Brasilien, 11. April, Interlagos
1 – Mika Häkkinen (FIN), McLaren
2 – Michael Schumacher (DEU), Ferrari
3 – Heinz-Harald Frentzen (DEU), Jordan

GP von San Marino, 2. Mai, Imola
1 – Michael Schumacher (DEU), Ferrari
2 – David Coulthard (GBR), McLaren
3 – Rubens Barrichello (BRA), Stewart

GP von Monaco, 16. Mai, Monaco
1 – Michael Schumacher (DEU), Ferrari
2 – Eddie Irvine (IRL), Ferrari
3 – Mika Häkkinen (FIN), McLaren

GP von Spanien, 30. Mai, Catalunya
1 – Mika Häkkinen (FIN), McLaren
2 – David Coulthard (GBR), McLaren
3 – Michael Schumacher (DEU), Ferrari

GP von Kanada, 13. Juni, Montréal
1 – Mika Häkkinen (FIN), McLaren
2 – Giancarlo Fisichella (ITA), Benetton
3 – Eddie Irvine (IRL), Ferrari

GP von Frankreich, 27. Juni, Magny-Cours
1 – Heinz-Harald Frentzen (DEU), Jordan
2 – Mika Häkkinen (FIN), McLaren
3 – Rubens Barrichello (BRA), Stewart

GP von Großbritannien, 11. Juli, Silverstone
1 – David Coulthard (GBR), McLaren
2 – Eddie Irvine (IRL), Ferrari
3 – Ralf Schumacher (DEU), Williams

GP von Österreich, 25. Juli, Österreichring
1 – Eddie Irvine (IRL), Ferrari
2 – David Coulthard (GBR), McLaren
3 – Mika Häkkinen (FIN), McLaren

GP von Deutschland, 1. August, Hockenheim
1 – Eddie Irvine (IRL), Ferrari
2 – Mika Salo (FIN), Ferrari
3 – Heinz-Harald Frentzen (DEU), Jordan

GP von Ungarn, 15. August, Hungaroring
1 – Mika Häkkinen (FIN), McLaren
2 – David Coulthard (GBR), McLaren
3 – Eddie Irvine (IRL), Ferrari

GP von Belgien, 29. August, Spa-Francorchamps
1 – David Coulthard (GBR), McLaren
2 – Mika Häkkinen (FIN), McLaren
3 – Heinz-Harald Frentzen (DEU), Jordan

GP von Italien, 12. September, Monza
1 – Heinz-Harald Frentzen (DEU), Jordan
2 – Ralf Schumacher (DEU), Williams
3 – Mika Salo (FIN), Ferrari

GP von Europa, 26. September, Nürburgring
1 – Jonny Herbert (GBR), Stewart
2 – Jarno Trulli (ITA), Prost
3 – Rubens Barrichello (BRA), Stewart

GP von Malaysia, 17. Oktober, Sepang
1 – Eddie Irvine (IRL), Ferrari
2 – Michael Schumacher (DEU), Ferrari
3 – Mika Häkkinen (FIN), McLaren

GP von Japan, 31. Oktober, Suzuka
1 – Mika Häkkinen (FIN), McLaren
2 – Michael Schumacher (DEU), Ferrari
3 – Eddie Irvine (IRL), Ferrari

2000 / 17 GP

GP von Australien, 12. März, Albert Park
1 – Michael Schumacher (DEU), Ferrari
2 – Rubens Barrichello (BRA), Ferrari
3 – Ralf Schumacher (DEU), Williams

GP von Brasilien, 26. März, Interlagos
1 – Michael Schumacher (DEU), Ferrari
2 – Giancarlo Fisichella (ITA), Benetton
3 – Heinz-Harald Frentzen (DEU), Jordan

GP von San Marino, 9. April, Imola
1 – Michael Schumacher (DEU), Ferrari
2 – Mika Häkkinen (FIN), McLaren
3 – David Coulthard (GBR), McLaren

GP von Großbritannien, 23. April, Silverstone
1 – David Coulthard (GBR), McLaren
2 – Mika Häkkinen (FIN), McLaren
3 – Michael Schumacher (DEU), Ferrari

GP von Spanien, 7. Mai, Catalunya
1 – Mika Häkkinen (FIN), McLaren
2 – David Coulthard (GBR), McLaren
3 – Rubens Barrichello (BRA), Ferrari

GP von Europa, 21. Mai, Nürburgring
1 – Michael Schumacher (DEU), Ferrari
2 – Mika Häkkinen (FIN), McLaren
3 – David Coulthard (GBR), McLaren

GP von Monaco, 4. Juni, Monaco
1 – David Coulthard (GBR), McLaren
2 – Rubens Barrichello (BRA), Ferrari
3 – Giancarlo Fisichella (ITA), Benetton

GP von Kanada, 18. Juni, Montréal
1 – Michael Schumacher (DEU), Ferrari
2 – Rubens Barrichello (BRA), Ferrari
3 – Giancarlo Fisichella (ITA), Benetton

GP von Frankreich, 2. Juli, Magny-Cours
1 – David Coulthard (GBR), McLaren
2 – Mika Häkkinen (FIN), McLaren
3 – Rubens Barrichello (BRA), Ferrari

GP von Österreich, 16. Juli, Österreichring
1 – Mika Häkkinen (FIN), McLaren
2 – David Coulthard (GBR), McLaren
3 – Rubens Barrichello (BRA), Ferrari

GP von Deutschland, 30. Juli, Hockenheim
1 – Rubens Barrichello (BRA), Ferrari
2 – Mika Häkkinen (FIN), McLaren
3 – David Coulthard (GBR), McLaren

GP von Ungarn, 13. August, Hungaroring
1 – Mika Häkkinen (FIN), McLaren
2 – Michael Schumacher (DEU), Ferrari
3 – David Coulthard (GBR), McLaren

GP von Belgien, 27. August, Spa-Francorchamps
1 – Mika Häkkinen (FIN), McLaren
2 – Michael Schumacher (DEU), Ferrari
3 – Ralf Schumacher (DEU), Williams

GP von Italien, 10. September, Monza
1 – Michael Schumacher (DEU), Ferrari
2 – Mika Häkkinen (FIN), McLaren
3 – Ralf Schumacher (DEU), Williams

GP der USA, 24. September, Indianapolis
1 – Michael Schumacher (DEU), Ferrari
2 – Rubens Barrichello (BRA), Ferrari
3 – Heinz-Harald Frentzen (DEU), Jordan

GP von Japan, 8. Oktober, Suzuka
1 – Michael Schumacher (DEU), Ferrari
2 – Mika Häkkinen (FIN), McLaren
3 – David Coulthard (GBR), McLaren

GP von Malaysia, 22. Oktober, Sepang
1 – Michael Schumacher (DEU), Ferrari
2 – David Coulthard (GBR), McLaren
3 – Rubens Barrichello (BRA), Ferrari

2001 / 17 GP

GP von Australien, 4. März, Albert Park
1 – Michael Schumacher (DEU), Ferrari
2 – David Coulthard (GBR), McLaren
3 – Rubens Barrichello (BRA), Ferrari

GP von Malaysia, 18. März, Sepang
1 – Michael Schumacher (DEU), Ferrari
2 – Rubens Barrichello (BRA), Ferrari
3 – David Coulthard (GBR), McLaren

GP von Brasilien, 1. April, Interlagos
1 – David Coulthard (GBR), McLaren
2 – Michael Schumacher (DEU), Ferrari
3 – Nick Heidfeld (DEU), Sauber

GP von San Marino, 15. April, Imola
1 – Ralf Schumacher (DEU), Williams
2 – David Coulthard (GBR), McLaren
3 – Rubens Barrichello (BRA), Ferrari

GP von Spanien, 29. April, Catalunya
1 – Michael Schumacher (DEU), Ferrari
2 – Juan Pablo Montoya (COL), Williams
3 – Jacques Villeneuve (CAN), BAR

GP von Österreich, 13. Mai, Österreichring
1 – David Coulthard (GBR), McLaren
2 – Michael Schumacher (DEU), Ferrari
3 – Rubens Barrichello (BRA), Ferrari

GP von Monaco, 27. Mai, Monaco
1 – Michael Schumacher (DEU), Ferrari
2 – Rubens Barrichello (BRA), Ferrari
3 – Eddie Irvine (IRL), Jaguar

GP von Kanada, 10. Juni, Montréal
1 – Ralf Schumacher (DEU), Williams
2 – Michael Schumacher (DEU), Ferrari
3 – Mika Häkkinen (FIN), McLaren

GP von Europa, 24. Juni, Nürburgring
1 – Michael Schumacher (DEU), Ferrari
2 – Juan Pablo Montoya (COL), Williams
3 – David Coulthard (GBR), McLaren

GP von Frankreich, 1. Juli, Magny-Cours
1 – Michael Schumacher (DEU), Ferrari
2 – Ralf Schumacher (DEU), Williams
3 – Rubens Barrichello (BRA), Ferrari

GP von Großbritannien, 15. Juli, Silverstone
1 – Mika Häkkinen (FIN), McLaren
2 – Michael Schumacher (DEU), Ferrari
3 – Rubens Barrichello (BRA), Ferrari

GP von Deutschland, 29. Juli, Hockenheim
1 – Ralf Schumacher (DEU), Williams
2 – Rubens Barrichello (BRA), Ferrari
3 – Jacques Villeneuve (CAN), BAR

GP von Ungarn, 19. August, Hungaroring
1 – Michael Schumacher (DEU), Ferrari
2 – Rubens Barrichello (BRA), Ferrari
3 – David Coulthard (GBR), McLaren

GP von Belgien, 2. September, Spa-Francorchamps
1 – Michael Schumacher (DEU), Ferrari
2 – David Coulthard (GBR), McLaren
3 – Giancarlo Fisichella (ITA), Benetton

GP von Italien, 16. September, Monza
1 – Juan Pablo Montoya (COL), Williams
2 – Rubens Barrichello (BRA), Ferrari
3 – Ralf Schumacher (DEU), Williams

GP der USA, 30. September, Indianapolis
1 – Mika Häkkinen (FIN), McLaren
2 – Michael Schumacher (DEU), Ferrari
3 – David Coulthard (GBR), McLaren

GP von Japan, 14. Oktober, Suzuka
1 – Michael Schumacher (DEU), Ferrari
2 – Juan Pablo Montoya (COL), Williams
3 – David Coulthard (GBR), McLaren

2002 / 17 GP

GP von Australien, 3. März, Albert Park
1 – Michael Schumacher (DEU), Ferrari
2 – Juan Pablo Montoya (COL), Williams
3 – Kimi Räikkönen (FIN), McLaren

GP von Malaysia, 17. März, Sepang
1 – Ralf Schumacher (DEU), Williams
2 – Juan Pablo Montoya (COL), Williams
3 – Michael Schumacher (DEU), Ferrari

GP von Brasilien, 31. März, Interlagos
1 – Michael Schumacher (DEU), Ferrari
2 – Ralf Schumacher (DEU), Williams
3 – David Coulthard (GBR), McLaren

GP von San Marino, 14. April, Imola
1 – Michael Schumacher (DEU), Ferrari
2 – Rubens Barrichello (BRA), Ferrari
3 – Ralf Schumacher (DEU), Williams

GP von Spanien, 28. April, Catalunya
1 – Michael Schumacher (DEU), Ferrari
2 – Juan Pablo Montoya (COL), Williams
3 – David Coulthard (GBR), McLaren

GP von Österreich, 12. Mai, Österreichring
1 – Michael Schumacher (DEU), Ferrari
2 – Rubens Barrichello (BRA), Ferrari
3 – Juan Pablo Montoya (COL), Williams

GP von Monaco, 26. Mai, Monaco
1 – David Coulthard (GBR), McLaren
2 – Michael Schumacher (DEU), Ferrari
3 – Ralf Schumacher (DEU), Williams

GP von Kanada, 9. Juni, Montréal
1 – Michael Schumacher (DEU), Ferrari
2 – David Coulthard (GBR), McLaren
3 – Rubens Barrichello (BRA), Ferrari

GP von Europa, 23. Juni, Nürburgring
1 – Rubens Barrichello (BRA), Ferrari
2 – Michael Schumacher (DEU), Ferrari
3 – Kimi Räikkönen (FIN), McLaren

GP von Großbritannien, 7. Juli, Silverstone
1 – Michael Schumacher (DEU), Ferrari
2 – Rubens Barrichello (BRA), Ferrari
3 – Juan Pablo Montoya (COL), Williams

GP von Frankreich, 21. Juli, Magny-Cours
1 – Michael Schumacher (DEU), Ferrari
2 – Kimi Räikkönen (FIN), McLaren
3 – David Coulthard (GBR), McLaren

GP von Ungarn, 18. August, Hungaroring
1 – Rubens Barrichello (BRA), Ferrari
2 – Michael Schumacher (DEU), Ferrari
3 – Ralf Schumacher (DEU), Williams

GP von Belgien, 1. September, Spa-Francorchamps
1 – Michael Schumacher (DEU), Ferrari
2 – Rubens Barrichello (BRA), Ferrari
3 – Juan Pablo Montoya (COL), Williams

GP von Italien, 15. September, Monza
1 – Rubens Barrichello (BRA), Ferrari
2 – Michael Schumacher (DEU), Ferrari
3 – Eddie Irvine (IRL), Jaguar

GP der USA, 29. September, Indianapolis
1 – Rubens Barrichello (BRA), Ferrari
2 – Michael Schumacher (DEU), Ferrari
3 – David Coulthard (GBR), McLaren

GP von Japan, 13. Oktober, Suzuka
1 – Michael Schumacher (DEU), Ferrari
2 – Rubens Barrichello (BRA), Ferrari
3 – Kimi Räikkönen (FIN), McLaren

2003 / 16 GP

GP von Australien, 9. März, Albert Park
1 – David Coulthard (GBR), McLaren
2 – Juan Pablo Montoya (COL), Williams
3 – Kimi Räikkönen (FIN), McLaren

GP von Malaysia, 23. März, Sepang
1 – Kimi Räikkönen (FIN), McLaren
2 – Rubens Barrichello (BRA), Ferrari
3 – Fernando Alonso (ESP), Renault

GP von Brasilien, 6. April, Interlagos
1 – Giancarlo Fisichella (ITA), Jordan
2 – Kimi Räikkönen (FIN), McLaren
3 – Fernando Alonso (ESP), Renault

GP von San Marino, 20. April, Imola
1 – Michael Schumacher (DEU), Ferrari
2 – Kimi Räikkönen (FIN), McLaren
3 – Rubens Barrichello (BRA), Ferrari

GP von Spanien, 4. Mai, Catalunya
1 – Michael Schumacher (DEU), Ferrari
2 – Fernando Alonso (ESP), Renault
3 – Rubens Barrichello (BRA), Ferrari

GP von Österreich, 18. Mai, Österreichring
1 – Michael Schumacher (DEU), Ferrari
2 – Kimi Räikkönen (FIN), McLaren
3 – Rubens Barrichello (BRA), Ferrari

GP von Monaco, 1. Juni, Monaco
1 – Juan Pablo Montoya (COL), Williams
2 – Kimi Räikkönen (FIN), McLaren
3 – Michael Schumacher (DEU), Ferrari

GP von Kanada, 15. Juni, Montréal
1 – Michael Schumacher (DEU), Ferrari
2 – Ralf Schumacher (DEU), Williams
3 – Juan Pablo Montoya (COL), Williams

GP von Europa, 29. Juni, Nürburgring
1 – Ralf Schumacher (DEU), Williams
2 – Juan Pablo Montoya (COL), Williams
3 – Rubens Barrichello (BRA), Ferrari

GP von Frankreich, 6. Juli, Magny-Cours
1 – Ralf Schumacher (DEU), Williams
2 – Juan Pablo Montoya (COL), Williams
3 – Michael Schumacher (DEU), Ferrari

GP von Großbritannien, 20. Juli, Silverstone
1 – Rubens Barrichello (BRA), Ferrari
2 – Juan Pablo Montoya (COL), Williams
3 – Kimi Räikkönen (FIN), McLaren

GP von Deutschland, 3. August, Hockenheim
1 – Juan Pablo Montoya (COL), Williams
2 – David Coulthard (GBR), McLaren
3 – Jarno Trulli (ITA), Renault

GP von Ungarn, 24. August, Hungaroring
1 – Fernando Alonso (ESP), Renault
2 – Kimi Räikkönen (FIN), McLaren
3 – Juan Pablo Montoya (COL), Williams

GP von Italien, 14. September, Monza
1 – Michael Schumacher (DEU), Ferrari
2 – Juan Pablo Montoya (COL), Williams
3 – Rubens Barrichello (BRA), Ferrari

GP der USA, 28. September, Indianapolis
1 – Michael Schumacher (DEU), Ferrari
2 – Kimi Räikkönen (FIN), McLaren
3 – Heinz-Harald Frentzen (DEU), Sauber

GP von Japan, 12. Oktober, Suzuka
1 – Rubens Barrichello (BRA), Ferrari
2 – Kimi Räikkönen (FIN), McLaren
3 – David Coulthard (GBR), McLaren

2004 / 18 GP

GP von Australien, 7. März, Albert Park
1 – Michael Schumacher (DEU), Ferrari
2 – Rubens Barrichello (BRA), Ferrari
3 – Fernando Alonso (ESP), Renault

GP von Malaysia, 21. März, Sepang
1 – Michael Schumacher (DEU), Ferrari
2 – Juan Pablo Montoya (COL), Williams
3 – Jenson Button (GBR), BAR

GP von Bahrain, 4. April, Sakhir
1 – Michael Schumacher (DEU), Ferrari
2 – Rubens Barrichello (BRA), Ferrari
3 – Jenson Button (GBR), BAR

GP von San Marino, 25. April, Imola
1 – Michael Schumacher (DEU), Ferrari
2 – Jenson Button (GBR), BAR
3 – Juan Pablo Montoya (COL), Williams

GP von Spanien, 9. Mai, Catalunya
1 – Michael Schumacher (DEU), Ferrari
2 – Rubens Barrichello (BRA), Ferrari
3 – Jarno Trulli (ITA), Renault

GP von Monaco, 23. Mai, Monaco
1 – Jarno Trulli (ITA), Renault
2 – Jenson Button (GBR), BAR
3 – Rubens Barrichello (BRA), Ferrari

GP von Europa, 30. Mai, Nürburgring
1 – Michael Schumacher (DEU), Ferrari
2 – Rubens Barrichello (BRA), Ferrari
3 – Jenson Button (GBR), BAR

GP von Kanada, 13. Juni, Montréal
1 – Michael Schumacher (DEU), Ferrari
2 – Rubens Barrichello (BRA), Ferrari
3 – Jenson Button (GBR), BAR

GP der USA, 20. Juni, Indianapolis
1 – Michael Schumacher (DEU), Ferrari
2 – Rubens Barrichello (BRA), Ferrari
3 – Takuma Sato (JPN), BAR

GP von Frankreich, 4. Juli, Magny-Cours
1 – Michael Schumacher (DEU), Ferrari
2 – Fernando Alonso (ESP), Renault
3 – Rubens Barrichello (BRA), Ferrari

GP von Großbritannien, 11. Juli, Silverstone
1 – Michael Schumacher (DEU), Ferrari
2 – Kimi Räikkönen (FIN), McLaren
3 – Rubens Barrichello (BRA), Ferrari

GP von Deutschland, 25. Juli, Hockenheim
1 – Michael Schumacher (DEU), Ferrari
2 – Jenson Button (GBR), BAR
3 – Fernando Alonso (ESP), Renault

GP von Ungarn, 15. August, Hungaroring
1 – Michael Schumacher (DEU), Ferrari
2 – Rubens Barrichello (BRA), Ferrari
3 – Fernando Alonso (ESP), Renault

GP von Belgien, 29. August, Spa-Francorchamps
1 – Kimi Räikkönen (FIN), McLaren
2 – Michael Schumacher (DEU), Ferrari
3 – Rubens Barrichello (BRA), Ferrari

GP von Italien, 12. September, Monza
1 – Rubens Barrichello (BRA), Ferrari
2 – Michael Schumacher (DEU), Ferrari
3 – Jenson Button (GBR), BAR

GP von China 26. September, Shanghai
1 – Rubens Barrichello (BRA), Ferrari
2 – Jenson Button (GBR), BAR
3 – Kimi Räikkönen (FIN), McLaren

GP von Japan, 10. Oktober, Suzuka
1 – Michael Schumacher (DEU), Ferrari
2 – Ralf Schumacher (DEU), Williams
3 – Jenson Button (GBR), BAR

GP von Brasilien, 24. Oktober, Interlagos
1 – Juan Pablo Montoya (COL), Williams
2 – Kimi Räikkönen (FIN), McLaren
3 – Rubens Barrichello (BRA), Ferrari

2005 / 19 GP

GP von Australien, 6. März, Albert Park
1 – Giancarlo Fisichella (ITA), Renault
2 – Rubens Barrichello (BRA), Ferrari
3 – Fernando Alonso (ESP), Renault

GP von Malaysia, 20. März, Sepang
1 – Fernando Alonso (ESP), Renault
2 – Jarno Trulli (ITA), Toyota
3 – Nick Heidfeld (DEU), Williams

GP von Bahrain, 3. April, Sakhir
1 – Fernando Alonso (ESP), Renault
2 – Jarno Trulli (ITA), Toyota
3 – Kimi Räikkönen (FIN), McLaren

GP von San Marino, 24. April, Imola
1 – Fernando Alonso (ESP), Renault
2 – Michael Schumacher (DEU), Ferrari
3 – Alexander Wurz (AUT), McLaren

GP von Spanien, 8. Mai, Catalunya
1 – Kimi Räikkönen (FIN), McLaren
2 – Fernando Alonso (ESP), Renault
3 – Jarno Trulli (ITA), Toyota

GP von Monaco, 22. Mai, Monaco
1 – Kimi Räikkönen (FIN), McLaren
2 – Nick Heidfeld (DEU), Williams
3 – Mark Webber (AUS), Williams

GP von Europa, 29. Mai, Nürburgring
1 – Fernando Alonso (ESP), Renault
2 – Nick Heidfeld (DEU), Williams
3 – Rubens Barrichello (BRA), Ferrari

GP von Kanada, 12. Juni, Montréal
1 – Kimi Räikkönen (FIN), McLaren
2 – Michael Schumacher (DEU), Ferrari
3 – Rubens Barrichello (BRA), Ferrari

GP der USA, 19. Juni, Indianapolis
1 – Michael Schumacher (DEU), Ferrari
2 – Rubens Barrichello (BRA), Ferrari
3 – Tiago Monteiro (PRT), Jordan

GP von Frankreich, 3. Juli, Magny-Cours
1 – Fernando Alonso (ESP), Renault
2 – Kimi Räikkönen (FIN), McLaren
3 – Michael Schumacher (DEU), Ferrari

GP von Großbritannien, 10. Juli, Silverstone
1 – Juan Pablo Montoya (COL), McLaren
2 – Fernando Alonso (ESP), Renault
3 – Kimi Räikkönen (FIN), McLaren

GP von Deutschland, 24. Juli, Hockenheim
1 – Fernando Alonso (ESP), Renault
2 – Juan Pablo Montoya (COL), McLaren
3 – Jenson Button (GBR), BAR

GP von Ungarn, 31. Juli, Hungaroring
1 – Kimi Räikkönen (FIN), McLaren
2 – Michael Schumacher (DEU), Ferrari
3 – Ralf Schumacher (DEU), Toyota

GP der Türkei, 21. August, Istanbul
1 – Kimi Räikkönen (FIN), McLaren
2 – Fernando Alonso (ESP), Renault
3 – Juan Pablo Montoya (COL), McLaren

GP von Italien, 4. September, Monza
1 – Juan Pablo Montoya (COL), McLaren
2 – Fernando Alonso (ESP), Renault
3 – Giancarlo Fisichella (ITA), Renault

GP von Belgien, 11. September, Spa-Francorchamps
1 – Kimi Räikkönen (FIN), McLaren
2 – Fernando Alonso (ESP), Renault
3 – Jenson Button (GBR), BAR

GP von Brasilien, 25. September, Interlagos
1 – Juan Pablo Montoya (COL), McLaren
2 – Kimi Räikkönen (FIN), McLaren
3 – Fernando Alonso (ESP), Renault

GP von Japan, 9. Oktober, Suzuka
1 – Kimi Räikkönen (FIN), McLaren
2 – Giancarlo Fisichella (ITA), Renault
3 – Fernando Alonso (ESP), Renault

GP von China, 16. Oktober, Shanghai
1 – Fernando Alonso (ESP), Renault
2 – Kimi Räikkönen (FIN), McLaren
3 – Ralf Schumacher (DEU), Toyota

2006 / 18 GP

GP von Bahrain, 12. März, Sakhir
1 – Fernando Alonso (ESP), Renault
2 – Michael Schumacher (DEU), Ferrari
3 – Kimi Räikkönen (FIN), McLaren

GP von Malaysia, 19. März, Sepang
1 – Giancarlo Fisichella (ITA), Renault
2 – Fernando Alonso (ESP), Renault
3 – Jenson Button (GBR), Honda

GP von Australien, 2. April, Albert Park
1 – Fernando Alonso (ESP), Renault
2 – Kimi Räikkönen (FIN), McLaren
3 – Ralf Schumacher (DEU), Toyota

GP von San Marino, 23. April, Imola
1 – Michael Schumacher (DEU), Ferrari
2 – Fernando Alonso (ESP), Renault
3 – Juan Pablo Montoya (COL), McLaren

GP von Europa, 7. Mai, Nürburgring
1 – Michael Schumacher (DEU), Ferrari
2 – Fernando Alonso (ESP), Renault
3 – Felipe Massa (BRA), Ferrari

GP von Spanien, 14. Mai, Catalunya
1 – Fernando Alonso (ESP), Renault
2 – Michael Schumacher (DEU), Ferrari
3 – Giancarlo Fisichella (ITA), Renault

GP von Monaco, 28. Mai, Monaco
1 – Fernando Alonso (ESP), Renault
2 – Juan Pablo Montoya (COL), McLaren
3 – David Coulthard (GBR), Red Bull Racing

GP von Großbritannien, 11. Juni, Silverstone
1 – Fernando Alonso (ESP), Renault
2 – Michael Schumacher (DEU), Ferrari
3 – Kimi Räikkönen (FIN), McLaren

GP von Kanada, 25. Juni, Montréal
1 – Fernando Alonso (ESP), Renault
2 – Michael Schumacher (DEU), Ferrari
3 – Kimi Räikkönen (FIN), McLaren

GP der USA, 2. Juli, Indianapolis
1 – Michael Schumacher (DEU), Ferrari
2 – Felipe Massa (BRA), Ferrari
3 – Giancarlo Fisichella (ITA), Renault

GP von Frankreich, 16. Juli, Magny-Cours
1 – Michael Schumacher (DEU), Ferrari
2 – Fernando Alonso (ESP), Renault
3 – Felipe Massa (BRA), Ferrari

GP von Deutschland, 30. Juli, Hockenheim
1 – Michael Schumacher (DEU), Ferrari
2 – Felipe Massa (BRA), Ferrari
3 – Kimi Räikkönen (FIN), McLaren

GP von Ungarn, 6. August, Hungaroring
1 – Jenson Button (GBR), Honda
2 – Pedro de la Rosa (ESP), McLaren
3 – Nick Heidfeld (DEU), BMW Sauber

GP der Türkei, 27. August, Istanbul
1 – Felipe Massa (BRA), Ferrari
2 – Fernando Alonso (ESP), Renault
3 – Michael Schumacher (DEU), Ferrari

GP von Italien, 10. September, Monza
1 – Michael Schumacher (DEU), Ferrari
2 – Kimi Räikkönen (FIN), McLaren
3 – Robert Kubica (POL), BMW Sauber

GP von Japan, 8. Oktober, Suzuka
1 – Fernando Alonso (ESP), Renault
2 – Felipe Massa (BRA), Ferrari
3 – Giancarlo Fisichella (ITA), Renault

GP von China, 1. Oktober, Shanghai
1 – Michael Schumacher (DEU), Ferrari
2 – Fernando Alonso (ESP), Renault
3 – Giancarlo Fisichella (ITA), Renault

GP von Brasilien, 22. Oktober, Interlagos
1 – Felipe Massa (BRA), Ferrari
2 – Fernando Alonso (ESP), Renault
3 – Jenson Button (GBR), Honda

2007 / 17 GP

GP von Australien, 18. März, Albert Park
1 – Kimi Räikkönen (FIN), Ferrari
2 – Fernando Alonso (ESP), McLaren
3 – Lewis Hamilton (GBR), McLaren

GP von Malaysia, 8. April, Sepang
1 – Fernando Alonso (ESP), McLaren
2 – Lewis Hamilton (GBR), McLaren
3 – Kimi Räikkönen (FIN), Ferrari

GP von Bahrain, 15. April, Sakhir
1 – Felipe Massa (BRA), Ferrari
2 – Lewis Hamilton (GBR), McLaren
3 – Kimi Räikkönen (FIN), Ferrari

GP von Spanien, 13. Mai, Catalunya
1 – Felipe Massa (BRA), Ferrari
2 – Lewis Hamilton (GBR), McLaren
3 – Fernando Alonso (ESP), McLaren

GP von Monaco, 27. Mai, Monaco
1 – Fernando Alonso (ESP), McLaren
2 – Lewis Hamilton (GBR), McLaren
3 – Felipe Massa (BRA), Ferrari

GP von Kanada, 10. Juni, Montréal
1 – Lewis Hamilton (GBR), McLaren
2 – Nick Heidfeld (DEU), BMW Sauber
3 – Alexander Wurz (AUT), Williams

GP der USA, 17. Juni, Indianapolis
1 – Lewis Hamilton (GBR), McLaren
2 – Fernando Alonso (ESP), McLaren
3 – Felipe Massa (BRA), Ferrari

GP von Frankreich, 1. Juli, Magny-Cours
1 – Kimi Räikkönen (FIN), Ferrari
2 – Felipe Massa (BRA), Ferrari
3 – Lewis Hamilton (GBR), McLaren

GP von Großbritannien, 8. Juli, Silverstone
1 – Kimi Räikkönen (FIN), Ferrari
2 – Fernando Alonso (ESP), McLaren
3 – Lewis Hamilton (GBR), McLaren

GP von Europa, 22. Juli, Nürburgring
1 – Fernando Alonso (ESP), McLaren
2 – Felipe Massa (BRA), Ferrari
3 – Mark Webber (AUS), Red Bull Racing

GP von Ungarn, 5. August, Hungaroring
1 – Lewis Hamilton (GBR), McLaren
2 – Kimi Räikkönen (FIN), Ferrari
3 – Nick Heidfeld (DEU), BMW Sauber

GP der Türkei, 26. August, Istanbul
1 – Felipe Massa (BRA), Ferrari
2 – Kimi Räikkönen (FIN), Ferrari
3 – Fernando Alonso (ESP), McLaren

GP von Italien, 9. September, Monza
1 – Fernando Alonso (ESP), McLaren
2 – Lewis Hamilton (GBR), McLaren
3 – Kimi Räikkönen (FIN), Ferrari

GP von Belgien, 16. September, Spa-Francorchamps
1 – Kimi Räikkönen (FIN), Ferrari
2 – Felipe Massa (BRA), Ferrari
3 – Fernando Alonso (ESP), McLaren

GP von Japan 30. September, Fuji
1 – Lewis Hamilton (GBR), McLaren
2 – Heikki Kovalainen (FIN), Renault
3 – Kimi Räikkönen (FIN), Ferrari

GP von China, 7. Oktober, Shanghai
1 – Kimi Räikkönen (FIN), Ferrari
2 – Fernando Alonso (ESP), McLaren
3 – Felipe Massa (BRA), Ferrari

GP von Brasilien, 21. Oktober, Interlagos
1 – Kimi Räikkönen (FIN), Ferrari
2 – Felipe Massa (BRA), Ferrari
3 – Fernando Alonso (ESP), McLaren

2008 / 18 GP

GP von Australien, 16. März, Albert Park
1 – Lewis Hamilton (GBR), McLaren
2 – Nick Heidfeld (DEU), BMW Sauber
3 – Nico Rosberg (DEU), Williams

GP von Malaysia, 23. März, Sepang
1 – Kimi Räikkönen (FIN), Ferrari
2 – Robert Kubica (POL), BMW Sauber
3 – Heikki Kovalainen (FIN), McLaren

GP von Bahrain, 6. April, Sakhir
1 – Felipe Massa (BRA), Ferrari
2 – Kimi Räikkönen (FIN), Ferrari
3 – Robert Kubica (POL), BMW Sauber

GP von Spanien, 27. April, Catalunya
1 – Kimi Räikkönen (FIN), Ferrari
2 – Felipe Massa (BRA), Ferrari
3 – Lewis Hamilton (GBR), McLaren

GP der Türkei, 11. Mai, Istanbul
1 – Felipe Massa (BRA), Ferrari
2 – Lewis Hamilton (GBR), McLaren
3 – Kimi Räikkönen (FIN), Ferrari

GP von Monaco, 25. Mai, Monaco
1 – Lewis Hamilton (GBR), McLaren
2 – Robert Kubica (POL), BMW Sauber
3 – Felipe Massa (BRA), Ferrari

GP von Kanada, 8. Juni, Montréal
1 – Robert Kubica (POL), BMW Sauber
2 – Nick Heidfeld (DEU), BMW Sauber
3 – David Coulthard (GBR), Red Bull Racing

GP von Frankreich, 22. Juni, Magny-Cours
1 – Felipe Massa (BRA), Ferrari
2 – Kimi Räikkönen (FIN), Ferrari
3 – Jarno Trulli (ITA), Toyota

GP von Großbritannien, 6. Juli, Silverstone
1 – Lewis Hamilton (GBR), McLaren
2 – Nick Heidfeld (DEU), BMW Sauber
3 – Rubens Barrichello (BRA), Honda

GP von Deutschland, 20. Juli, Hockenheim
1 – Lewis Hamilton (GBR), McLaren
2 – Nelson Piquet Jr. (BRA), Renault
3 – Felipe Massa (BRA), Ferrari

GP von Ungarn, 3. August, Hungaroring
1 – Heikki Kovalainen (FIN), McLaren
2 – Timo Glock (DEU), Toyota
3 – Kimi Räikkönen (FIN), Ferrari

GP von Europa. 24. August, Valencia
1 – Felipe Massa (BRA), Ferrari
2 – Lewis Hamilton (GBR), McLaren
3 – Robert Kubica (POL), BMW Sauber

GP von Belgien, 7. September, Spa-Francorchamps
1 – Felipe Massa (BRA), Ferrari
2 – Nick Heidfeld (DEU), BMW Sauber
3 – Lewis Hamilton (GBR), McLaren

GP von Italien, 14. September, Monza
1 – Sebastian Vettel (DEU), Toro Rosso
2 – Heikki Kovalainen (FIN), McLaren
3 – Robert Kubica (POL), BMW Sauber

GP von Singapur, 28. September, Singapur
1 – Fernando Alonso (ESP), Renault
2 – Nico Rosberg (DEU), Williams
3 – Lewis Hamilton (GBR), McLaren

GP von Japan 12. Oktober, Fuji
1 – Fernando Alonso (ESP), Renault
2 – Robert Kubica (POL), BMW Sauber
3 – Kimi Räikkönen (FIN), Ferrari

GP von China, 19. Oktober, Shanghai
1 – Lewis Hamilton (GBR), McLaren
2 – Felipe Massa (BRA), Ferrari
3 – Kimi Räikkönen (FIN), Ferrari

GP von Brasilien, 2. November, Interlagos
1 – Felipe Massa (BRA), Ferrari
2 – Fernando Alonso (ESP), Renault
3 – Kimi Räikkönen (FIN), Ferrari

2009 / 17 GP

GP von Australien, 29. März, Albert Park
1 – Jenson Button (GBR), Brawn GP
2 – Rubens Barrichello (BRA), Brawn GP
3 – Jarno Trulli (ITA), Toyota

GP von Malaysia, 5. April, Sepang
1 – Jenson Button (GBR), Brawn GP
2 – Nick Heidfeld (DEU), BMW Sauber
3 – Timo Glock (DEU), Toyota

GP von China, 19. April, Shanghai
1 – Sebastian Vettel (DEU), Red Bull Racing
2 – Mark Webber (AUS), Red Bull Racing
3 – Jenson Button (GBR), Brawn GP

GP von Bahrain, 26. April, Sakhir
1 – Jenson Button (GBR), Brawn GP
2 – Sebastian Vettel (DEU), Red Bull Racing
3 – Jarno Trulli (ITA), Toyota

GP von Spanien, 10. Mai, Catalunya
1 – Jenson Button (GBR), Brawn GP
2 – Rubens Barrichello (BRA), Brawn GP
3 – Mark Webber (AUS), Red Bull Racing

GP von Monaco, 24. Mai, Monaco
1 – Jenson Button (GBR), Brawn GP
2 – Rubens Barrichello (BRA), Brawn GP
3 – Kimi Räikkönen (FIN), Ferrari

GP der Türkei, 7. Juni, Istanbul
1 – Jenson Button (GBR), Brawn GP
2 – Mark Webber (AUS), Red Bull Racing
3 – Sebastian Vettel (DEU), Red Bull Racing

GP von Großbritannien, 21. Juni, Silverstone
1 – Sebastian Vettel (DEU), Red Bull Racing
2 – Mark Webber (AUS), Red Bull Racing
3 – Rubens Barrichello (BRA), Brawn GP

GP von Deutschland, 12. Juli, Nürburgring
1 – Mark Webber (AUS), Red Bull Racing
2 – Sebastian Vettel (DEU), Red Bull Racing
3 – Felipe Massa (BRA), Ferrari

GP von Europa, 23. August, Valencia
1 – Rubens Barrichello (BRA), Brawn GP
2 – Lewis Hamilton (GBR), McLaren
3 – Kimi Räikkönen (FIN), Ferrari

GP von Belgien, 30. August, Spa-Francorchamps
1 – Kimi Räikkönen (FIN), Ferrari
2 – Giancarlo Fisichella (ITA), Racing Point Force India
3 – Sebastian Vettel (DEU), Red Bull Racing

GP von Italien, 13. September, Monza
1 – Rubens Barrichello (BRA), Brawn GP
2 – Jenson Button (GBR), Brawn GP
3 – Kimi Räikkönen (FIN), Ferrari

GP von Singapur, 27. September, Singapur
1 – Lewis Hamilton (GBR), McLaren
2 – Timo Glock (DEU), Toyota
3 – Fernando Alonso (ESP), Ferrari

GP von Japan, 4. Oktober, Suzuka
1 – Sebastian Vettel (DEU), Red Bull Racing
2 – Jarno Trulli (ITA), Toyota
3 – Lewis Hamilton (GBR), McLaren

GP von Brasilien, 18. Oktober, Interlagos
1 – Mark Webber (AUS), Red Bull Racing
2 – Robert Kubica (POL), BMW Sauber
3 – Lewis Hamilton (GBR), McLaren

GP von Abu Dhabi, 1. November, Yas Marina
1 – Sebastian Vettel (DEU), Red Bull Racing
2 – Mark Webber (AUS), Red Bull Racing
3 – Jenson Button (GBR), Brawn GP

2010 / 19 GP

GP von Bahrain, 14. März, Sakhir
1 – Fernando Alonso (ESP), Ferrari
2 – Felipe Massa (BRA), Ferrari
3 – Lewis Hamilton (GBR), McLaren

GP von Australien, 28. März, Albert Park
1 – Jenson Button (GBR), McLaren
2 – Robert Kubica (POL), Renault
3 – Felipe Massa (BRA), Ferrari

GP von Malaysia, 4. April, Sepang
1 – Sebastian Vettel (DEU), Red Bull Racing
2 – Mark Webber (AUS), Red Bull Racing
3 – Nico Rosberg (DEU), Mercedes

GP von China, 18. April, Shanghai
1 – Jenson Button (GBR), McLaren
2 – Lewis Hamilton (GBR), McLaren
3 – Nico Rosberg (DEU), Mercedes

GP von Spanien, 9. Mai, Catalunya
1 – Mark Webber (AUS), Red Bull Racing
2 – Fernando Alonso (ESP), Ferrari
3 – Sebastian Vettel (DEU), Red Bull Racing

GP von Monaco, 16. Mai, Monaco
1 – Mark Webber (AUS), Red Bull Racing
2 – Sebastian Vettel (DEU), Red Bull Racing
3 – Robert Kubica (POL), Renault

GP der Türkei, 30. Mai, Istanbul
1 – Lewis Hamilton (GBR), McLaren
2 – Jenson Button (GBR), McLaren
3 – Mark Webber (AUS), Red Bull Racing

GP von Kanada, 13. Juni, Montréal
1 – Lewis Hamilton (GBR), McLaren
2 – Jenson Button (GBR), McLaren
3 – Fernando Alonso (ESP), Ferrari

GP von Europa, 27. Juni, Valencia
1 – Sebastian Vettel (DEU), Red Bull Racing
2 – Lewis Hamilton (GBR), McLaren
3 – Jenson Button (GBR), McLaren

GP von Großbritannien, 11. Juli, Silverstone
1 – Mark Webber (AUS), Red Bull Racing
2 – Lewis Hamilton (GBR), McLaren
3 – Nico Rosberg (DEU), Mercedes

GP von Deutschland, 25. Juli, Hockenheim
1 – Fernando Alonso (ESP), Ferrari
2 – Felipe Massa (BRA), Ferrari
3 – Sebastian Vettel (DEU), Red Bull Racing

GP von Ungarn, 1. August, Hungaroring
1 – Mark Webber (AUS), Red Bull Racing
2 – Fernando Alonso (ESP), Ferrari
3 – Sebastian Vettel (DEU), Red Bull Racing

GP von Belgien, 29. August, Spa-Francorchamps
1 – Lewis Hamilton (GBR), McLaren
2 – Mark Webber (AUS), Red Bull Racing
3 – Robert Kubica (POL), Renault

GP von Italien, 12. September, Monza
1 – Fernando Alonso (ESP), Ferrari
2 – Jenson Button (GBR), McLaren
3 – Felipe Massa (BRA), Ferrari

GP von Singapur, 26. September, Singapur
1 – Fernando Alonso (ESP), Ferrari
2 – Sebastian Vettel (DEU), Red Bull Racing
3 – Mark Webber (AUS), Red Bull Racing

GP von Japan, 10. Oktober, Suzuka
1 – Sebastian Vettel (DEU), Red Bull Racing
2 – Mark Webber (AUS), Red Bull Racing
3 – Fernando Alonso (ESP), Ferrari

GP von Südkorea, 24. Oktober, Yeongam
1 – Fernando Alonso (ESP), Ferrari
2 – Lewis Hamilton (GBR), McLaren
3 – Felipe Massa (BRA), Ferrari

GP von Brasilien, 7. November, Interlagos
1 – Sebastian Vettel (DEU), Red Bull Racing
2 – Mark Webber (AUS), Red Bull Racing
3 – Fernando Alonso (ESP), Ferrari

GP von Abu Dhabi, 14. November, Yas Marina
1 – Sebastian Vettel (DEU), Red Bull Racing
2 – Lewis Hamilton (GBR), McLaren
3 – Jenson Button (GBR), McLaren

2011 / 19 GP

GP von Australien, 27. März, Albert Park
1 – Sebastian Vettel (DEU), Red Bull Racing
2 – Lewis Hamilton (GBR), McLaren
3 – Witali Petrow (RUS), Lotus Renault

GP von Malaysia, 10. April, Sepang
1 – Sebastian Vettel (DEU), Red Bull Racing
2 – Jenson Button (GBR), McLaren
3 – Nick Heidfeld (DEU), Lotus Renault

GP von China, 17. April, Shanghai
1 – Lewis Hamilton (GBR), McLaren
2 – Sebastian Vettel (DEU), Red Bull Racing
3 – Mark Webber (AUS), Red Bull Racing

GP der Türkei, 8. Mai, Istanbul
1 – Sebastian Vettel (DEU), Red Bull Racing
2 – Mark Webber (AUS), Red Bull Racing
3 – Fernando Alonso (ESP), Ferrari

GP von Spanien, 22. Mai, Catalunya
1 – Sebastian Vettel (DEU), Red Bull Racing
2 – Lewis Hamilton (GBR), McLaren
3 – Jenson Button (GBR), McLaren

GP von Monaco, 29. Mai, Monaco
1 – Sebastian Vettel (DEU), Red Bull Racing
2 – Fernando Alonso (ESP), Ferrari
3 – Jenson Button (GBR), McLaren

GP von Kanada, 12. Juni, Montréal
1 – Jenson Button (GBR), McLaren
2 – Sebastian Vettel (DEU), Red Bull Racing
3 – Mark Webber (AUS), Red Bull Racing

GP von Europa, 26. Juni, Valencia
1 – Sebastian Vettel (DEU), Red Bull Racing
2 – Fernando Alonso (ESP), Ferrari
3 – Mark Webber (AUS), Red Bull Racing

GP von Großbritannien, 10. Juli, Silverstone
1 – Fernando Alonso (ESP), Ferrari
2 – Sebastian Vettel (DEU), Red Bull Racing
3 – Mark Webber (AUS), Red Bull Racing

GP von Deutschland, 24. Juli, Nürburgring
1 – Lewis Hamilton (GBR), McLaren
2 – Fernando Alonso (ESP), Ferrari
3 – Mark Webber (AUS), Red Bull Racing

GP von Ungarn, 31. Juli, Hungaroring
1 – Jenson Button (GBR), McLaren
2 – Sebastian Vettel (DEU), Red Bull Racing
3 – Fernando Alonso (ESP), Ferrari

GP von Belgien, 28. August, Spa-Francorchamps
1 – Sebastian Vettel (DEU), Red Bull Racing
2 – Mark Webber (AUS), Red Bull Racing
3 – Jenson Button (GBR), McLaren

GP von Italien, 11. September, Monza
1 – Sebastian Vettel (DEU), Red Bull Racing
2 – Jenson Button (GBR), McLaren
3 – Fernando Alonso (ESP), Ferrari

GP von Singapur, 25. September, Singapur
1 – Sebastian Vettel (DEU), Red Bull Racing
2 – Jenson Button (GBR), McLaren
3 – Mark Webber (AUS), Red Bull Racing

GP von Japan, 9. Oktober, Suzuka
1 – Jenson Button (GBR), McLaren
2 – Fernando Alonso (ESP), Ferrari
3 – Sebastian Vettel (DEU), Red Bull Racing

GP von Südkorea, 16. Oktober, Yeongam
1 – Sebastian Vettel (DEU), Red Bull Racing
2 – Lewis Hamilton (GBR), McLaren
3 – Mark Webber (AUS), Red Bull Racing

GP von Indien, 30. Oktober, Neu-Delhi
1 – Sebastian Vettel (DEU), Red Bull Racing
2 – Jenson Button (GBR), McLaren
3 – Fernando Alonso (ESP), Ferrari

GP von Abu Dhabi, 13. November, Yas Marina
1 – Lewis Hamilton (GBR), McLaren
2 – Fernando Alonso (ESP), Ferrari
3 – Jenson Button (GBR), McLaren

GP von Brasilien, 27. November, Interlagos
1 – Mark Webber (AUS), Red Bull Racing
2 – Sebastian Vettel (DEU), Red Bull Racing
3 – Jenson Button (GBR), McLaren

2012 / 20 GP

GP von Australien, 18. März, Albert Park
1 – Jenson Button (GBR), McLaren
2 – Sebastian Vettel (DEU), Red Bull Racing
3 – Lewis Hamilton (GBR), McLaren

GP von Malaysia, 25. März, Sepang
1 – Fernando Alonso (ESP), Ferrari
2 – Sergio Pérez (MEX), Sauber
3 – Lewis Hamilton (GBR), McLaren

GP von China, 15. April, Shanghai
1 – Nico Rosberg (DEU), Mercedes
2 – Jenson Button (GBR), McLaren
3 – Lewis Hamilton (GBR), McLaren

GP von Bahrain, 22. April, Sakhir
1 – Sebastian Vettel (DEU), Red Bull Racing
2 – Kimi Räikkönen (FIN), Lotus
3 – Romain Grosjean (FRA), Lotus

GP von Spanien, 13. Mai, Catalunya
1 – Pastor Maldonado (VEN), Williams
2 – Fernando Alonso (ESP), Ferrari
3 – Kimi Räikkönen (FIN), Lotus

GP von Monaco, 27. Mai, Monaco
1 – Mark Webber (AUS), Red Bull Racing
2 – Nico Rosberg (DEU), Mercedes
3 – Fernando Alonso (ESP), Ferrari

GP von Kanada, 10. Juni, Montréal
1 – Lewis Hamilton (GBR), McLaren
2 – Romain Grosjean (FRA), Lotus
3 – Sergio Pérez (MEX), Sauber

GP von Europa, 24. Juni, Valencia
1 – Fernando Alonso (ESP), Ferrari
2 – Kimi Räikkönen (FIN), Lotus
3 – Michael Schumacher (DEU), Mercedes

GP von Großbritannien, 8. Juli, Silverstone
1 – Mark Webber (AUS), Red Bull Racing
2 – Fernando Alonso (ESP), Ferrari
3 – Sebastian Vettel (DEU), Red Bull Racing

GP von Deutschland, 22. Juli, Nürburgring
1 – Fernando Alonso (ESP), Ferrari
2 – Jenson Button (GBR), McLaren
3 – Kimi Räikkönen (FIN), Lotus

GP von Ungarn, 29. Juli, Hungaroring
1 – Lewis Hamilton (GBR), McLaren
2 – Sergio Pérez (MEX), Sauber
3 – Romain Grosjean (FRA), Lotus

GP von Belgien, 2. September, Spa-Francorchamps
1 – Jenson Button (GBR), McLaren
2 – Sebastian Vettel (DEU), Red Bull Racing
3 – Kimi Räikkönen (FIN), Lotus

GP von Italien, 9. September, Monza
1 – Lewis Hamilton (GBR), McLaren
2 – Sergio Pérez (MEX), Sauber
3 – Fernando Alonso (ESP), Ferrari

GP von Singapur, 23. September, Singapur
1 – Sebastian Vettel (DEU), Red Bull Racing
2 – Jenson Button (GBR), McLaren
3 – Fernando Alonso (ESP), Ferrari

GP von Japan, 7. Oktober, Suzuka
1 – Sebastian Vettel (DEU), Red Bull Racing
2 – Felipe Massa (BRA), Ferrari
3 – Kamui Kobayashi (JPN), Sauber

GP von Südkorea, 14. Oktober, Yeongam
1 – Sebastian Vettel (DEU), Red Bull Racing
2 – Mark Webber (AUS), Red Bull Racing
3 – Fernando Alonso (ESP), Ferrari

GP von Indien, 28. Oktober, Neu-Delhi
1 – Sebastian Vettel (DEU), Red Bull Racing
2 – Fernando Alonso (ESP), Ferrari
3 – Mark Webber (AUS), Red Bull Racing

GP von Abu Dhabi, 4. November, Yas Marina
1 – Kimi Räikkönen (FIN), Lotus
2 – Fernando Alonso (ESP), Ferrari
3 – Sebastian Vettel (DEU), Red Bull Racing

GP der USA, 18. November, The Americas
1 – Lewis Hamilton (GBR), McLaren
2 – Sebastian Vettel (DEU), Red Bull Racing
3 – Fernando Alonso (ESP), Ferrari

GP von Brasilien, 25. November, Interlagos
1 – Jenson Button (GBR), McLaren
2 – Fernando Alonso (ESP), Ferrari
3 – Felipe Massa (BRA), Ferrari

2013 / 19 GP

GP von Australien, 17. März, Albert Park
1 – Kimi Räikkönen (FIN), Lotus
2 – Fernando Alonso (ESP), Ferrari
3 – Sebastian Vettel (DEU), Red Bull Racing

GP von Malaysia, 24. März, Sepang
1 – Sebastian Vettel (DEU), Red Bull Racing
2 – Mark Webber (AUS), Red Bull Racing
3 – Lewis Hamilton (GBR), Mercedes

GP von China, 14. April, Shanghai
1 – Fernando Alonso (ESP), Ferrari
2 – Kimi Räikkönen (FIN), Lotus
3 – Lewis Hamilton (GBR), Mercedes

GP von Bahrain, 21. April, Sakhir
1 – Sebastian Vettel (DEU), Red Bull Racing
2 – Kimi Räikkönen (FIN), Lotus
3 – Romain Grosjean (FRA), Lotus

GP von Spanien, 12. Mai, Catalunya
1 – Fernando Alonso (ESP), Ferrari
2 – Kimi Räikkönen (FIN), Lotus
3 – Felipe Massa (BRA), Ferrari

GP von Monaco, 26. Mai, Monaco
1 – Nico Rosberg (DEU), Mercedes
2 – Sebastian Vettel (DEU), Red Bull Racing
3 – Mark Webber (AUS), Red Bull Racing

GP von Kanada, 9. Juni, Montréal
1 – Sebastian Vettel (DEU), Red Bull Racing
2 – Fernando Alonso (ESP), Ferrari
3 – Lewis Hamilton (GBR), Mercedes

GP von Großbritannien, 30. Juni, Silverstone
1 – Nico Rosberg (DEU), Mercedes
2 – Mark Webber (AUS), Red Bull Racing
3 – Fernando Alonso (ESP), Ferrari

GP von Deutschland, 7. Juli, Nürburgring
1 – Sebastian Vettel (DEU), Red Bull Racing
2 – Kimi Räikkönen (FIN), Lotus
3 – Romain Grosjean (FRA), Lotus

GP von Ungarn, 28. Juli, Hungaroring
1 – Lewis Hamilton (GBR), Mercedes
2 – Kimi Räikkönen (FIN), Lotus
3 – Sebastian Vettel (DEU), Red Bull Racing

GP von Belgien, 25. August, Spa-Francorchamps
1 – Sebastian Vettel (DEU), Red Bull Racing
2 – Fernando Alonso (ESP), Ferrari
3 – Lewis Hamilton (GBR), Mercedes

GP von Italien, 8. September, Monza
1 – Sebastian Vettel (DEU), Red Bull Racing
2 – Fernando Alonso (ESP), Ferrari
3 – Mark Webber (AUS), Red Bull Racing

GP von Singapur, 22. September, Singapur
1 – Sebastian Vettel (DEU), Red Bull Racing
2 – Fernando Alonso (ESP), Ferrari
3 – Kimi Räikkönen (FIN), Lotus

GP von Südkorea, 6. Oktober, Yeongam
1 – Sebastian Vettel (DEU), Red Bull Racing
2 – Kimi Räikkönen (FIN), Lotus
3 – Romain Grosjean (FRA), Lotus

GP von Japan, 13. Oktober, Suzuka
1 – Sebastian Vettel (DEU), Red Bull Racing
2 – Mark Webber (AUS), Red Bull Racing
3 – Romain Grosjean (FRA), Lotus

GP von Indien, 27. Oktober, Neu-Delhi
1 – Sebastian Vettel (DEU), Red Bull Racing
2 – Nico Rosberg (DEU), Mercedes
3 – Romain Grosjean (FRA), Lotus

GP von Abu Dhabi, 3. November, Yas Marina
1 – Sebastian Vettel (DEU), Red Bull Racing
2 – Mark Webber (AUS), Red Bull Racing
3 – Nico Rosberg (DEU), Mercedes

GP der USA, 17. November, The Americas
1 – Sebastian Vettel (DEU), Red Bull Racing
2 – Romain Grosjean (FRA), Lotus
3 – Mark Webber (AUS), Red Bull Racing

GP von Brasilien, 24. November, Interlagos
1 – Sebastian Vettel (DEU), Red Bull Racing
2 – Mark Webber (AUS), Red Bull Racing
3 – Fernando Alonso (ESP), Ferrari

2014 / 19 GP

GP von Australien, 16. März, Albert Park
1 – Nico Rosberg (DEU), Mercedes
2 – Kevin Magnussen (DNK), McLaren
3 – Jenson Button (GBR), McLaren

GP von Malaysia, 30. März, Sepang
1 – Lewis Hamilton (GBR), Mercedes
2 – Nico Rosberg (DEU), Mercedes
3 – Sebastian Vettel (DEU), Red Bull Racing

GP von Bahrain, 6. April, Sakhir
1 – Lewis Hamilton (GBR), Mercedes
2 – Nico Rosberg (DEU), Mercedes
3 – Sergio Pérez (MEX), Racing Point Force India

GP von China, 20. April, Shanghai
1 – Lewis Hamilton (GBR), Mercedes
2 – Nico Rosberg (DEU), Mercedes
3 – Fernando Alonso (ESP), Ferrari

GP von Spanien, 11. Mai, Catalunya
1 – Lewis Hamilton (GBR), Mercedes
2 – Nico Rosberg (DEU), Mercedes
3 – Daniel Ricciardo (AUS), Red Bull Racing

GP von Monaco, 25. Mai, Monaco
1 – Nico Rosberg (DEU), Mercedes
2 – Lewis Hamilton (GBR), Mercedes
3 – Daniel Ricciardo (AUS), Red Bull Racing

GP von Kanada, 8. Juni, Montréal
1 – Daniel Ricciardo (AUS), Red Bull Racing
2 – Nico Rosberg (DEU), Mercedes
3 – Sebastian Vettel (DEU), Red Bull Racing

GP von Österreich, 22. Juni, Red Bull Ring
1 – Nico Rosberg (DEU), Mercedes
2 – Lewis Hamilton (GBR), Mercedes
3 – Valtteri Bottas (FIN), Williams

GP von Großbritannien, 6. Juli, Silverstone
1 – Lewis Hamilton (GBR), Mercedes
2 – Valtteri Bottas (FIN), Williams
3 – Daniel Ricciardo (AUS), Red Bull Racing

GP von Deutschland, 20. Juli, Hockenheim
1 – Nico Rosberg (DEU), Mercedes
2 – Valtteri Bottas (FIN), Williams
3 – Lewis Hamilton (GBR), Mercedes

GP von Ungarn, 27. Juli, Hungaroring
1 – Daniel Ricciardo (AUS), Red Bull Racing
2 – Fernando Alonso (ESP), Ferrari
3 – Lewis Hamilton (GBR), Mercedes

GP von Belgien, 24. August, Spa-Francorchamps
1 – Daniel Ricciardo (AUS), Red Bull Racing
2 – Nico Rosberg (DEU), Mercedes
3 – Valtteri Bottas (FIN), Williams

GP von Italien, 7. September, Monza
1 – Lewis Hamilton (GBR), Mercedes
2 – Nico Rosberg (DEU), Mercedes
3 – Felipe Massa (BRA), Williams

GP von Singapur, 21. September, Singapur
1 – Lewis Hamilton (GBR), Mercedes
2 – Sebastian Vettel (DEU), Red Bull Racing
3 – Daniel Ricciardo (AUS), Red Bull Racing

GP von Japan, 5. Oktober, Suzuka
1 – Lewis Hamilton (GBR), Mercedes
2 – Nico Rosberg (DEU), Mercedes
3 – Sebastian Vettel (DEU), Red Bull Racing

GP von Russland, 12. Oktober, Sotschi
1 – Lewis Hamilton (GBR), Mercedes
2 – Nico Rosberg (DEU), Mercedes
3 – Valtteri Bottas (FIN), Williams

GP der USA, 2. November, The Americas
1 – Lewis Hamilton (GBR), Mercedes
2 – Nico Rosberg (DEU), Mercedes
3 – Daniel Ricciardo (AUS), Red Bull Racing

GP von Brasilien, 9. November, Interlagos
1 – Nico Rosberg (DEU), Mercedes
2 – Lewis Hamilton (GBR), Mercedes
3 – Felipe Massa (BRA), Williams

GP von Abu Dhabi, 23. November, Yas Marina
1 – Lewis Hamilton (GBR), Mercedes
2 – Felipe Massa (BRA), Williams
3 – Valtteri Bottas (FIN), Williams

2015 / 19 GP

GP von Australien, 15. März, Albert Park
1 – Lewis Hamilton (GBR), Mercedes
2 – Nico Rosberg (DEU), Mercedes
3 – Sebastian Vettel (DEU), Ferrari

GP von Malaysia, 29. März, Sepang
1 – Sebastian Vettel (DEU), Ferrari
2 – Lewis Hamilton (GBR), Mercedes
3 – Nico Rosberg (DEU), Mercedes

GP von China, 12. April, Shanghai
1 – Lewis Hamilton (GBR), Mercedes
2 – Nico Rosberg (DEU), Mercedes
3 – Sebastian Vettel (DEU), Ferrari

GP von Bahrain, 19. April, Sakhir
1 – Lewis Hamilton (GBR), Mercedes
2 – Kimi Räikkönen (FIN), Ferrari
3 – Nico Rosberg (DEU), Mercedes

GP von Spanien, 10. Mai, Catalunya
1 – Nico Rosberg (DEU), Mercedes
2 – Lewis Hamilton (GBR), Mercedes
3 – Sebastian Vettel (DEU), Ferrari

GP von Monaco, 24. Mai, Monaco
1 – Nico Rosberg (DEU), Mercedes
2 – Sebastian Vettel (DEU), Ferrari
3 – Lewis Hamilton (GBR), Mercedes

GP von Kanada, 7. Juni, Montréal
1 – Lewis Hamilton (GBR), Mercedes
2 – Nico Rosberg (DEU), Mercedes
3 – Valtteri Bottas (FIN), Williams

GP von Österreich, 21. Juni, Red Bull Ring
1 – Nico Rosberg (DEU), Mercedes
2 – Lewis Hamilton (GBR), Mercedes
3 – Felipe Massa (BRA), Williams

GP von Großbritannien, 5. Juli, Silverstone
1 – Lewis Hamilton (GBR), Mercedes
2 – Nico Rosberg (DEU), Mercedes
3 – Sebastian Vettel (DEU), Ferrari

GP von Ungarn, 26. Juli, Hungaroring
1 – Sebastian Vettel (DEU), Ferrari
2 – Daniil Kwjat (RUS), Red Bull Racing
3 – Daniel Ricciardo (AUS), Red Bull Racing

GP von Belgien, 23. August, Spa-Francorchamps
1 – Lewis Hamilton (GBR), Mercedes
2 – Nico Rosberg (DEU), Mercedes
3 – Romain Grosjean (FRA), Lotus

GP von Italien, 6. September, Monza
1 – Lewis Hamilton (GBR), Mercedes
2 – Sebastian Vettel (DEU), Ferrari
3 – Felipe Massa (BRA), Williams

GP von Singapur, 20. September, Singapur
1 – Sebastian Vettel (DEU), Ferrari
2 – Daniel Ricciardo (AUS), Red Bull Racing
3 – Kimi Räikkönen (FIN), Ferrari

GP von Japan 27. September, Suzuka
1 – Lewis Hamilton (GBR), Mercedes
2 – Nico Rosberg (DEU), Mercedes
3 – Sebastian Vettel (DEU), Ferrari

GP von Russland, 11. Oktober, Sotschi
1 – Lewis Hamilton (GBR), Mercedes
2 – Sebastian Vettel (DEU), Ferrari
3 – Sergio Pérez (MEX), Racing Point Force India

GP der USA, 25. Oktober, The Americas
1 – Lewis Hamilton (GBR), Mercedes
2 – Nico Rosberg (DEU), Mercedes
3 – Sebastian Vettel (DEU), Ferrari

GP von Mexiko, 1. November, Mexiko-Stadt
1 – Nico Rosberg (DEU), Mercedes
2 – Lewis Hamilton (GBR), Mercedes
3 – Valtteri Bottas (FIN), Williams

GP von Brasilien, 15. November, Interlagos
1 – Nico Rosberg (DEU), Mercedes
2 – Lewis Hamilton (GBR), Mercedes
3 – Sebastian Vettel (DEU), Ferrari

GP von Abu Dhabi, 29. November, Yas Marina
1 – Nico Rosberg (DEU), Mercedes
2 – Lewis Hamilton (GBR), Mercedes
3 – Kimi Räikkönen (FIN), Ferrari

2016 / 21 GP

GP von Australien, 20. März, Albert Park
1 – Nico Rosberg (DEU), Mercedes
2 – Lewis Hamilton (GBR), Mercedes
3 – Sebastian Vettel (DEU), Ferrari

GP von Bahrain, 3. April, Sakhir
1 – Nico Rosberg (DEU), Mercedes
2 – Kimi Räikkönen (FIN), Ferrari
3 – Lewis Hamilton (GBR), Mercedes

GP von China, 17. April, Shanghai
1 – Nico Rosberg (DEU), Mercedes
2 – Sebastian Vettel (DEU), Ferrari
3 – Daniil Kwjat (RUS), Red Bull Racing

GP von Russland, 1. Mai, Sotschi
1 – Nico Rosberg (DEU), Mercedes
2 – Lewis Hamilton (GBR), Mercedes
3 – Kimi Räikkönen (FIN), Ferrari

GP von Spanien, 15. Mai, Catalunya
1 – Max Verstappen (NLD), Red Bull Racing
2 – Kimi Räikkönen (FIN), Ferrari
3 – Sebastian Vettel (DEU), Ferrari

GP von Monaco, 29. Mai, Monaco
1 – Lewis Hamilton (GBR), Mercedes
2 – Daniel Ricciardo (AUS), Red Bull Racing
3 – Sergio Pérez (MEX), Racing Point Force India

GP von Kanada, 12. Juni, Montréal
1 – Lewis Hamilton (GBR), Mercedes
2 – Sebastian Vettel (DEU), Ferrari
3 – Valtteri Bottas (FIN), Williams

GP von Europa, 19. Juni, Baku
1 – Nico Rosberg (DEU), Mercedes
2 – Sebastian Vettel (DEU), Ferrari
3 – Sergio Pérez (MEX), Racing Point Force India

GP von Österreich, 3. Juli, Red Bull Ring
1 – Lewis Hamilton (GBR), Mercedes
2 – Max Verstappen (NLD), Red Bull Racing
3 – Kimi Räikkönen (FIN), Ferrari

GP von Großbritannien, 10. Juli, Silverstone
1 – Lewis Hamilton (GBR), Mercedes
2 – Max Verstappen (NLD), Red Bull Racing
3 – Nico Rosberg (DEU), Mercedes

GP von Ungarn, 24. Juli, Hungaroring
1 – Lewis Hamilton (GBR), Mercedes
2 – Nico Rosberg (DEU), Mercedes
3 – Daniel Ricciardo (AUS), Red Bull Racing

GP von Deutschland, 31. Juli, Hockenheim
1 – Lewis Hamilton (GBR), Mercedes
2 – Daniel Ricciardo (AUS), Red Bull Racing
3 – Max Verstappen (NLD), Red Bull Racing

GP von Belgien, 28. August, Spa-Francorchamps
1 – Nico Rosberg (DEU), Mercedes
2 – Daniel Ricciardo (AUS), Red Bull Racing
3 – Lewis Hamilton (GBR), Mercedes

GP von Italien, 4. September, Monza
1 – Nico Rosberg (DEU), Mercedes
2 – Lewis Hamilton (GBR), Mercedes
3 – Sebastian Vettel (DEU), Ferrari

GP von Singapur, 18. September, Singapur
1 – Nico Rosberg (DEU), Mercedes
2 – Daniel Ricciardo (AUS), Red Bull Racing
3 – Lewis Hamilton (GBR), Mercedes

GP von Malaysia, 2. Oktober, Sepang
1 – Daniel Ricciardo (AUS), Red Bull Racing
2 – Max Verstappen (NLD), Red Bull Racing
3 – Nico Rosberg (DEU), Mercedes

GP von Japan, 9. Oktober, Suzuka
1 – Nico Rosberg (DEU), Mercedes
2 – Max Verstappen (NLD), Red Bull Racing
3 – Lewis Hamilton (GBR), Mercedes

GP der USA, 23. Oktober, The Americas
1 – Lewis Hamilton (GBR), Mercedes
2 – Nico Rosberg (DEU), Mercedes
3 – Daniel Ricciardo (AUS), Red Bull Racing

GP von Mexiko, 30. Oktober, Mexiko-Stadt
1 – Lewis Hamilton (GBR), Mercedes
2 – Nico Rosberg (DEU), Mercedes
3 – Daniel Ricciardo (AUS), Red Bull Racing

GP von Brasilien, 13. November, Interlagos
1 – Lewis Hamilton (GBR), Mercedes
2 – Nico Rosberg (DEU), Mercedes
3 – Max Verstappen (NLD), Red Bull Racing

GP von Abu Dhabi, 27. November, Yas Marina
1 – Lewis Hamilton (GBR), Mercedes
2 – Nico Rosberg (DEU), Mercedes
3 – Sebastian Vettel (DEU), Ferrari

2017 / 20 GP

GP von Australien, 26. März, Albert Park
1 – Sebastian Vettel (DEU), Ferrari
2 – Lewis Hamilton (GBR), Mercedes
3 – Valtteri Bottas (FIN), Mercedes

GP von China, 9. April, Shanghai
1 – Lewis Hamilton (GBR), Mercedes
2 – Sebastian Vettel (DEU), Ferrari
3 – Max Verstappen (NLD), Red Bull Racing

GP von Bahrain, 16. April, Sakhir
1 – Sebastian Vettel (DEU), Ferrari
2 – Lewis Hamilton (GBR), Mercedes
3 – Valtteri Bottas (FIN), Mercedes

GP von Russland, 30. April, Sotschi
1 – Valtteri Bottas (FIN), Mercedes
2 – Sebastian Vettel (DEU), Ferrari
3 – Kimi Räikkönen (FIN), Ferrari

GP von Spanien, 14. Mai, Catalunya
1 – Lewis Hamilton (GBR), Mercedes
2 – Sebastian Vettel (DEU), Ferrari
3 – Daniel Ricciardo (AUS), Red Bull Racing

GP von Monaco, 28. Mai, Monaco
1 – Sebastian Vettel (DEU), Ferrari
2 – Kimi Räikkönen (FIN), Ferrari
3 – Daniel Ricciardo (AUS), Red Bull Racing

GP von Kanada, 11. Juni, Montréal
1 – Lewis Hamilton (GBR), Mercedes
2 – Valtteri Bottas (FIN), Mercedes
3 – Daniel Ricciardo (AUS), Red Bull Racing

GP von Aserbaidschan, 25. Juni, Baku
1 – Daniel Ricciardo (AUS), Red Bull Racing
2 – Valtteri Bottas (FIN), Mercedes
3 – Lance Stroll (CAN), Williams

GP von Österreich, 9. Juli, Red Bull Ring
1 – Valtteri Bottas (FIN), Mercedes
2 – Sebastian Vettel (DEU), Ferrari
3 – Daniel Ricciardo (AUS), Red Bull Racing

GP von Großbritannien, 16. Juli, Silverstone
1 – Lewis Hamilton (GBR), Mercedes
2 – Valtteri Bottas (FIN), Mercedes
3 – Kimi Räikkönen (FIN), Ferrari

GP von Ungarn, 30. Juli, Hungaroring
1 – Sebastian Vettel (DEU), Ferrari
2 – Kimi Räikkönen (FIN), Ferrari
3 – Valtteri Bottas (FIN), Mercedes

GP von Belgien, 27. August, Spa-Francorchamps
1 – Lewis Hamilton (GBR), Mercedes
2 – Sebastian Vettel (DEU), Ferrari
3 – Daniel Ricciardo (AUS), Red Bull Racing

GP von Italien, 3. September, Monza
1 – Lewis Hamilton (GBR), Mercedes
2 – Valtteri Bottas (FIN), Mercedes
3 – Sebastian Vettel (DEU), Ferrari

GP von Singapur, 17. September, Singapur
1 – Lewis Hamilton (GBR), Mercedes
2 – Daniel Ricciardo (AUS), Red Bull Racing
3 – Valtteri Bottas (FIN), Mercedes

GP von Malaysia, 1. Oktober, Sepang
1 – Max Verstappen (NLD), Red Bull Racing
2 – Lewis Hamilton (GBR), Mercedes
3 – Daniel Ricciardo (AUS), Red Bull Racing

GP von Japan, 8. Oktober, Suzuka
1 – Lewis Hamilton (GBR), Mercedes
2 – Max Verstappen (NLD), Red Bull Racing
3 – Daniel Ricciardo (AUS), Red Bull Racing

GP der USA, 22. Oktober, The Americas
1 – Lewis Hamilton (GBR), Mercedes
2 – Sebastian Vettel (DEU), Ferrari
3 – Kimi Räikkönen (FIN), Ferrari

GP von Mexiko, 29. Oktober, Mexiko-Stadt
1 – Max Verstappen (NLD), Red Bull Racing
2 – Valtteri Bottas (FIN), Mercedes
3 – Kimi Räikkönen (FIN), Ferrari

GP von Brasilien, 12. November, Interlagos
1 – Sebastian Vettel (DEU), Ferrari
2 – Valtteri Bottas (FIN), Mercedes
3 – Kimi Räikkönen (FIN), Ferrari

GP von Abu Dhabi, 26. November, Yas Marina
1 – Valtteri Bottas (FIN), Mercedes
2 – Lewis Hamilton (GBR), Mercedes
3 – Sebastian Vettel (DEU), Ferrari

2018 / 21 GP

GP von Australien, 25. März, Albert Park
1 – Sebastian Vettel (DEU), Ferrari
2 – Lewis Hamilton (GBR), Mercedes
3 – Kimi Räikkönen (FIN), Ferrari

GP von Bahrain, 8. April, Sakhir
1 – Sebastian Vettel (DEU), Ferrari
2 – Valtteri Bottas (FIN), Mercedes
3 – Lewis Hamilton (GBR), Mercedes

GP von China, 15. April, Shanghai
1 – Daniel Ricciardo (AUS), Red Bull Racing
2 – Valtteri Bottas (FIN), Mercedes
3 – Kimi Räikkönen (FIN), Ferrari

GP von Aserbaidschan, 29. April, Baku
1 – Lewis Hamilton (GBR), Mercedes
2 – Kimi Räikkönen (FIN), Ferrari
3 – Sergio Pérez (MEX), Mercedes

GP von Spanien, 13. Mai, Catalunya
1 – Lewis Hamilton (GBR), Mercedes
2 – Valtteri Bottas (FIN), Mercedes
3 – Max Verstappen (NLD), Red Bull Racing

GP von Monaco, 27. Mai, Monaco
1 – Daniel Ricciardo (AUS), Red Bull Racing
2 – Sebastian Vettel (DEU), Ferrari
3 – Lewis Hamilton (GBR), Mercedes

GP von Kanada, 10. Juni, Montréal
1 – Sebastian Vettel (DEU), Ferrari
2 – Valtteri Bottas (FIN), Mercedes
3 – Max Verstappen (NLD), Red Bull Racing

GP von Frankreich, 24. Juni, Paul Ricard
1 – Lewis Hamilton (GBR), Mercedes
2 – Max Verstappen (NLD), Red Bull Racing
3 – Kimi Räikkönen (FIN), Ferrari

GP von Österreich, 1. Juli, Red Bull Ring
1 – Max Verstappen (NLD), Red Bull Racing
2 – Kimi Räikkönen (FIN), Ferrari
3 – Sebastian Vettel (DEU), Ferrari

GP von Großbritannien, 8. Juli, Silverstone
1 – Sebastian Vettel (DEU), Ferrari
2 – Lewis Hamilton (GBR), Mercedes
3 – Kimi Räikkönen (FIN), Ferrari

GP von Deutschland, 22. Juli, Hockenheim
1 – Lewis Hamilton (GBR), Mercedes
2 – Valtteri Bottas (FIN), Mercedes
3 – Kimi Räikkönen (FIN), Ferrari

GP von Ungarn, 29. Juli, Hungaroring
1 – Lewis Hamilton (GBR), Mercedes
2 – Sebastian Vettel (DEU), Ferrari
3 – Kimi Räikkönen (FIN), Ferrari

GP von Belgien, 26. August, Spa-Francorchamps
1 – Sebastian Vettel (DEU), Ferrari
2 – Lewis Hamilton (GBR), Mercedes
3 – Max Verstappen (NLD), Red Bull Racing

GP von Italien, 2. September, Monza
1 – Lewis Hamilton (GBR), Mercedes
2 – Kimi Räikkönen (FIN), Ferrari
3 – Valtteri Bottas (FIN), Mercedes

GP von Singapur, 16. September, Singapur
1 – Lewis Hamilton (GBR), Mercedes
2 – Max Verstappen (NLD), Red Bull Racing
3 – Sebastian Vettel (DEU), Ferrari

GP von Russland, 30. September, Sotschi
1 – Lewis Hamilton (GBR), Mercedes
2 – Valtteri Bottas (FIN), Mercedes
3 – Sebastian Vettel (DEU), Ferrari

GP von Japan, 7. Oktober, Suzuka
1 – Lewis Hamilton (GBR), Mercedes
2 – Valtteri Bottas (FIN), Mercedes
3 – Max Verstappen (NLD), Red Bull Racing

GP der USA, 21. Oktober, The Americas
1 – Kimi Räikkönen (FIN), Ferrari
2 – Max Verstappen (NLD), Red Bull Racing
3 – Lewis Hamilton (GBR), Mercedes

GP von Mexiko, 28. Oktober, Mexiko-Stadt
1 – Max Verstappen (NLD), Red Bull Racing
2 – Sebastian Vettel (DEU), Ferrari
3 – Kimi Räikkönen (FIN), Ferrari

GP von Brasilien, 11. November, Interlagos
1 – Lewis Hamilton (GBR), Mercedes
2 – Max Verstappen (NLD), Red Bull Racing
3 – Kimi Räikkönen (FIN), Ferrari

GP von Abu Dhabi, 25. November, Yas Marina
1 – Lewis Hamilton (GBR), Mercedes
2 – Sebastian Vettel (DEU), Ferrari
3 – Max Verstappen (NLD), Red Bull Racing

2019 / bis zum 1.000. GP

GP von Australien, 17. März, Albert Park
1 – Valtteri Bottas (FIN), Mercedes
2 – Lewis Hamilton (GBR), Mercedes
3 – Max Verstappen (NLD), Red Bull Racing

GP von Bahrain, 31. März, Sakhir
1 – Lewis Hamilton (GBR), Mercedes
2 – Valtteri Bottas (FIN), Mercedes
3 – Charles Leclerc (MCO), Ferrari

GP von China, 14. April, Shanghai
1 – Lewis Hamilton (GBR), Mercedes
2 – Valtteri Bottas (FIN), Mercedes
3 – Sebastian Vettel (DEU), Ferrari

ANZAHL DER GRANDS PRIX PRO RENNSTALL

(Statistik bis einschließlich GP von China 2019)

Ferrari: 973
McLaren: 845
Williams: 726
Lotus: 606
Tyrrell: 430
Brabham: 394
Sauber: 373
Renault: 365
Minardi: 340
Ligier: 326
Arrows: 291
Red Bull: 268
Benetton: 260
Toro Rosso u. Jordan: 250
Force India: 212
BRM u. March: 197
Mercedes: 192
Lola: 149
Toyota: 139
Osella: 132
Cooper: 128
Surtees: 118
BAR: 117
Alfa Romeo: 113
Shadow: 104
Ensign: 99

BMW u. Footwork: 91
ATS: 89
Honda: 88
Jaguar: 85
Prost: 83
Dallara: 78
Marussia: 73
Copersucar: 71
Maserati: 70
Haas: 65
Matra: 60
Toleman: 57
HRT u. Catheram: 56
Zakspeed: 53
Hesketh: 52
Stewart: 49
AGS u. Wolf: 47
Penske: 40
Super Aguri: 39
Virgin: 38
Gordini u. Theodore: 33
Fittipaldi u. Larrousse: 32
Iso u. Leyton House: 30
Porsche u. Ram: 31
Vanwall: 28
Eagle: 25

Forti u. Spirit: 23
Pacific: 22
Manor u. Simtek: 21
Rial: 20
Fondmetal: 19
Midland: 18
Brawn GP, Connaught u. Spyker: 17
Onyx, Parnell u. Venturi: 16
EuroBrun, HVM u. Simca-Gordini: 14
BRP, Coloni u. Talbot-Lago: 13
De Tomaso, Hill, Merzario u. Tecno: 10
Eifelland: 8
ERA: 7
Trojan, Lamborghini, A-T-S u. Veritas: 6
Alta, Aston Martin, JBW u. LDS: 5
AFM, Emeryson, Fraser Nash, Lancia, Martini, Maserati Milano u. OSCA: 4
Token, LEC u. Racing Point: 3
Kojima, Scarab, Alfa Special, Aston u. Belasi: 2
Lyncar, Amon, Andrea Moda, Bugatti, Connew, EMV, ENB, Ferguson, Klenk, Monteverdi, Politoys, Rebaque, Shannon, Stebro, Sutton, Tec Mec: 1

Danke

Dank an Jacky Ickx, der mir die Ehre und Freundschaft zuteil werden ließ, das Vorwort zu diesem Buch zu verfassen. Dank an meine Herausgeberin Laurence Gauthier für ihre Begleitung, Unterstützung und Mitarbeit an diesem Werk sowie ihren wertvollen Rat. Dank an die Bildredaktion der *L'Équipe* für die Fotoauswahl. Dank an Paul Gaillardot für sein zweifaches genaues Lektorat der Statistiken. Dank an Fabrice Bosset für die Erhebung der ungewöhnlichen Zahlen zur F1. Dank an Patrick, meinem Ex-Chefredakteur der Autorubrik der *L'Équipe*, ohne den ich niemals über meinen ersten Grand Prix in Monza 1985 hätte berichten dürfen. Und zu guter Letzt Dank an meine Frau Hélène, die es abermals ertragen musste, dass ich meine gesamte Zeit der Ausarbeitung dieses Buches gewidmet habe.

BILDNACHWEISE

© *L'ÉQUIPE* und PRESSE SPORTS, außer: 22/Getty Images, 39–40/Lat Images, 50/AFP, 51/Getty Images, 55 (oben rechts)/Motorsport Images/Panoramic, 55 (unten links)/Getty Images, 74 (oben rechts)/DPPI, 118/ Ferrari Museum, 152 (Mitte)/Sutton Motorsport Images, 153 (obere Mitte)/Sutton Motorsport Images – (Mitte)/Motorsport Images.

Texte und Statistiken: Stéphane Barbé

L'ÉQUIPE

Herausgeber: Laurence Gauthier mit Jean-Christophe Bassignac.

Bildredaktion: Stéphane Cabaret, Marie-Clémence Ducamp, Delphine Mounic, Émilie Pinos.

SOLAR EDITIONS

Leitung: Jean-Louis Hocq

Redaktionsleitung: Jean-Philippe Bouchard

Redaktionelle Mitarbeit: Maxime Lafon

Layout und Umschlaggestaltung: Olivier Marty, Pierre Brissonnet, IP-3

Die französischsprachige Originalausgabe erschien unter dem Titel *1000 Grands Prix – 70 ans de Formule 1*.
© 2019, Éditions Solar, einem Imprint von Édi8, Paris, Frankreich

Redaktionsschluss: November 2019

....

Ein Gesamtverzeichnis der lieferbaren Titel schicken wir Ihnen gerne zu.
Bitte senden Sie eine E-Mail mit Ihrer Adresse an vertrieb@koehler-books.de
Sie finden uns auch im Internet unter www.koehler-books.de

Bibliografische Information der Deutschen Nationalbibliothek
Die Deutsche Nationalbibliothek verzeichnet diese Publikation in der Deutschen Nationalbibliografie; detaillierte bibliografische Daten sind im Internet über https://portal.dnb.d-nb.de/ abrufbar.

ISBN 978-3-7822-1371-4
© 2020 by Koehler
im Maximilian Verlag GmbH & Co. KG für die deutsche Ausgabe
Ein Unternehmen der TAMMMEDIA

Alle Rechte vorbehalten.

Übersetzung: Anna Fleiter
Produktion: Marisa Tippe, Hamburg
Printed in Europe